…chen Königsmarcks

Reimar
† 1621

Joachim Christoph
1605–1690
⚭ Sophia Emerenzia v. Jagow

Otto Wilhelm
1639–1688
⚭ 1682 Catharina
Charlotte de la Gardie
(1655–1697)

Joachim Siegfried
1659–1715

Friedrich Wilhelm

Gustav Herminus
1666–1667

Königmarcks
in
Deutschland

AF727268

„Die berühmteste Frau zweier Jahrhunderte“

Sylvia Krauss-Meyl

„Die berühmteste Frau zweier Jahrhunderte“

Maria Aurora Gräfin von Königsmarck

Verlag Friedrich Pustet
Regensburg

Umschlagmotiv: Maria Aurora von Königsmarck.
Zeitgenöss. Ölgemälde. Städtische Museen Quedlinburg
(Foto: Rosi Radecke, Gehrden)

Bibliografische Information der Deutschen Bibliothek

Die Deutsche Bibliothek verzeichnet diese Publikation in der Deutschen Nationalbibliografie; detaillierte bibliografische Angaben sind im Internet über http://dnb.ddb.de abrufbar.

www.verlag-pustet.de

3. Auflage 2012

ISBN 978-3-7917-1814-9

© 2002 by Verlag Friedrich Pustet, Regensburg
Umschlaggestaltung: Anna Braungart, Regensburg
Gesamtherstellung: Friedrich Pustet, Regensburg
Printed in Germany 2012

Inhalt

Einleitung

„L'oubli est un monstre stupide ..."

„Das Vergessen ist ein stumpfsinniges Ungeheuer, welches schon zu viele Generationen verschlungen hat ... Entkommt dem Vergessen, Ihr, die Ihr andere Dinge im Sinn habt als die begrenzte Vorstellung der eigenen engen Gegenwart. Schreibt Eure Geschichte nieder, Ihr alle, die Ihr Euer Leben begriffen und Euer Herz ergründet habt!"[1]

Mit diesem Aufruf stürzte sich George Sand, die berühmte französische Schriftstellerin des 19. Jahrhunderts, in die Erforschung ihrer eigenen Familiengeschichte und entdeckte dabei ihre Ururgroßeltern, Maria Aurora Gräfin von Königsmarck und König August II. von Polen.

Mit respektvoller Neugier näherte sie sich diesen illustren Persönlichkeiten, deren geistiges Vermächtnis sie in sich spürte:

Friedrich August, Kurfürst von Sachsen und König von Polen, bezeichnete sie als den erstaunlichsten Wüstling seiner Zeit. „Es ist keine seltene Ehre, ein wenig von seinem Blut in den eigenen Adern zu haben, denn er hatte dem Gerücht nach mehrere hundert Bastarde." Ihre Ururgroßmutter „la belle Aurore de Königsmarck" nannte sie eine große, fähige Kokette, vor der der Schwedenkönig Karl XII. mehr Respekt bewiesen habe als vor einer Armee. Sie besaß von ihr ein Porträt, das im Schlafzimmer ihres Landhauses hing. Es zeigt die Gräfin als jugendliche, blendende Schönheit, dunkler als für nordische Typen üblich, mit tintenschwarzem Haar, das durch eine Rubinspange zurückgehalten wurde, und für den Porträtisten eigens geschminkt. Ihre Kleidung war außergewöhnlich kostbar. George Sand bemerkte, dass ihre ebene, offene Stirn keinerlei Bescheidenheit offenbarte. Sie gestand, dass sie sich vor dieser „kühn lächelnden" Schönheit fürchtete, wenn sie sich abends von ihren strahlenden Augen beobachtet fühlte und folgende Worte der Gräfin zu hören glaubte: „Mit welchen Hirngespinsten umgibst du dein armes Gehirn, degenerierter Sprössling meines stolzen Geschlechts. Mit welchem Trugbild von Gleichheit erfüllst du deine Träume? Die Liebe ist nicht das, was du glaubst; die Männer werden niemals so sein, wie du hoffst. Sie sind nur dazu da, betrogen zu werden durch die Könige, die Frauen und sich selbst."[2]

Sollte dies die Summe der Lebenserfahrung der Maria Aurora Gräfin von Königsmarck sein, in deren unruhigem Leben stets Männer die wichtigste Rolle gespielt hatten? Bedeutende Männer hatten sie auf den Etappen ihres Lebensweges begleitet, waren verantwortlich gewesen für die Wendepunkte und Zäsuren, für die Höhen und Tiefen ihres Daseins. Sie hatte es immer, bis in ihr Alter verstanden, Männer zu faszinieren und zu fesseln, mit ihrer Schönheit, ihrem Geist, ihrer Bildung und ihrem charmanten und verbindlichen Wesen. Diese Begabungen waren so spektakulär, dass sie die Gräfin – in den Augen Voltaires – „weltbekannt (célèbre dans le monde) und zu einer der liebenswürdigsten Frauen Europas machten".[3]

Es umgab sie eine Aura von Abenteuer und Wagnis. Sie liebte das Risiko und spielte mit hohen Einsätzen. Sie ging keinem Problem, keiner Konfrontation aus dem Weg, doch fand sie immer einen verbindlichen Ton und bemühte sich um harmonischen Ausgleich. Wenn sie erkannte, dass ihre Ziele unerreichbar blieben, gab sie nach und begnügte sich mit bescheideneren Ergebnissen. Niemals ließ sie sich von Emotionen oder gar – wie man meinen könnte – von Leidenschaft bestimmen. Mit Klugheit und realistischer Abschätzung ihrer Möglichkeiten verfolgte sie ihren Weg.

Dieser Lebensweg war offen für vielseitige Entwicklungen, für ein Dasein als Mätresse und als Äbtissin, als galante Dame der Gesellschaft und als liebevolle Mutter, als treu sorgendes Familienmitglied und als politische Gesandtin. Auf diesem Lebensweg gab es keine Ländergrenzen, die die Entfaltungsmöglichkeiten einengten. Maria Aurora selbst, ihre Vorfahren, ihre Geschwister sowie ihr Sohn lassen sich nicht auf eine einzige nationale Zugehörigkeit reduzieren. Sie waren ebenso gut Deutsche wie Schweden wie Franzosen. Sie standen in schwedischen, holländischen, französischen, englischen und venezianischen Diensten. Sie waren auf dem internationalen Parkett zu Hause, konnten sich in allen gängigen Sprachen verständigen, schöpften aus verschiedenen kulturellen Traditionen und erklärten Europa zu ihrer Heimat.

In der Welt des 17. und des 18. Jahrhunderts kannte jedermann die Familie Königsmarck und ihre berühmte Tochter Maria Aurora. Ihre Skandale, ihre Affären, ihr Einfluss und ihre Misserfolge lieferten den Unterhaltungsstoff in den europäischen Salons. Von den Frauen ihrer Zeit wurde sie beneidet um ihre Bildung, Unabhängigkeit und erfüllte Existenz, von den Männern bewundert wegen ihrer Schönheit, ihrer Liebenswürdigkeit und ihres Mutes.

Weit über ihren Tod hinaus beschäftigten sich deutsche und schwedische Autoren mit ihrer Lebensgeschichte. Sie fand sogar Eingang in die schöngeistige Literatur. Nicht nur Voltaire setzte ihr ein ruhmreiches Denkmal, auch Theodor Fontane zitierte in den „Poggenpuhls" die Episode der Begegnung Maria Auroras mit König Karl XII.[4] So bekannt war sie noch nach über hundert Jahren, dass Fontane erwarten konnte, dass seine Zeitgenossen die literarische Anspielung verstanden.

Gerade im 19. Jahrhundert gab es großes Interesse an der berühmten Gräfin, das sicherlich mit der Exhumierung ihres Leichnams in Quedlinburg zusammenhing, und das sich in zahlreichen Darstellungen niederschlug.

Als die beiden wichtigsten Arbeiten, auf deren reiche Quellensammlung sich die vorliegende Untersuchung stützt, seien die Bücher von Friedrich Cramer „Denkwürdigkeiten der Gräfin Maria Aurora Königsmarck und der Königsmarckschen Familie" von 1836 und die Biografie des Schweden Graf Birger Mörner „Maria Aurora Königsmarck. Eine Chronik" von 1914 (in dt. Übers. 1922) genannt. Die Arbeit von Cramer ist in weitesten Teilen als eine Art Quellenedition von inzwischen verloren gegangenen Familienbriefen aus dem Archiv der Maria Aurora anzusehen, die dank seiner akribischen Sammeltätigkeit zugänglich geblieben sind, wenngleich man sie nicht mehr am Original überprüfen kann. Mörner ergänzte diese Dokumentation mit umfassenden Auszügen aus schwedischen Archiven. Im Sächsischen Hauptstaatsarchiv in Dresden wurden darüber hinaus die Bestände aus dem „Geheimen Kabinett“ benutzt, darunter der umfangreiche Briefwechsel der Maria Aurora mit dem Minister Flemming, die Akten bezüglich der Quedlinburger Angelegenheiten und ein Aktenkonvolut über Moritz von Sachsen.

Die vorliegende Arbeit versteht sich als eine moderne Darstellung der Lebensgeschichte der Maria Aurora von Königsmarck, die in der heutigen Zeit, in der in Europa die Grenzen fallen und neue Plattformen der Verständigung gefunden werden, als eine exemplarische Europäerin – vor dreihundert Jahren – gelten kann.

Eine Familie von europäischem Rang

Der Dreißigjährige Krieg, der in der ersten Hälfte des 17. Jahrhunderts in Wellen des Schreckens und der Verwüstung über Mitteleuropa hinwegraste und ganze Städte und Landstriche so ausbrannte, dass es mehrere Generationen dauern sollte, bis die Menschen sich davon erholten; dieser Dreißigjährige Krieg, der die Karten im Spiel der Mächte mischte und das bisherige politische Kräftegleichgewicht in Europa verschob und neu ordnete – er brachte den Völkern nicht nur Untergang und Tod wie die apokalyptischen Reiter Dürers, sondern er öffnete zugleich, wie jeder Krieg, das Tor zu einem Neubeginn, die Chance für Aufstieg und Erfolg, der in keiner Zeit so schnell Platz greifen konnte, wie in kriegerischen Umbruchsepochen.

Herkunft

Eine der Familien, die gleichwohl von altadeliger Herkunft, erst durch die Kriegsläufe dieser Zeit zu exorbitantem Reichtum und internationalem Ansehen gelangten, waren die Grafen von Königsmarck. Von Stockholm bis Venedig, von Madrid bis Dresden kannte man ihren Namen in allen Kreisen des Militärs und der aristokratischen Gesellschaft. Die Königsmarcks waren in der Mitte des 17. Jahrhunderts eine Familie von europäischem Rang und Namen, eine Familie, die sich den Fürsten Europas ebenbürtig fühlte. Ihr entstammt die Heldin unserer Geschichte, Maria Aurora von Königsmarck, eine weltläufige Dame auf der Höhe ihrer Zeit, eine charismatische Persönlichkeit, die in den verschiedenen Facetten ihres Lebens ihre Epoche so unvergleichlich repräsentierte, dass sogar Voltaire von ihr schwärmte, sie sei die berühmteste Frau zweier Jahrhunderte gewesen.

Ursprünglich stammten die Königsmarcks aus der Mark, wo sie seit dem 10. Jahrhundert als Geschlecht kriegerischer Edelleute nachgewiesen sind. Teile der Familie hatte es schon seit dem 14. Jahrhundert immer wieder nach Schweden gezogen, nachdem ein Johann von Königsmarck 1347 ein Mädchen aus dem berühmten schwedischen Geschlecht der Sture geehelicht hatte und wenig später ein Herbrecht von Königsmarck von 1373 bis 1386 Gouverneur von Stockholm wurde. Von 1391 bis 1414 saß Jacob Gerhardt von Königsmarck auf dem erzbischöflichen Stuhl im schwedischen Lund und krönte 1397 den schwedischen König Erich XIII. Bis 1450 lässt sich der Einfluss des Geschlechts im skandinavischen Raum vielfach nachweisen.

Zum zweiten Mal kam im 17. Jahrhundert ein Zweig der Familie von Königsmarck unter dem berühmten Feldherrn Hans Christoph nach Schweden. In seiner Generation spaltete sich die Familie auf. Während er sich nach Norden orientierte, verblieb ein jüngerer Vetter Joachim Christoph († 1690) im Besitz der alten Familiengüter und wurde der Stammvater der märkischen Linie.[1]

Nachdem früher viele männliche Mitglieder der Familie Domherren gewesen waren, hatte sich in der Reformation das gesamte Haus Königsmarck dem neuen lutherischen Glauben angeschlossen und blieb fortan in allen seinen Verzweigungen tief im protestantischen Glauben verwurzelt.

Der steile Aufstieg des Hans Christoph von Königsmarck

Hans Christoph von Königsmarck, 1600 im Stammschloss Kötzlin in der Mark Brandenburg als Sohn des kaiserlichen Generals Konrad Königsmarck von Kötzlin und seiner Gemahlin Beate Elisabeth von Blumenthal geboren, begründete den komentenhaften Aufstieg der Familie. Er wurde der beste Kavalleriegeneral Schwedens im Dreißigjährigen Krieg. Tollkühn, draufgängerisch und skrupellos vereinte er alle Charaktereigenschaften, die in Kriegszeiten spektakuläre Erfolge versprechen.

Hans Christoph begann 1620 seine Laufbahn als kleiner deutscher Rittmeister unter kaiserlicher Fahne in Italien, wechselte aber 1631, nach dem Eintritt Gustav Adolfs in das Kriegsgeschehen, zu seinem und seiner Familie Vorteil in den schwedischen Militärdienst über, in dem er schon 1632 an dem Zug nach Bremen und Verden teilnahm. Er erwarb sich unschätzbare Verdienste, indem er zwar im Auftrag der Krone, aber auf eigene Rechnung immerfort neue Truppen aushob und Verstärkungen und Unterhalt für die Armee aus den ausgebluteten deutschen Landstrichen presste. Sein rücksichtsloses, brutales Vorgehen dabei rechtfertigte er mit den Worten, dass „jemand, der Gold und Silber machen will, mit glühenden Kohlen versehen sein muss".[2] Der Erfolg schien ihm Recht zu geben. Als fähiger Kriegsunternehmer und Financier der schwedischen Armee in Deutschland wurde er für die nordische Krone unentbehrlich.

Etappen seiner glänzenden militärischen Karriere waren 1645 die Eroberung der norddeutschen Stifte Bremen und Verden, durch die er die Nordseeküste mit den Mündungen von Elbe und Weser unter schwedische Kontrolle brachte, und am 26. Juli 1648 schließlich die Erstürmung der Kleinseite von Prag, mit der die Schweden den Dreißigjährigen Krieg glorreich beendeten. In seinem Quartier auf der Prager Kleinseite erhielt Königsmarck die Nachricht vom Friedensschluss von Münster und Osnabrück. Königsmarck leerte die „Kunst- und Wunderkammern" Kaiser Rudolfs II. auf dem Hradschin bis zum letzten Stück und führte eine unglaublich reiche Beute an Kunstschätzen und Reichtümern nach Schweden und in seine eigenen Taschen. Darunter befanden sich Edelsteine, Münzen, Fayencen, Zeichnungen und Gemälde von Michelangelo, Leonardo da Vinci, Raffael, Tizian, Tintoretto, Veronese, Dürer, Bosch, Brueghel, darüber hinaus Handschriften und Bücher wie die gotische Ulfila-Bibel, die Gigas librorum, die so genannte Teufelsbibel aus dem 13. Jahrhundert und der Codex Argenteus, die einzigartige gotische Bibelhandschrift aus dem frühen 6. Jahrhundert. Königsmarck schenkte der schwedischen Königin Christina diese Kriegsbeute. Sie wurde die Grundlage der später berühmten schwedischen Kunstsammlungen. Skulpturen aus dem Beuteschatz schmücken noch heute den Park des königlichen Schlosses zu Drottningholm.

Hans-Christophs Fortune hatte ihn in wenigen Jahren zu einem der großen schwedischen Heerführer des Dreißigjährigen Krieges neben Johan Banér (1596–1641), Lennart Torstenson (1603–1651) und Karl Gustav Wrangel (1613–1676) werden lassen. Das Verhältnis zwischen Hans Christoph von Königsmarck und Karl Gustav Wrangel war allerdings zeitweise sehr gespannt; denn Königsmarck hatte sich dem jüngeren Wrangel, als dieser 1646 in der Nachfolge Torstensons das Oberkommando über die schwedischen Truppen in Deutschland übernahm, nicht unterordnen wollen.[3]

Dennoch haben sie gemeinsam zu den schwedischen Gewinnen beigetragen und erreicht, dass Schweden als Großmacht aus dem Krieg hervorging. Durch den erfolgreichen Griff auf die deutschen Küstengebiete war es außerdem auch eine norddeutsche Macht geworden. Im Osten gehörten seit 1648 Vorpommern mit Stralsund, Stettin, Rügen und die Odermündung sowie der wichtige mecklenburgische Hafen Wismar, im Westen die säkularisierten Stifte Bremen und Verden, die die Mündungen von Elbe und Weser kontrollierten, zum Machtbereich der schwedischen Krone.

Die Herrschaft über das schwedische Großreich lag in der zweiten Hälfte des Krieges in den jugendlichen Händen der Königin Christina (1626–1689). 1632, nach dem Tod ihres Vaters Gustav Adolf in der Schlacht von Lützen, wurde sie, als sechsjähriges Kind, zur designierten Königin von Schweden erhoben. Während ihrer Minderjährigkeit übernahm der befähigte Reichskanzler Gustav Adolfs und Bevollmächtigte in Deutschland Axel Graf Oxenstierna (1583–1654) die Leitung der schwedischen Politik, bis Christina 1644 auch de facto den schwedischen Thron bestieg.[4]

Obgleich das Verhältnis zwischen Königin Christina und dem selbstbewussten und selbstherrlichen Grafen Königsmarck schwierig war, belohnte sie ihn für seine Verdienste für die schwedische Sache mit großzügigsten Zuwendungen: Sie ernannte ihn 1645 zum Generalgouverneur von Bremen und Verden und erhob ihn 1651 in den erblichen schwedischen Grafenstand. Sie schenkte ihm reiche Latifundien in Schweden und in den eroberten Gebieten an der Ostsee und belehnte ihn mit den alten Grafschaften des Sturegeschlechts Westerwijk und Stegeholm am Baltischen Meer gegenüber den Gotlandinseln. Dadurch erlangte Hans-Christoph Königsmarck die Aufnahme in den königlich schwedischen Reichsrat, eine Ehre, die ihm als Ausländer von vielen Schweden missgönnt wurde. Sein Aufstieg gipfelte schließlich in der Beförderung zum schwedischen Feldmarschall im Jahre 1655. Damit war der unbedeutende märkische Landadelige in wenigen Jahren zu einer der führenden Persönlichkeiten der neuen europäischen Großmacht Schweden aufgestiegen.[5]

Die Herzogtümer Bremen und Verden

Das Interesse Schwedens an den Stiften Bremen und Verden rührte aus seiner Rivalität mit Dänemark um die Vorherrschaft im norddeutschen Raum.[6] Gegen Ende des Dreißigjährigen Kriegs konnte Hans Christoph von Königsmarck durch die Eroberung der Bistümer diese Frage zugunsten Schwedens entscheiden. Schon während der Besatzungszeit 1645 bis 1648 leitete er die Interimsverwaltung der Territorien und übernahm 1648, als im Westfälischen Frieden die Stifte säkularisiert und als weltliche Herzogtümer an die schwedische Krone verliehen wurden, als Gouverneur die zentrale Verwaltung, die er nach Stade verlegte. Gleichzeitig baute er die Stadt wegen ihrer strategisch günstigen Lage an der Elbe zur Landesfestung aus. Die ehemals stiftischen Gebiete blieben jedoch im Verband des Reiches; für sie wurde Schweden Reichsstand mit Sitz und Stimme im Reichstag. Schweden war also durch diese Eroberungen eine norddeutsche Macht geworden – es gelang ihm, die im Krieg errungene Großmachtstellung durch sein Eindringen ins Reich vorläufig zu sichern.[7]

Nachdem Hans Christoph im Krieg seine überragende Befähigung zum Offizier unter Beweis gestellt hatte, erwies er sich nun bei der Neueinrichtung der schwedischen Verwaltung in Bremen und Verden auch als vorzüglicher Organisator. Königin Christina ließ ihm dabei weitgehend freie Hand. So war es ihm möglich, in den Herzogtümern ein, von der Krone relativ unabhängiges, fast absolutistisches Regiment zu führen.

Königin Christina von Schweden beschenkte nach 1648 verdiente Beamte und Offiziere mit säkularisierten stiftbremischen Gütern. Diese so genannten Donationen waren eine typisch schwedische Praxis. Ihr lag die Auffassung zugrunde, die Güter könnten in Privathand besser bewirtschaftet werden, während die Krone zu wenig Nutzen von Naturalabgaben hätte und ihren Haushalt stattdessen mit Bargeldeinnahmen in Form von Zöllen und Akzisen bestücken sollte. Auf diese Weise wurde fast der gesamte Güterbesitz der schwedischen Krone in den norddeutschen Herzogtümern durch Donationen vergeben. Auch Königsmarck erhielt schon 1645 die Amtseinkünfte in Neuhaus/Elbe und Rotenburg sowie das Amt Bederkesa und andere Güter als Pfand.[8] Sie rundeten sein immenses Vermögen ab, das er durch geschickte und einträgliche Geldgeschäfte angehäuft hatte. Bei seinem Tod zählte er zu den reichsten Männern seiner Zeit, seine Jahreseinkünfte wurden auf die Summe von 130 000 Reichstalern geschätzt, was einem Millionenvermögen in der heutigen Zeit entspräche.[9]

Obwohl sein Verhältnis zu den schwedischen Regenten selten frei von Konflikten war, hielt er stets beträchtliche Geldmittel für die schwedische Krone bereit und sicherte sich so deren Gewogenheit und Abhängigkeit. 1651 lieh er dem Kronprinzen Karl Gustav 60 000 Reichstaler und 1652 gewährte er Königin Christina ein Darlehen von über 50 000 Reichstalern. Zwischen 1655 und 1660 gab er dem König Karl X. Gustav (1654–1660) weitere Kredite in Höhe von über 200 000 Reichstalern, hauptsächlich um militärische Werbungen zu finanzieren. Von diesen Schulden standen 1663 noch 110 000, 1677 noch 42 000 Reichstaler zur Tilgung aus.[10]

Schloss Agathenburg

Die „neureichen" schwedischen Adelsfamilien, die erst jüngst durch Kriegsruhm und Donationen zu Ansehen und Reichtum gelangt waren, zeichneten sich durch das ihnen gemeinsame Bedürfnis aus, ihr neues Selbstbewusstsein durch den Bau prächtiger Schlösser vor aller Welt zu demonstrieren. Als schwedischer Gouverneur von Bremen und Verden fand es auch Graf Königsmarck angezeigt, seiner gesellschaftlichen Stellung entsprechend zu repräsentieren. 1652 kaufte er das Gut Lieth in der Nähe von Stade und baute es in den folgenden Jahren zu einer Schlossanlage aus. Er nannte den Besitz nach seiner Gemahlin, Barbara Maria Agatha von Lehsten (1608–1671), Agathenburg[11]. Agathenburg wurde der Hauptwohnsitz der Familie. Es ging das Gerücht, dass es einen geheimen unterirdischen Gang zwischen dem Stader Stadthaus der Königsmarcks in der Großen Schmiedestraße und dem außerhalb gelegenen Schloss gegeben habe[12].

Die Agathenburg, deren Hauptgebäude, das „Corps de logis", ein eher schlichter, unverputzter, kastenförmiger Backsteinbau ist, vermittelte damals wie heute den Eindruck massiver Stärke und zeugte von der Bedeutung des Bauwerks als Wohnsitz einer hochgestellten Persönlichkeit. Diese Wirkung muss umso beherrschender gewesen sein, als es in der damaligen Zeit im bremisch-verdischen Gebiet keine Schlossanlagen gab. Die Adeligen hatten bis zur Schwedenzeit gewöhnlich in Bauernhäusern gelebt.

Als Hans Christoph von Königsmarck 1655 durch den schwedischen König Karl X. Gustav, den Nachfolger Christinas, zum Feldmarschall ernannt wurde, nahm er die Berufung nur mit Zögern an. Er sei zu alt und gebrechlich, um noch einmal ins Feld zu ziehen, gab er zu bedenken. Er wolle lieber die Regierung in Bremen-Verden fortführen[13]. Dennoch verließ er noch einmal Stade, um dem schwedischen König im Polnischen Krieg (1. Nordischer Krieg 1655–1660) zu dienen. Er geriet dabei für vier Jahre in Kriegsgefangenschaft in Danzig, aus der er erst 1660 nach Stade zurückkehrte. In Stockholm, wohin er reiste, um für die Belange seiner Herzogtümer zu wirken, starb er am 20. Februar 1663. Er hinterließ seinen Nachkommen eine Erbschaft in Höhe von ca. zwei Millionen Reichstalern und eine fürstenähnliche gesellschaftliche Position.

Mit Hans Christoph war der Zenit des Ruhmes und Wohlstandes der Familie Königsmarck erreicht. Er repräsentierte unvergleichlich das erstarkte Selbstbewusstsein der schwedischen Hocharistokratie durch seine Funktionen im zivilen und militärischen Staatsdienst, durch den Erwerb von Grundbesitz und die Anlage eines Herrensitzes. Es gelang ihm sogar, seine Kinder äußerst vorteilhaft mit Sprösslingen der berühmtesten schwedischen Adelsfamilien, den gräflichen Häusern Wrangel und de la Gardie, zu verbinden, die ihrerseits wieder mit deutschen Fürstenhäusern versippt waren. Die militärische Karriere, die ihm zu Ruhm, Ansehen und Reichtum verholfen hatte, besaß Vorbildcharakter für alle männlichen Nachkommen in den nächsten Generationen. Als der „alte Königsmarck" ging er in die Annalen der Familie ein.

Die Generation der Kinder

Von den sechs Kindern, die Hans Christoph mit seiner Gemahlin Agatha hatte, überlebten nur drei: die beiden Söhne Kurt Christoph (1634–1673) und Otto Wilhelm (1639–1688), sowie die Tochter Beate Elisabeth (1637–1723). Nach dem Tod des Vaters teilten die beiden Söhne das väterliche Vermögen. Schloss und Besitz zu Agathenburg fielen laut Testament an den jüngeren Otto Wilhelm, der jedoch den Besitz seiner Mutter Agatha bis an ihr Lebensende 1671 als Witwensitz überließ.

In den nächsten Jahren lebten in Agathenburg mit ihr Beate Elisabeth, die sich 1655 mit dem schwedischen Grafen Pontus Fredrik de la Gardie (1630–1692) vermählte, und ihre Töchter, als auch die Familie des ältesten Königsmarck-Sohnes.

Kurt Christoph und Otto Wilhelm

Kurt (Cord, Konrad) Christoph war als Ältester schon früh dazu ausersehen worden, die Verwaltung der Familiengüter und die Repräsentation des Hauses zu übernehmen. 1651 begab er sich, 17-jährig, wie es für Adelssprösslinge üblich war, auf eine so genannte Kavalierstour, um die Welt kennen zu lernen. Sie führte ihn über Frankfurt am Main und Heidelberg nach Süden.[14] Er studierte in Straßburg, wo er eine lateinische Huldigungsrede auf die schwedische Königin Christina verfasste. Bevor er sich seinen zivilen Aufgaben widmete, suchte auch er, wie alle Königsmarcks, das Waffenglück, zunächst unter schwedischem Kommando, wo er es bis zum Reichsfeldzeugmeister brachte. Nach dem Tod seines Vaters verwaltete er vom Jahre 1664 an das Familienvermögen und amtierte als Vizegouverneur von Bremen und Verden in Stade. Doch bat er 1672 um die Entlassung aus schwedischen Diensten, um sich noch einmal der Herausforderung auf dem Schlachtfeld zu stellen. Im Amt des Vizegouverneurs folgte ihm sein Bruder Otto Wilhelm nach. 1673 kam Kurt Christoph als holländischer Generalfeldzeugmeister vor Bonn im Kampf gegen die Franzosen ums Leben.

Der wohl bedeutendste Schachzug seines Lebens gelang ihm jedoch nicht auf dem Feld der Ehre, sondern 1657 durch die Heirat mit Maria Christine von Wrangel auf Lindeberg (1638–1691), der Tochter des schwedischen Feldmarschalls Hermann Wrangel und der Amalia Magdalena von Pfalz-Sulzbach, sowie Schwester des berühmten schwedischen Feldmarschalls Karl Gustav von Wrangel. Mit dieser Vermählung setzte Kurt Christoph die Strategie seines Vaters fort und etablierte sich in den höchsten Kreisen der schwedischen Gesellschaft.

Doch ein klingender Name und eine privilegierte Stellung sind bekanntlich kein Garant für familiäres Glück. Zweifel an der ehelichen Harmonie im Hause Königsmarck kommen auf, wenn man erfährt, dass der damals bekannte Verfechter der Polygamie Johannes L(e)yser sein Aufsehen erregendes kulturgeschichtliches Werk über die Vielweiberei – „Polygamia Triumphatrix" – dem Grafen Kurt Christoph zu Gefallen verfasste, der, wie es heißt, seiner Gemahlin überdrüssig war.[15] Wir finden folglich auch keinen Hinweis darauf, dass Maria Christine mehr, als der Etikette entsprechend, um ihren früh verstorbenen Ehemann getrauert hätte. Der Kummer und die Sorgen, die künftig ihr Leben überschatteten, hingen sicher eher damit zusammen, dass sie das leichte Blut ihres Gemahls im Charakter und in der Lebenshaltung ihrer beiden Söhne wiederfand.

Der jüngere Königsmarck-Sohn Otto Wilhelm war zweifellos der bedeutendere der beiden Brüder. In ihm besaß auch die neue Generation der Familie einen herausragenden Repräsentanten. Er war, wie seine Schwester Beate Elisabeth, mit einem Mitglied des Grafengeschlechts de la Gardie verheiratet, nämlich seit 1682 mit der Tochter des berühmten schwedischen Kanzlers Magnus Gabriel de la Gardie, Catharina Charlotte (1655–1697). Nach ausgedehnten Studien an deutschen und französischen Universitäten suchte der Graf beruflichen Erfolg zunächst im diplomatischen Dienst der schwedischen Krone in England und Frankreich und seit 1672, als Nachfolger seines Bruders, im Amt des Vizegouverneurs von Bremen und Verden.

Doch auch er erlag , als ein echter Königsmarck, à la longue den Lockungen der Ruhm und Ehre verheißenden „Kriegskunst". Sein großes Vorbild war der alte französische Marschall Turenne, dem er in französische Dienste folgte. Dort kämpfte er so erfolgreich, dass er sogar von Ludwig XIV. belobigt und befördert wurde. Zurück unter schwedischen Fahnen, verteidigte er Pommern von 1676 an im Krieg gegen Brandenburg und erhielt nach dem Frieden von 1680 das schwedische Generalgouvernement über die Provinz Pommern. Aber die Verwaltungstätigkeit füllt ihn auf Dauer nicht aus. Mit Einwilligung des schwedischen Königs Karls XI. (1672– 1697), des Cousins seiner Gattin, gab er sein Statthalteramt zurück und trat 1685 zunächst unter kaiserliches, dann unter venezianisches Kommando. Als Generalissimus übernahm er den Oberbefehl über die Streitkräfte Venedigs im Krieg gegen die Türken. Der Schauplatz dieser Kämpfe war

Griechenland. Königsmarck landete auf dem Peloponnes und bahnte sich seinen Weg nach Athen, das er im Sturme nahm. Bei diesen Kampfhandlungen wurde der Parthenon-Tempel auf der Akropolis, den die Türken als Waffenlager benutzt hatten, durch eine Granate aus venezianischen Geschützen fast völlig zerstört.

Die Zeitgenossen berührte dieser Verlust wenig. Der Türkenfeldzug galt als überragender Erfolg, wenn auch Otto Wilhelm wenig später, 1688, auf der Insel Negroponte im Ägäischen Meer einer Lagerseuche zum Opfer fiel. Der Tod des kriegstüchtigen Grafen wurde in ganz Europa beklagt. Der venezianische Doge soll bei der traurigen Nachricht in Tränen ausgebrochen sein. Die Republik Venedig ließ zu seinen Ehren eine Marmorstatue mit der Aufschrift „Semper Victori" am Eingang zum Arsenale errichten, die noch heute dort steht.

Seine Gemahlin, die ihn auf dem Kriegszug begleitet hatte, brachte die Leiche Otto Wilhelms nach Stade zurück, wo er 1691 gemeinsam mit seinem Neffen und Waffengefährten Karl Johann mit einer prunkvollen Begräbnisfeier beigesetzt wurde.

Da die Ehe Otto Wilhelms mit Catharina Charlotte kinderlos geblieben war, trat die Generation seines verstorbenen älteren Bruders Kurt Christoph von Königsmarck in das Familienerbe ein. Catharina Charlotte erhielt laut Testament ihres Gatten die Agathenburg als Witwensitz und bewohnte sie bis zu ihrem Tode im Jahr 1697.

Schwierige finanzielle Lage

In diesen Jahren, in denen sich Otto Wilhelm nur sporadisch bei seiner Mutter und den Geschwistern in Agathenburg blicken ließ, gerieten die Angelegenheiten der Familie in schwere Bedrängnis:

Einerseits gingen von 1676 bis 1679 die bremisch-verdischen Herzogtümer vorübergehend für Schweden verloren. Der schwedische König Karl XI. hatte sich auf Seiten Frankreichs in den Krieg zwischen Ludwig XIV. von Frankreich und die Niederlande hineinziehen lassen. Als Sanktion für seinen

Angriff auf Brandenburg, das zu den Niederlanden stand, und infolge der verlorenen Schlacht von Fehrbellin 1675, bei der das schwedische Heer vom Großen Kurfürsten vernichtend geschlagen und aus Pommern verjagt wurde, geriet der Schwedenkönig als deutscher Reichsfürst in die Reichsacht, die beiden schwedischen Herzogtümer wurden unter vier Exekutoren aufgeteilt. Das Schloss Agathenburg fiel samt den Einkünften des Gutes an die beiden Braunschweig-Lüneburger Herzöge Georg Wilhelm und Rudolf August und gelangte erst 1780, nach dem Abzug der Reichstruppen, übel zugerichtet und ramponiert, in den Besitz die Familie Königsmarck zurück.

Ein zweiter Umstand, der den Lebensnerv der Grafenfamilie empfindlich traf, war die schwedische Reduktionspolitik. Auf Grund der unablässigen Kriegsbeteiligungen waren die finanziellen Ressourcen des schwedischen Staates erschöpft. Schon 1655 waren die so genannten Quartgelder eingeführt worden, eine Abgabe des vierten Teils der donierten Güter. Von dieser Auflage waren die Königsmarcks noch verschont geblieben. 1680 beschloss der schwedische Reichstag jedoch durchgreifende Maßnahmen zur Sanierung der Staatsfinanzen. So sollten die besonders von Königin Christina großzügig ausgegebenen Donationen auf ehemalige Kloster- und Kapitelgüter eingezogen werden. Dieser Vorgang bedeutete eine systematische Entmachtung des großgrundbesitzenden Adels und traf vor allem die neuadeligen Familien, deren Vermögen in erster Linie aus Donationen bestand.

Die Güterreduktion veränderte die Machtverhältnisse in Schweden grundlegend zugunsten der königlichen Position. Als König Karl XI. 1697 starb, war der Anteil des Adels am Grundbesitz des Landes von 72% auf 33% gesunken. Im Zuge dieser Entwicklung war 1683 auch Agathenburg für reduziert erklärt worden. Die Familie Königsmarck, die umgehend Einspruch gegen die Enteignung erhob, konnte sich zunächst behaupten. Doch läuteten die fiskalischen Maßnahmen des schwedischen Reichstages den materiellen Niedergang des gräflichen Hauses ein. Nach einer Zusammenstellung aus dem Jahre 1697 hatte die Familie Königsmarck bis dato einen

Gesamtverlust von mehr als 400 000 Reichstalern zu beklagen.

Der nächsten Generation war es aufgetragen, den Niedergang aufzuhalten und den restlichen Besitzstand der Familie zu verteidigen. Diejenigen, die diese undankbare Aufgabe zu bewältigen hatten, waren die Nachkommen aus der Ehe Kurt Christophs von Königsmarck und seiner Gemahlin Maria Christine von Wrangel. Von den fünf Kindern erreichten vier das Erwachsenenalter. Kurt Christoph selbst hat ihre Geburten und Taufen gewissenhaft festgehalten:[16]

„1659. Den 5. Mai dreiviertel auf eins ist mein ältester Sohn auf Nyburg in Dänemark geboren und ebendaselbst auch getauft und Carl Johann benannt worden. († 1686)

1662. Den 28. April um ein Uhr nachts ist meine älteste Tochter in Stade geboren und vermittelst der Heil. Taufe Maria Aurora benannt worden. († 1728)

1663. Den 20. August um sechs Uhr abends ist meine zweite Tochter ebendaselbst geboren und in der Taufe Amalia Wilhelmina benannt worden. († 1740)

1665. Den 4. März zwischen fünf und sechs Uhr morgens ist desgleichen hierselbst Philippe Christoph geboren worden. († 1694)

1666. Den letzten Feber zwischen neun und zehn wurde hier in Stade mein dritter Sohn geboren und erhielt er den Namen Gustawus Herminius, aber im zarten Alter ist er nach einem und einem halben Jahr aus dem Zeitlichen erlöst und im Herren selig geworden."

Die Mutter Maria Auroras kämpft um ihre schwedischen Besitzungen

Als der Vater im Jahr 1673 starb, waren die Kinder allesamt noch recht klein, Maria Aurora gerade 11 Jahre alt. Die Vormundschaft übernahm ihr Onkel Otto Wilhelm von Königsmarck gemeinsam mit Esaias von Pufendorf (1628–1689), dem Bruder des berühmten Philosophen und Historikers der Frühaufklärung Samuel von Pufendorf (1632–1694). Die Brüder Pufendorf entstammten einer alten sächsischen Theologenfamilie, die seit der Reformation treu zum lutherischen Protestantismus gestanden hatte. In den 60er Jahren des 17. Jahrhunderts hielt sich Esaias als Diplomat in Paris auf. Diese biographischen Hintergründe qualifizierten ihn als Vormund und Vorbild der Königsmarck-Kinder.

Über deren frühe Kindheitsjahre in Stade und Agathenburg ist nur wenig bekannt. Doch scheint die Familie, zu der auch die Cousinen Ebba Marie (1657–1697) und Johanna Eleonora de la Gardie (1661–1709) gehörten, ein standesgemäßes Leben geführt zu haben; denn es gelangten regelmäßig Lieferungen von Rheinwein sowie von wertvollen Kleidungsstücken an den Herrensitz. Auch gab es in Agathenburg eine für die damaligen Verhältnisse bemerkenswerte Bibliothek, die verschiedensprachige Bücher zu klassischen aber auch modernen naturwissenschaftlichen Themen umfasste. Wahrscheinlich wurde hier der Grund gelegt für das literarische Interesse und die sprachliche Gewandtheit der jungen Maria Aurora.[17]

Man pflegte freundschaftliche Kontakte zu den Höfen von Holstein, Mecklenburg und Braunschweig und unternahm Reisen zu Kuraufenthalten in Bad Pyrmont, wo man die befreundeten Fürstenhäuser aus Hannover und Celle traf.[18] Es ist unverkennbar, dass die Gräfin Königsmarck bemüht war, vor allem ihren Töchtern frühzeitig Zutritt zu vornehmen Gesellschaftskreisen zu eröffnen.

In den Jahren nach dem Tod Kurt Christophs kam allerdings schmerzlich zum Tragen, dass die Familie in Stade, diesem Beutestück des Dreißigjährigen Krieges, nicht von alters her sesshaft und bodenständig war und folglich noch immer als landesfremd galt. Als nun durch die Kriegsereignisse und auf Grund der schwedischen Reduktionen peu à peu die materielle Existenzgrundlage wegbrach, sahen sich die Söhne des Hauses gezwungen, wie schon ihre Vorfahren, der Heimat den Rücken zu kehren und ihr Glück in auswärtigen Kriegsdiensten zu suchen. Auch die weiblichen Familienmitglieder – nur sie hüteten den Besitz – mussten den Landsitz Agathenburg verlassen und vor den braunschweigisch-lüneburgischen Besatzungstruppen Zuflucht im nahe gelegenen Hamburg suchen, das damals ein wirtschaftliches und gesellschaftliches Zentrum im norddeutschen Raum und einen Hort des Friedens darstellte.

Dort mietete Gräfin Maria Christine für die kommenden Jahre das Haus Nr. 19 am Siegesplatz an. In Hamburg kamen die Königsmarck'schen Damen auch in nähere Verbindung mit anderen vor den Kriegsunruhen geflüchteten fürstlichen Familien.

Doch Maria Christine blieb nicht lange. Stets hatte sie ihre schwedischen Beziehungen höher geschätzt als den in Deutschland liegenden Königsmarck'schen Familienbesitz. Als sie mit den Vormündern ihrer Kinder in heftigen Streit um ihr „Leibgedinge" geriet, das, wie sie meinte, ihr aus dem Erbe ihres verstorbenen Gatten in reicherem Umfang zustünde als offiziell bewilligt, appellierte sie in ihrer Not an den schwedischen König und fasste den Plan, wieder heimzukehren nach Schweden. Die beiden Vormünder, Graf Otto Wilhelm von Königsmarck und Esaias von Pufendorf, versuchten zwar, ihre Ausreise zu verhindern und ließen sogar vom Hamburger Senat ein amtliches Reiseverbot gegen die Gräfin ausstellen, doch gelang es ihr, noch während die Senatsherren und die gräflichen Vormünder die zu ergreifenden Maßnahmen berieten, Hamburg in der Nacht vom 27. zum 28. Mai 1680 heimlich auf einem Schiff zu verlassen. Ihre Kinder sowie den Schlüssel zum Aufbewahrungsort ihrer mobilen Güter, die im Herzoglichen Bankierhaus lagerten, ließ sie zurück. Dieses Depot wurde von Otto Wilhelm angeblich wenig später gewaltsam geöffnet und der Inhalt inventarisiert.[19]

Die zurückgelassenen Kinder gab Otto Wilhelm in die Obhut seiner Schwester, der Tante der Geschwister, Beate Elisabeth Gräfin de la Gardie. Dort lebten sie behütet und trotz der finanziellen Schwierigkeiten der Familie mit angenehmen Zerstreuungen. Man weiß von einem Kostümball, den Karl Johann anlässlich des Besuchs des jungen Grafen Oxenstierna in Hamburg für seine Geschwister und die Cousinen de la Gardie veranstaltete und auf welchem seine Schwester Maria Aurora als Zigeunerin auftrat. Schon damals, gerade 18-jährig, begann die jüngere Königsmarck-Tochter,

Männern den Kopf zu verdrehen. Ihr erstes verbrieftes Opfer war eben jener Graf Oxenstierna, der, wie es heißt, sehr verliebt in die kokette Gräfin war.[20]

Wir erfahren in dieser Zeit auch von einem Zusammentreffen der Königsmarck-Kinder mit der herzoglichen Familie von Braunschweig-Lüneburg-Celle, wobei die Herzogin von Celle ihrer Tochter, der 14-jährigen Prinzessin Sophia Dorothea, sowie allen Hoffräulein – vielleicht aus politischen Erwägungen – verboten haben soll, Kontakt mit den gräflichen Sprösslingen aufzunehmen und diese Anordnung erst nach dem vermittelnden Einschreiten des Herzogs aufgehoben wurde.

Als Marie Christine am königlichen Hof in Stockholm so freundlich aufgenommen wurde, dass sie daraus berechtigte Hoffnung auf eine vorteilhafte Klärung ihrer Vermögensfragen schöpfen konnte, beschloss sie, ihre Kinder nachkommen zu lassen. Dazu mögen sie auch Besorgnis erregende Nachrichten bewogen haben, die über deren lockeres Leben in Hamburg zu ihr drangen. Eine ältere Dame aus Stade, langjährige Vertraute der Mutter, berichtete ihr nach Schweden empört über den unterhaltsamen Zeitvertreib der Jugendlichen und fand es „unerträglich", „dass die Kinder fähig sind, an Vergnügungen zu denken, während die Familie in gegenwärtiger Lage sich befindet".[21]

Im Laufe des Sommers des gleichen Jahres begleitete der 21-jährige Karl Johann seine drei Geschwister nach Stockholm und übergab sie dort der Mutter.

Die Geschwister Maria Auroras

Die kurze Lebensgeschichte Karl Johanns

Während sich die Gräfin Maria Christine mit ihren beiden Töchtern und dem jüngeren, 15-jährigen Sohn in Stockholm in der Nähe des königlichen Hofes und in der Gesellschaft ihres Bruders, des Feldherren Karl Gustav von Wrangel, niederließ, trieb es ihren ältesten Sohn Karl Johann schon im Knabenalter auf abenteuerlichen Wegen kreuz und quer durch Europa. Nach Hamburger Studienjahren hatte er seine Kavalierstour angetreten, auf der er 1675 seinen Onkel und Vormund, den schwedischen Gesandten Otto Wilhelm, in Paris besuchte und am königlichen Hof vorgestellt wurde. Bildungsreisen führten ihn danach durch Frankreich und Italien, Spanien und Portugal, wobei er keine Gelegenheit versäumte, seine Abenteuerlust und seinen kriegerischen Eifer unter Beweis zu stellen.

Welchen Stellenwert in dieser Zeit militärischer Einsatz für das Selbstwertgefühl junger Männer hatte, verdeutlicht ein Brief Karl Johanns an seine Mutter, in dem er ihr seinen Beschluss mitteilte, unter englischer Flagge an einer „bataille" gegen Algerien, „dieser herrlichen action" teilzunehmen und seine Hoffnung ausdrückte, „nach diesem vor Ihnen nicht als unwürdiger Sohn zu erscheinen, auch werden meine Verwandten nicht meinetwegen erröten brauchen."[1] Das Erlernen des Kriegshandwerks gehörte zur Kavaliersausbildung junger Adeliger. Ruhm und Ehre, aber auch Vermögen und gesellschaftlicher Aufstieg ließen sich in erster Linie auf diesem Wege erreichen. Militärische Qualifikation konnte man in diesen Jahrzehnten auf den Schlachtfeldern Westeuropas, in den Türkenkriegen oder in den Diensten der venezianischen Republik erwerben. Die jungen Leute suchten nach kriegerischen Konfliktherden und reisten, wenn der eine Schauplatz befriedet wurde, zum nächsten. Frieden oder Waffenstillstand galten als sinnlos vertane Zeit. „Da der Friede mich an diesem Platz unnütz gelassen hat", schrieb Karl Johann an seinen Onkel am 6. Juni 1681, „habe ich mich von neuem auf der Flotte eingeschifft."[2] Sein erklärtes Bestreben war, in die Fußstapfen seiner Vorfahren zu treten, also den Weg des Schwertadels zu beschreiten und nicht in den Dienstadel, das hohe Beamtentum oder diplomatische Ämter einzutreten.

1677 begann er seine kurze, aber erfolgreiche militärische Karriere. Den ersten spektakulären Waffenerfolg feierte er in Malta gegen die Türken, wofür er als erster Protestant mit dem Ordenskreuz der Malteserritter ausgezeichnet wurde. Diese Ehrung sprach sich in den höfischen Cercles herum. Pikante Geschichten über den schmucken Grafen wurden in allen Salons kolportiert. Der berühmten Liselotte von der Pfalz, Herzogin von Orleans,[3] verdanken wir die Anekdote über die junge Comtesse von Southampton, die Karl Johann von Königsmarck in Venedig kennen gelernt hatte und die ihn, als Page verkleidet, auf seinen Reisen begleitete; so auch im August 1679 nach Chambord, wo er mit ihr wegen des herrschenden Quartiermangels in einem Zelt im Wald logierte. Die Herzogin, durch seine Berichte während der Jagd neugierig geworden, stellte sich „als wenn ich curieux (neugierig) wäre, sein türkisches Zelt zu sehen und ritt hinein. Er rief seinen Pagen, um vom Pferd abzusteigen, der kam geschwind gelaufen und half seinem Herrn vom Pferd, da sah ich sie ganz nahe". Liselotte äußerte sich entzückt über ihr hübsches Gesicht, fand sie aber sonst „kurz und dick und fett." Kein Wunder, denn kaum wollte der junge Graf in Richtung Italien weiterreisen, so wurde er in einem Wirtshaus von der Nachricht zurückgehalten: „ votre page est fort malade d'une colique … Monsieur, courrez vite là haut, votre page accouche!" – „Euer Page ist schwer erkrankt an einer Kolik … Monsieur, eilen Sie rasch nach oben, Euer Page kommt nieder". In der Tat brachte die junge Comtesse ein Töchterchen zur Welt. Es sollte nicht der letzte uneheliche Spross von Königsmarck'schem Geblüt sein. Mutter und Kind wurden nach der Geburt in einem Pariser Kloster untergebracht, wo die junge Frau kurze Zeit später starb. Karl Johann hatte sich angeblich auf Grund der schwierigen finanziellen Lage seiner Familie nicht imstande gesehen, das Verhältnis zu legalisieren.[4] Der Tochter, die in den Familienpapieren unter dem Namen Maria Dorothea d'Holland von Königsmarck geführt wurde, nahm sich ein Freund Karl Johanns, der Marquis de Thiange, an. Er ermöglichte ihr eine klösterliche Erziehung und eine kleine Pension König Ludwigs XIV. Viele Jahre später, 1723, klagte Maria Dorothea gegen ihre Tanten, Maria Aurora von Königsmarck und Amalie Wilhelmine von Löwenhaupt, als Hüterinnen der Familiengüter auf Herausgabe des väterlichen Erbes. Der Streit wurde gütlich beigelegt und das junge Fräulein Königsmarck, den Wünschen ihrer Tante Maria Aurora entsprechend, anständig verheiratet.[5]

Nachdem die Bemühungen der Gräfin Königsmarck, für ihren Sohn ein lukratives und sicheres ziviles Amt in schwedischen Diensten zu erreichen, 1680 bei seinem Besuch in Stockholm nicht zum Tragen kamen, obwohl der schwedische König „ihm alle hohe kgl. Gnade erwiesen", zog Karl Johann wieder in die Welt, nach England und von dort zu kriegerischen Unternehmungen nach Spanien und Nordafrika.

Zurück in England war der Graf in eine unglückliche und blutig endende Brautwerbung um eine junge 15-jährige Witwe aus gutem Haus, Lady Elizabeth Ogle (1667–1722), verwickelt die ebenso schön wie reich war, was Karl Johann dazu bewegte, „seriöse Erwägungen anzustellen"[6]. Doch unterlag er im Wettstreit mit einem reichen, standesgemäßen Rivalen, Thomas Thynne von Longleat, seinerzeit besser bekannt unter dem Namen „Tom of Ten Thousand", der als Wüstling verschrieen war. Als der Nebenbuhler wenige Monate später auf offener Straße ermordet wurde, fiel sofort der Verdacht auf den abgewiesenen Freier Karl Johann. Seine Inhaftierung und der anschließende Prozess um die Anstiftung beziehungsweise Teilnahme am Mordkomplott stürzte die Familie Königsmarck in peinliche Konflikte. Die Höfe von Schweden, Frankreich und England wurden bemüht, sich für ihn zu verwenden. Da man ihm keine Mitwisserschaft nachweisen konnte, wurde er schließlich freigesprochen, wogegen die drei gedungenen Mörder zum Tode verurteilt wurden. Dieser Freispruch hinterließ in der Familie einen unguten Nachgeschmack und veranlasste seinen Vormund Graf Otto Wilhelm zu den Worten: „Für diese so gnädige errettung haben wir dem höchsten Gott hertzlich zu danken und daneben ihn bitten, das dergleichen unglück sich nimmer in der famille wieder zutragen möge."[7] Diese Bitte wurde, wie wir noch sehen werden, nicht erhört.

Nach seiner Rehabilitierung musste Karl Johann England verlassen; er nahm das Angebot König Ludwigs XIV. an, in französische Militärdienste zu treten. König Ludwig XIV. kümmerte sich in väterlicher Besorgnis persönlich um den jungen Grafenspross und versicherte seiner Mutter „welches Interesse ich an der Erhaltung des Grafen von Königsmarck, Ihres Sohnes nehme".[8] Auch Karl Johann empfand voller Dankbarkeit, „dass mich Fortuna nach den vergangenen Stürmen endlich in der Güte des Königs hat Ruhe finden lassen".[9] Drei Jahre, von 1682 bis 1685, kämpfte er mit Auszeichnung als Kommandeur des Regiments Fürstenberg und erfreute sich der königlichen Gunst. Die Aufhebung des Edikts von Nantes, 1685, veränderte jedoch das geistige Klima in Frankreich in einer Weise, dass Karl Johann für sich als Protestant keine Zukunft mehr sah. So ergriff er die Chance, zu den Fahnen Venedigs zu wechseln und unter seinem Onkel, dem Generalissimus der Venezianischen Republik Otto Wilhelm von Königsmarck, gegen die Türken anzutreten.

Noch zwei Besuche bei der Familie sind bezeugt, 1684 in Hamburg, wo Karl Johann mit seinem Bruder anlässlich einer familiären Vermögensauseinandersetzung zusammentraf, und 1686 ein Abschiedsbesuch in Stockholm bei der Mutter. Sein früher Tod ereilte ihn auf dem Krankenlager im Feld vor Napoli di Romainia am 25. August 1686. Maria Aurora, seine Schwester, setzte ihm in lateinischen und französischen Versen ein lyrisches Denkmal.[10]

Philipp Christophs Spielleidenschaft und Verschwendungssucht

Nach dem Tod Karl Johanns kam der jüngere Königsmarck-Sohn Philipp Christoph, gerade 21 Jahre alt, als „caput familiae" zum Zuge. Die Sterne standen nicht günstig für die Übernahme der Familienverantwortung, vor allem wegen der desolaten Vermögenslage, aber noch strahlte der Name Königsmarck am europäischem Himmel.

Seine Kindheit und Jugend hatte Philipp Christoph gemeinsam mit seinen Schwestern in Stade und Hamburg verbracht. Eine Pagenausbildung am herzoglichen Hof zu Celle wird angenommen, da das dortige Herzogspaar die Patenschaft für ihn übernommen hatte und enge Beziehungen zur gräflichen Familie pflegte. Mit fünfzehn Jahren begann die Ausbildung Philipp Christophs zum Kavalier und Edelmann, wozu er im Winter 1680/81 zu seinem Bruder Karl Johann nach England geschickt wurde. In Begleitung eines Hofmeisters und mit reicher Gefolgschaft lernte er in Oxford Latein und Englisch und unternahm im folgenden Sommer eine große Reise durch die Häfen der britischen Süd- und Westküste. Im Winter 1681/82 schrieb er sich gemeinsam mit seinem Bruder in dem renommierten Institut des Oberst Foubert in London ein, „wo man sich von Morgens bis zum Abend damit befasst zu studieren und Leibesübungen zu machen, um mit Ehren in der Welt bestehen zu können".[11] In dem international bekannten Internat fanden sich die Söhne der vornehmsten Familien Englands ein, um den letzten Schliff im Gebrauch der französischen Sprache, im Tanzen, Fechten und Reiten zu erhalten. Philipp Christoph wuchs zu einem eleganten und weltgewandten jungen Mann heran. Sein älterer Bruder Karl Johann stellte bewundernd fest, „er ist hier bekannt von aller Welt und spricht Englisch als wäre er hierzulande geboren … Er versteht resonnablement sein Latein und wird sich darin in diesem Winter noch um einiges in Oxford vervollkommnen, woselbst er nach den Ausgaben des Londoner Winters ekonomisieren kann. Wenn es zum Sommer nicht Krieg gibt, kann er nach Frankreich gehen oder über die See nach Spanien mit

Kommission als Volontär auf irgendeinem königlichen Fahrzeug. Er ist nun siebzehn Jahre und kräftig genug für Strapazen."[12]

Diese anfangs so günstigen Nachrichten vom Studieneifer des jüngeren Königmarck wandelten sich aber mit der Zeit zu Besorgnis erregenden Meldungen über Anzeichen von Spielleidenschaft und Verschwendungssucht, die Otto Wilhelm, der Vormund, mit ernsten Ermahnungen zu ersticken suchte: „Nichtsdestoweniger finde ich nötig, ihn nochmals gantz ernstlich zu erinnern, sich der Karten, Würffel und alles Spieles, wie es Namen haben mag, gäntzlich zu enthalten."[13] Er veranlasste, dass der junge Graf aus der verdorbenen Londoner Gesellschaft entfernt und zur Fortsetzung seiner Studien im Juni 1682 nach Paris geschickt wurde.

In dieser Zeit tobten die schweren Vermögensauseinandersetzungen, in die die Familie Königsmarck mit dem schwedischen Staat auf Grund der drastischen Reduktionspolitik Karls XI., darüber hinaus die Gräfin mit den Vormündern ihrer Kinder um ihr Erbe und die Söhne untereinander verwickelt waren. Karl Johann und Philipp Christoph einigten sich am 1. September 1682 in Paris in einem „brüderlichen Vergleich zwischen den Hochgebohrenen Grafen" über die Aufteilung ihres Erbes. Die Verfolgung der Vermögensprozesse führte Philipp Christoph wieder zurück in die Heimat, nach Hamburg, Stade und Agathenburg, schließlich nach Stockholm und zum Ende des turbulenten Jahres 1682 nach Celle, wo gerade die Hochzeit der Prinzessin Sophia Dorothea mit dem Erbprinzen von Hannover Georg Ludwig stattgefunden hatte und wo er das neuvermählte Paar wahrscheinlich getroffen hat.

Bevor er seiner eigentlichen militärischen Berufung folgte und vom Sommer 1684 an Jahr für Jahr im Dienst des Kaisers in Ungarn gegen die Türken ins Feld zog, kaufte er geschwind noch in Stockholm zwei Porträts seines verstorbenen Vaters, gemalt von dem berühmten Schweden David Klöcker Ehrenstrahl, und ließ eines davon seinen „chères Soeurs" als Geschenk überreichen.[14]

1688, durch die Auflösung seines Regiments stellungslos

geworden, begab sich Philipp Christoph zum berühmten Karneval nach Hannover. Diese neue Mode hatte Herzog Ernst August aus Venedig an den norddeutschen Hof mitgebracht und damit für Schwung und Leben in der Leinestadt während der trüben Wintermonate gesorgt. Von nah und fern kamen Besucher aller gesellschaftlichen Schichten zu diesem gesellschaftlichen Ereignis. Auf dem Karneval des Jahres 1688 amüsierte sich Philipp Christoph in der Entourage des Erbprinzenpaares und adeliger Höflinge. Noch hatte er sein Auge nicht auf die Prinzessin geworfen, sondern umwarb die junge und außerordentlich vermögende Comtesse Charlotte Dorothea von Rantzau, mit der er sich bald darauf verlobte. Seine Schwester Maria Aurora gratulierte dazu im Oktober 1688. Die Familie Königsmarck begrüßte die vielversprechende und lukrative Verbindung, besaß doch Philipp Christoph im Gebiet des Brautvaters, des dänischen Statthalters der Herzogtümer Schleswig und Holstein Graf Detlev von Rantzau, einige Güter. Nichtsdestoweniger ging die Verlobung auseinander. Zwei Jahre nach dem Zerwürfnis starb die Comtesse, gerade 20-jährig.

Die große Zäsur im Leben des jungen Königsmarck war das unerwartete Ableben seines Onkels und Vormundes Otto Wilhelm 1688. „Got weis, dass es mir so zu hertzen gehet, dass ich gantz aus mich selber bin, die Stütze unsers Hauses ist fort und ich sehe mich ohne den Einzigen Verwanten, der es recht mit mir meinet", klagte er.[15] Nunmehr der letzte noch lebende männliche Spross und das Oberhaupt der Familie, eilte Philipp Christoph nach Venedig, um sich der Witwe seines Onkels anzunehmen und dessen sterbliche Überreste sowie die seines Bruders, Karl Johann, in die Heimat zu überführen.

Hier in Venedig lernte er den sächsischen Prinzen Friedrich August kennen, zu dem er freundschaftliche Kontakte knüpfte. Der Prinz befand sich in der Lagunenstadt am Ende seiner mehrmonatigen Kavalierstour durch Europa.

Die Forderungen der verwitweten Gräfin Catharina Charlotte auf ihren Erbteil, die Verheiratung seiner Schwester Amalie im gleichen Jahr sowie die nach wie vor ungelösten

Probleme um die Versorgung der Mutter nahmen Philipp Christoph immer stärker in die familiäre Pflicht. Doch was er in Zukunft zu verwalten hatte, waren weniger die lukrativen Einnahmen vergangener Zeiten als vielmehr unaufhaltsam steigende Schulden und Verpflichtungen. Denn mit dem Schrumpfen der Königsmarck'schen Besitzungen waren auch die einst fürstlichen Einkünfte endgültig vorbei. Philipp Christoph geriet innerhalb seiner Familie in bittere Bedrängnis, von allen Seiten waren gerichtliche Klagen gegen ihn anhängig. Seine Kreditwürdigkeit sank gegen Null. Doch anstatt seinen Lebensstil den aktuellen Revenuen anzupassen, vergeudete er seine letzten Taler im Spiel und in einer unangemessen luxuriösen Lebenshaltung. In Hannover unterhielt der junge Graf einen Stab von 29 Bediensteten mit 52 Pferden und Maultieren. Er lebte feudaler als jeder Hannoveraner Minister, und das, obwohl er nur ein durchschnittlich bezahlter Oberst eines Infanterieregiments war.

Liebesaffäre mit Sophia Dorothea von Hannover

Allerdings geriet er nicht nur wegen seiner immer prekärer werdenden finanziellen Lage in ein zweifelhaftes Licht, sondern und vor allem wegen der verhängnisvollen Liebesaffäre, in die er sich von 1690 an verstrickte und die sich zu einer der anstößigsten Skandalgeschichten im damaligen Europa entwickelte. „Sein Unglück, aus welchem man ihn mit bitten und flehen nicht hat halten können“[16], war die amouröse Beziehung zu Sophia Dorothea, der Hannoveraner Erbprinzessin. Diese Affäre war von schicksalhafter Bedeutung für die gesamte Familie Königsmarck, sie legte sich wie ein Fatum über sie und besiegelte letztendlich den Niedergang des berühmten Geschlechts.[17]

Im Mai 1689 war Philipp Christoph als Oberst in den Militärdienst des Herzogs von Hannover getreten und traf dort seine Jugendgespielin aus früheren Celler und Hamburger Begegnungen wieder. Sophia Dorothea (1666–1726), die schon damals eine zarte Neigung zu ihm zu erkennen gegeben hatte, war die Tochter des in Celle residierenden Herzogs Georg Wilhelm von Braunschweig-Lüneburg (1624–1705) und seiner Gemahlin, der nicht ebenbürtigen, später jedoch in den Herzogsrang erhobenen, hugenottischen französischen Hofdame Eleonore d'Olbreuse.[18] Um die Vereinigung seines Landes mit dem Kurfürstentum Hannover in die Wege zu leiten und das Gesamterbe zu sichern, hatte Georg Wilhelm 1682 seine einzige Tochter mit dem Hannoveraner Erbprinzen, seinem Neffen Georg Ludwig (1660–1727) verheiratet, eine Verbindung die trotz zweier Kinder nicht glücklich wurde. – Der Sohn bestieg später als Georg II. den englischen Thron. Die Tochter Sophie Dorothea wurde die Gemahlin Friedrich Wilhelms I., König in Preußen, und Mutter Friedrichs des Großen.

Georg Ludwig war der älteste Sohn Ernst Augusts von Hannover (1629–1698) und seiner hochgebildeten und kunstsinnigen Gemahlin Sophie von der Pfalz (1630–1714), die das englische Erbe in die Familie brachte und dafür sorgte, dass das Haus Hannover 1714 den englischen Thron übernahm. Georg Ludwig, seit 1683 alleiniger Nachfolger, hatte allerdings nicht das feingeistige Naturell seiner Mutter geerbt. Er galt als nüchtern und steif, geistig unbeweglich und gefühlsarm. Roh und rücksichtslos verletzte er seine Gemahlin mit amourösen Seitensprüngen. Liselotte von der Pfalz, die scharfzüngige Gesellschaftskritikerin in Paris, bezeichnete ihn als „drucken und kalt wie Eis".[19] So verwundert es nicht, dass die junge Prinzessin sich immer stärker zu dem romantisch veranlagten, blendend aussehenden jungen Königsmarck hingezogen fühlte, der ihr mit vollendeter Galanterie den Hof machte. Sein glühendes, poetisches Temperament stand in krassem Gegensatz zu Georg Ludwigs sachlichem und nüchternem Wesen. Da der Graf während der schönen Jahreszeit regelmäßig im Felde stand, tauschten die beiden Liebenden über Monate hinweg ihre Gedanken und Gefühle schriftlich aus. Seit Juli 1690 datiert die lebhafte heimliche Korrespondenz, die in wesentlichen Teilen erhalten ist.[20] Sie spiegelt eine schon im Ansatz hoffnungslose Beziehung, erfüllt von leidenschaftlichen Liebesbeteuerungen und gegenseitigen Eifersüchteleien.

Niemand anderes als Maria Aurora, die Schwester Philipp

Christophs und Jugendfreundin Sophia Dorotheas, vermittelte diese Briefe. Hinter diesem Engagement Maria Auroras als „Confidante" standen nicht nur familiäre Komplizenschaft und Abenteuerlust, sondern eine ganz bewusste Befürwortung des ehebrecherischen Handelns Philipps, womit sie entgegen den zeitgenössischen Moralvorstellungen für das Recht ihres Bruders auf individuelles Liebesglück eintrat. Später würde sie diese Lebensmaxime auch für sich in Anspruch nehmen.

Die Liebenden hatten es sich zur Gewohnheit gemacht, ihr circa alle sechs Monate die Briefe zur sicheren Verwahrung zu schicken.[21] Es besteht jedoch kein Zweifel, dass diese unterwegs an höherer Stelle abgefangen und von Personen gelesen wurden, für deren Augen und Ohren sie ganz und gar nicht bestimmt waren, dem Ehemann und dem Schwiegervater der Erbprinzessin. Diese bewahrten nach außen hin Ruhe und wiegten so die Liebenden in vermeintlicher Sicherheit. Die beiden wurden immer unvorsichtiger. Sie vernachlässigten die anfangs noch beachtete Diskretion und missachteten alle gut gemeinten Warnungen. Königsmarck schlug Angebote zu seiner Ehrenrettung aus: vorteilhafte Heiraten oder den Dienst bei den Königen von Schweden und England beziehungsweise bei dem Kurfürsten von Bayern. Er zog sich aus der Öffentlichkeit zurück, mied jegliche Geselligkeit und schützte, nicht grundlos, Vermögensschwierigkeiten vor. Nach seinem Tod bekräftigte Feldmarschall Podewils in einem Brief an die Gräfin de la Gardie, geborene Königsmarck, er habe mehr als zwei Jahre lang den Vertrauten der Familie, Herrn von Hansen, und die Schwester Philipps, Maria Aurora, immer wieder gebeten, „alle ihre Sorgfalt darauf zu verwenden, ihn zu warnen und durch ihre Ratschläge dem Unglück, das ihm droht, zuvorzukommen zu suchen. … Aber es steht fest, dass Herr von Hansen nicht viel über das nachgedacht hat, was ich ihm mitteilte und Fräulein Aurora noch weniger."[22]

Sophia Dorothea versuchte ihrerseits, bei ihren Eltern eine Apanage von 30 000 Talern auszuhandeln, angeblich zum Schutz vor Kriegsnöten, in Wirklichkeit jedoch als Grundstock für ein neues Leben mit dem Geliebten. Erfolglos bemühte sie sich auch um die Scheidung ihrer Ehe.

In der Zwischenzeit braute sich unmerklich das Unheil über dem Paar zusammen. Die Beziehung war längst kein Geheimnis mehr und wurde sicherlich von Teilen des Militärs als Affront Königsmarcks gegen den Kurprinzen und als Verletzung der Treuepflicht des Offiziers gegen seinen Dienstherrn angesehen, die nicht ungesühnt bleiben konnte. Was die Kurprinzessin betraf, so erwartete man von der Gattin eines regierenden Fürsten damals in erster Linie Tugendhaftigkeit; denn wie sonst sollte die Legitimität der Kinder aus der Eheverbindung sichergestellt sein. Und diese war für die Erbfolge von zentraler Bedeutung. Liselotte von der Pfalz nahm die Hannoveraner Vorgänge zum Anlass, die Moralvorstellungen der Zeit zu erläutern: „Welchen herrn findt man in der welt, so allein seine gemahlin liebt und nicht was anderes, es seien maitressen oder buben dabei hat? Sollten deswegen ihre gemahlinnen auch so übel leben, könnte ... niemand sicher sein, dass die kinder im haus die rechten erben wären. Weiß diese Herzogin (Sophia Dorothea) nicht, dass der weiber ehre darin liegt, mit niemand als ihren männern zu tun zu haben, und dass den männern keine schande ist, maitressen zu haben, aber wohl, hahnreie zu sein?"[23] Neben diesen Aspekten fürchtete man zudem, dass durch die skandalöse Angelegenheit das Ansehen der 1692 von Ernst August von Hannover neu erworbenen Kurwürde gefährdet werde.

Zum vernichtenden Eklat wurde die Affäre in Hannover jedoch von einer einflussreichen Nebenbuhlerin bei Hofe getrieben. Die mächtige Mätresse des Kurfürsten, die „böse" Gräfin Platen, war anfänglich selbst in leidenschaftlichen Gefühlen für den jungen Königsmarck entbrannt gewesen, die sich aber in tödliche Rachegelüste verwandelten, als Philipp Christoph sich von ihr abwandte.

Königsmarck mag die Bedrohung schließlich gespürt haben; denn er wich im Juni 1694 nach Dresden aus – eigentlich, um von seinem alten Reisekameraden und Freund, dem gerade zum Kurfürsten von Sachsen erhobenen Friedrich August, eine Spielschuld in Höhe von 30000 Talern einzufordern. Da Friedrich August jedoch selbst knapp bei Kasse war, bot er seinem Freund stattdessen den Oberbefehl über ein sächsisches Regiment an.

Die Familie Königsmarck war hocherfreut über diese Entwicklung. Graf Löwenhaupt gab am 1. Juni 1694 seiner Gattin die beruhigende Auskunft: „Ich ersehe, dass dein Bruder endlich die Angelegenheiten des Hauses etwas ernstlich erwägen will und wünsche guten Erfolg; vielleicht ist es noch Zeit, Manches zu retten, obgleich das Unglück schon groß und, wie es mir scheint, Alles aufs Äußerste gekommen ist … Ein Vergleich würde das Beste und für den Grafen Königsmarck, will er vernünftig handeln, vorteilhaft sein; denn niemand von der Familie will seinen Ruin. Entschließt er sich, heilsamen Ratschlägen zu folgen, so entgeht er vielleicht den, ihm jetzo drohenden Verhältnissen."[24]

Doch in Wahrheit war alles zu spät. Die Situation war zum Zerreißen gespannt. Als Philipp ein letztes Mal nach Hannover zurückkehrte, um seinen dortigen Dienst zu quittieren und – so wurde kolportiert – womöglich die Flucht mit der Kurprinzessin vorzubereiten, ereilte ihn sein Schicksal. In der Nacht vom 1. zum 2. Juli 1694 verschwand er spurlos und für immer von der Bildfläche. Niemand erfuhr, was wirklich geschehen war. Die Personen, die mit seinem Verschwinden in Verbindung gebracht wurden, schwiegen beharrlich. Es waren dies die eifersüchtige Hofdame und Geliebte des Kurfürsten, die machtgierige Gräfin Platen, der Kurfürst selbst, sein Sohn, der betrogene Kurprinz, und die höfische Entourage. Niemand konnte oder wollte über den Verbleib des Grafen Auskunft geben.[25]

„Vergebens suche ich dich an allen Orten …"

Die Kurprinzessin und die Familie Königsmarck befanden sich in verzweifelter Ungewissheit. Philipp Christophs Sekretär Hildebrandt schrieb nach wenigen Tagen an die Schwester Maria Aurora: „Ich sehe mich genötigt, Ihnen eine traurige Nachricht mitzuteilen; es ist die, dass ich nicht weiß, was aus dem Herrn Grafen, Ihrem geliebten Bruder, geworden ist ... Soll ich meinen Gedanken folgen und meinem Verdachte freien Lauf lassen, so finde ich ihn nicht lebendig ... ich lege den Finger auf den Mund und überlasse dem Höchsten ein Rätsel, das mich mit Schrecken erfüllt, zu lösen."[26]

Alle Mühen, die die beiden Schwestern Königsmarck, vor allem aber Maria Aurora auf sich nahmen, um ihren Bruder, den Letzten ihres Stammes wiederzufinden, blieben vergeblich. Lange Zeit gaben sie sich der Hoffnung hin, er befände sich „nur" in Haft. Aber selbst, als dies sich nicht bestätigte, fand man keinen Beweis für seinen Tod. Der Familie erwuchs neben dem Kummer, ihr Oberhaupt verloren zu haben, aus der unsicheren Situation schwerer materieller Schaden. Die Geschwister Philipp Christophs konnten, da sein Ableben nicht feststand, das Erbe vorerst nicht antreten. Hamburger Bankiers beschlagnahmten sein Vermögen, um dessen Herausgabe die Schwestern noch jahrelang stritten. 1698 schrieb Amalie an ihren Gemahl: „Die Perlen und das Silberzeug aus dem Nachlasse meines Bruders sind der Kanzlei zu Stade übergeben, was aber sehr gefährlich ist; denn sehr selten kommt wieder ans Tageslicht, was die Herren einmal in den Händen haben; sie haben immer neue Einwendungen in der Tasche. So hat man das Schloss und Garten von Agathenburg der Familie zurückgegeben, aber nicht die Einkünfte."[27]

Maria Aurora blieb in dieser verzweifelten Situation nur, ihre Ahnung vom Tod des Bruders und ihre Klage über seinen Verlust in die traurig schönen Verse zu fassen:

„Vildomar, en vain je t'apelle
En vain je te cherche en tous lieux
hélas; quelle raison cruelle
te fait disparaître à nos yeux.
..."

„Vergebens rufe ich dich, Vildomar!
Vergebens suche ich dich an allen Orten.
Welches grausameVerbrechen
Lässt dich aus unseren Augen verschwinden?

Des Hauses einzige und letzte Stütze,
Musste eine barbarische Hand sie vernichten?
Du Spross so vieler tapferer Väter,
Hat sich kein Verteidiger für dich gefunden,
Als der Stoß dein Herz durchbohrte?
Statt aller Hilfe im Unglück
Hast du nur die Tränen deiner Schwester."[28]

Das ungekünstelte, eindringliche Gedicht, wenige Monate nach dem Verschwinden Philipp Christophs in Dresden entstanden, kursierte in handschriftlichen Abschriften an allen benachbarten Fürstenhöfen. Es sollte offensichtlich der Vertuschung des Skandals entgegenwirken.[29]

Mit dem Tod Philipp Christophs erlosch im Jahre 1694 die schwedische Linie der Grafen von Königsmarck. Gleichzeitig entstand aber auch die so genannte „Königsmarck-Legende", ein Reigen an fantastischen Gerüchten und pikanten Geschichten, die die Erinnerung an seine Person und seine prominente Liebschaft mit der Aura des Geheimnisvollen umgab und den Namen Königsmarck unter neuem Vorzeichen durch die Länder Europas trug.

Der unglücklichen Kurprinzessin Sophia Dorothea stand ein trauriges Geschick bevor. Nun endlich wurde zwar ihre Ehe mit Georg Ludwig gesetzlich geschieden, aber nicht, um sie in die ersehnte Freiheit zu entlassen, sondern vielmehr um sie unbarmherzig in die lebenslange Verbannung zu schicken. In dem kleinen Landsitz Ahlden im Celler Gebiet lebte sie noch 32 Jahre lang, vereinsamt und vergessen, ohne jemals wieder in der Welt auftreten oder nur gar ihre beiden Kinder wiedersehen zu dürfen. Nachdem ihr alle Titel und sogar ihr Familienname abgesprochen worden waren, ging sie als „Prinzessin von Ahlden" in die Geschichte ein. Nur literarisch ist ihr Gerechtigkeit widerfahren in dem berühmten zeitgenössischen Barockroman „Römische Octavia" des Herzogs Anton Ulrich von Braunschweig – Wolfenbüttel und posthum aus der Feder Friedrich Schillers, der ein Drama entwarf „Sophie von Celle", das allerdings unvollendet blieb.[30]

Amalie Wilhelmine wird zur Gräfin Löwenhaupt

In das tragische Geschick Philipp Christophs verwoben waren seine beiden Schwestern, Maria Aurora und Amalie, die sich nach dem Bekanntwerden seines Verschwindens in Hannover unverzüglich auf den Weg machten, um Nachforschungen über das Verbleiben ihres Bruder anzustellen, obgleich sie eigentlich beabsichtigt hatten, eine längere Reise nach Schweden zu unternehmen.[31]

Über die Geschichte der Amalie, in der Familie Emilie gerufen, nähern wir uns auch Maria Aurora, denn der Lebensweg der beiden Schwestern verlief in der frühen Zeit in engem räumlichem Zusammenhang. Beide waren in Stade und Hamburg aufgewachsen und ihrer Mutter 1680 nach Stockholm gefolgt. Sie erhielten dort gemeinsam eine hervorragende Ausbildung, unter anderem bei dem berühmtesten schwedischen Hofmaler des Barock, David Klöcker Ehrenstrahl. Unter seiner fachkundigen Anleitung konnte Amalie ihr künstlerisches Talent entfalten, das sie zur bedeutendsten adeligen Dilettantin an der Wende des 17. zum 18. Jahrhundert werden ließ. In dem späteren Briefwechsel der beiden Schwestern ist häufig von Gemälden Amalies die Rede.

Amalie hatte das Glück, sich standesgemäß verheiraten zu können. 1689 ehelichte sie im Alter von 26 Jahren den aus französischem Kriegsdienst heimgekehrten schwedischen Grafen Karl Gustav Löwenhaupt (1662–1703). Während Amalie in der reichen Korrespondenz des Ehepaares als prosaische Natur erscheint, schlau, berechnend, selbstsüchtig und voll starker Königsmarck'scher Leidenschaft, galt ihr Gatte als gutmütig und leicht zu lenken.[32] Der sächsisch-polnische Minister Graf Flemming machte später die gehässige Bemerkung über ihn: „il ne passoit pas pour homme de grand raisonnement" – er galt nicht als Mann von großer Überlegung.[33]

Die Hochzeit der beiden wurde in Stockholm im Palais der gräflichen Familie von Wrangel gefeiert, wobei man Mühe hatte, angesichts der fatalen finanziellen Situation der Familie, den, auch wegen der Anwesenheit des Königs, für notwendig erachteten Prunk zu entfalten.

Das jung verheiratete Paar hielt es nicht in Schweden. Graf Löwenhaupt fand bald, wie sein Schwager Philipp Christoph, eine Anstellung im hannoveranischen Dienst, zunächst als Oberstleutnant und wenig später als Oberst. Der Wohnsitz des Paares war in dieser Zeit Hamburg. Unmittelbar nach der Nachricht vom Verschwinden Philipp Christoph quittierte Graf Löwenhaupt seinen Dienst, gab das Kommando seines hannoverschen Regiments in Flandern ab und kehrte aus dem Feld zurück. Er trat nun, wie es schon sein Schwager beabsichtigt hatte, in sächsische Dienste.

In den folgenden Monaten avancierte Löwenhaupt zum Sprecher der Familie Königsmarck in allen Angelegenheiten des Erbes seines Schwagers. So hatte er auch die unangenehme Aufgabe, die Gläubiger Philipp Christophs zu befriedigen beziehungsweise zu besänftigen. Wiederholt reiste er nach Schweden, um dort für die Königsmarck'schen Interessen einzutreten.

Das Ehepaar Löwenhaupt hatte mehrere Kinder. Da sich der Graf oft und lange Zeit fern von der Familie im Felde oder am Hof des polnischen Königs befand, lieferte er seiner Gemahlin manchen Anlass zu Unruhe und Eifersucht. Der Briefwechsel des Paares gibt beredte Auskunft über ihre privaten Meinungsverschiedenheiten.[34]

Umso besser verstanden sich Schwager und Schwägerin. Graf Löwenhaupt vertrat bei Maria Aurora Vater- und Bruderstelle und setzte sich unermüdlich für ihre Interessen ein. Maria Aurora vertraute ihm und schätzte ihn – wie sehr, können wir nur ahnen; einmal bat sie ihn aus Quedlinburg, „gefälligst Ihre Reise über Halberstadt zu machen. Dieses ist nur zwei kleine Stunden von hier ... Wenn Sie die Güte haben, mir den Tag Ihrer Durchreise wissen zu lassen, werde ich Sie mit Vergnügen dort treffen; wollen sie mir aber die Freude machen, bis Quedlinburg zu kommen, so umarme ich Sie, weder als Äbtissin noch als Kanonissin. Ich will selbst nicht wissen lassen, dass Sie bei mir waren, doch müssen Sie wenigstens eine Stunde verweilen, um mit mir zu reden."[35]

Die Gräfin Löwenhaupt folgte ihrem Gatten im Frühjahr 1696 nach Dresden, wo sie mit ihrer Schwester in dem gemeinsam erworbenen Haus wohnte. Das traurige Schicksal ihrer Familie verband die beiden Schwestern in einer lebenslangen intensiven Gemeinschaft, die wirtschaftlichen Probleme Amalies und ihres Gatten ziehen sich als roter Faden durch ihre Korrespondenz. Amalie spannte immer wieder ihre gutmütige Schwester ein, um am Hofe Augusts des Starken oder auf der Leipziger Messe Vorteile zu erringen und Geld aufzutreiben. Ja, man gewinnt den Eindruck, dass Maria Aurora im Leben der Amalie Löwenhaupt die wichtigste Stütze war. „Eines Tages werde ich davonlaufen und nur gerade nach Quedlinburg gehen", schrieb diese 1704 in einer bedrängten Situation an Maria Aurora, „damit ich mich ein klein wenig ergötze und mit Euch überlege, wie wir uns herausziehen und wem wir trauen dürfen".[36] Der frühe Tod ihres Mannes und die niemals abreißenden pekuniären Sorgen lasteten schwer auf Amalie. Alle ihre Briefe waren von einem deprimierenden Unterton getragen, wie zum Beispiel der von 1706 an ihre Schwester, den sie mit den Worten beschloss: „So geht's in der Welt; der Sünder freut sich und der Arme weint. Adieu! Ich mag den publiken Frieden nicht länger mit privatem Unglück aufhalten! – Adieu!"[37]

Jugendjahre in Schweden

Wir kehren zurück nach Schweden ins Jahr 1680, in dem Maria Christina Gräfin von Königsmarck ihre beiden Töchter wieder unter ihre Fittiche nahm.

Schweden wurde seit 1672 von König Karl XI. regiert[1], der mit Ulrike Eleonora von Dänemark eine politisch begründete Zweckehe führte. Ihre beiden Kinder waren der 1682 geborene, spätere schwedische König Karl XII. und seine Schwester Prinzessin Hedwig Sophia.

Die drei Damen Königsmarck, die während der ersten Jahre ihres Stockholmer Aufenthaltes in dem dortigen Palais der Familie von Wrangel residierten[2], standen in vertrautem Umgang mit der Königsfamilie, was durch die deutsche Sprache, die am Hofe vorherrschte, begünstigt wurde. Besonders herzlich war die Beziehung zu Königin Ulrike Eleonora. Deren Tod 1693 löste bei den Königsmarck-Töchtern und ihren Cousinen tiefe Betroffenheit aus.[3]

Der schwedische Hochadel

Der schwedische Adel befand sich auf der Höhe seiner Macht. Der ruinöse Kampf mit dem Königtum, der der Hocharistokratie das Genick brechen sollte, war noch nicht ausgebrochen, stand aber unmittelbar bevor. Noch erfreuten sich die Großen des Reiches ihres unangefochtenen Einflusses, ihrer Vorrechte und ihres Reichtums. Zu diesem Kreis des schwedischen Hochadels, der untereinander versippt und verschwägert war, gehörte Maria Christine von Königsmarck. Ja, sie besaß als eine geborene Wrangel einen ganz besonderen Rang. Zu fast jeder der großen Familien Schwedens bestanden verwandtschaftliche Beziehungen. Als sie, eine stille, fromme und zurückhaltende Frau, mit ihren unmündigen Kindern in diesen aristokratischen Kreisen Zuflucht suchte, wurde sie mit offenen Armen empfangen.

Ihre wichtigste Bezugsperson wurde ihr Halbbruder, der große Feldherr des Dreißigjährigen Krieges Graf Karl Gustav Wrangel af Salmis (1603–1676), der das stolze Skokloster erbaut hatte, ein Schloss, das sich mit den mächtigsten Residenzen auf dem Kontinent messen konnte. Sein Vermögen, aber auch sein Hochmut waren legendär. Ihr gemeinsamer Vater war der nicht minder bedeutende schwedische Feldmarschall Hermann Wrangel.

Von den übrigen Familien sollen nur die herausgehoben werden, die mit dem Hause Königsmarck in Berührung standen. Zu ihnen gehörte das Geschlecht der Brahe, das von jeher zu den ersten Häusern in Schweden gezählt hatte. Per Brahe (1602–1680) war der vornehmste Würdenträger des Reiches. Er war 1648 Generalgouverneur von Finnland geworden und galt als reichster Mann des Landes.

Reichsadmiral Otto Gustaf Stenbock (1614–1685) hatte sich in großen Unternehmungen ausgezeichnet. Er war verheiratet mit der reichen Christine de la Gardie. Die Familie de la Gardie, mit den Königsmarcks mehrfach verwandt, gehörte, wenngleich französischen Ursprungs, zu den hervorragendsten schwedischen Häusern jener Zeit. Sie hatte Magnus Gabriel de la Gardie (1622–1686) – 1660 Reichskanzler, 1680 Reichstruchsess – hervorgebracht, einen Günstling von Königin Christina, der ebenso bekannt war für seine außergewöhnlichen Qualitäten, seine Bildung und Weltgewandtheit wie für seine hochfahrende Arroganz. Diese ging so weit, dass er sich nicht einmal herabließ, seine eigenen Brüder in ihren Häusern zu besuchen. Er tat sich politisch hervor, indem er 1660 den Frieden von Oliva mit Polen/Österreich aushandelte, wodurch Schweden in den Besitz von Estland und Livland kam. 1672 zeichnete er für die Allianz zwischen Frankreich und Schweden verantwortlich.

Die Familie Oxenstierna zehrte von dem Renommé ihres Vorfahren, des Reichskanzlers Axel Oxenstierna (1583–1654), der seit 1612 unter König Gustav II. Adolf die schwedische Zentralverwaltung modernisiert und als „schwedischer

Richelieu" eine friedfertige Außenpolitik betrieben hatte. Er war Bevollmächtigter des Königs in Deutschland und übernahm nach Gustav Adolfs Tod 1632 die Leitung der schwedischen Politik sowie bis 1644 die Vormundschaftsregierung für dessen Tochter, die spätere Königin Christina.

Noch bevor der schwedische König daran ging, den Stolz dieser ersten Familien seines Reiches zu brechen, traten Maria Aurora und ihre Schwester auf das schwingende Parkett der schwedischen Adelsgesellschaft. Ihr Rang sowie die besonders freundschaftlichen Beziehungen der Mutter zum Königshaus garantierten ihnen von Anfang an eine sichere Stellung und öffneten ihnen sämtliche Türen. Wie weit dieser Einfluss ging, schließen wir aus Briefen der „Frau Feldmarschallin" Catharina Charlotte de la Gardie, Witwe des Otto Wilhelm von Königsmarck, vom Jahre 1689 aus Venedig: „aber ich und die Gräfin Marie Wrangel sind nicht unter einem Stern geboren. Darum geht unser Lebenslauf auch ganz different. Ihr Wort kann bei Hofe was gelten!"[4]

Moderne Bildungseinflüsse

Die Ausbildung der beiden Mädchen, die in Stade und Hamburg begonnen, aber durch die Übersiedlung nach Schweden unterbrochen war, wurde nun zielstrebig wieder aufgegriffen. Sie basierte auf Grundsätzen, die Magnus Gabriel de la Gardie, der in den vierziger Jahren schwedischer Gesandter in Paris gewesen war, in Frankreich kennen gelernt und nach Schweden mitgebracht hatte.

Durch die Teilnahme am Dreißigjährigen Krieg war Schweden nicht nur zu einer politischen, militärischen und wirtschaftlichen Großmacht aufgestiegen. Es war auch in Kontakt gekommen mit den mittel- und westeuropäischen Kulturen, die nun in einer breiten Rezeptionsbewegung Eingang in den skandinavischen Raum fanden. Gleichzeitig erwachte in der schwedischen Gesellschaft ein großes Bildungsinteresse, dem im eigenen Land nicht genügt werden konnte. Es zeigte sich, dass Schweden angewiesen war auf die Einfuhr von Ideen,

Wissen und savoir vivre, wenn es seinen Großmachtanspruch auch auf geistig-kulturellem Gebiet behaupten wollte.

Im Zuge dieser Entwicklung verabschiedete sich der schwedische Adel von den althergebrachten schlichten und manchmal rauen Sitten seiner Vorväter und nahm sich an den kunstsinnigen und gelehrten Fürstenhöfen Europas, allen voran Frankreichs, ein Beispiel. Politisch hatte es schon länger enge Verbindungen zwischen dem katholischen Frankreich und dem protestantischen Schweden gegeben, die besonders auf eine Schmälerung der habsburgischen Macht abgezielt hatten. Nun kamen wissenschaftliche und kulturelle Strömungen von Paris nach Skandinavien hinzu, die ihren strahlenden Mittelpunkt am Hof Königin Christinas fanden. Die bewunderte „Pallas Athene des Nordens" holte während ihrer zehnjährigen Regierungszeit zahlreiche humanistische Gelehrte aus ganz Europa an den Stockholmer Hof, darunter den französischen Philosophen René Descartes, mit dem sie seit Jahren korrespondiert hatte.

Die schwedische Gesellschaft orientierte sich an Frankreich als Hort der guten Sitten, der Höflichkeit und der mondänen Lebensart und erhob den „homme galant" zum Vorbild. Der französische Stil gewann auch Einfluss auf die Bildung. Im Sinne der von Christina eingeleiteten Europäisierung des kulturellen Lebens wurde künftig die Erziehung der Jugend weniger akademisch als vielmehr weltläufig, kosmopolitisch ausgerichtet. Es kam nun darauf an, in der großen Welt elegant aufzutreten, eine kultivierte Geselligkeit zu pflegen und die Konversation in vornehmer Gesellschaft zu beherrschen. Der Unterricht umfasste dementsprechend neben dem Erlernen alter und neuer Sprachen, Kenntnisse und Fertigkeiten in Musik, insbesondere Gesang und Komposition, Malerei, Dichtkunst und Literatur.[5]

Während landläufig noch die Regel Fénelons Anwendung fand: „Die tüchtige Frau spinnt, schließt sich in ihr Haus ein, schweigt, glaubt und gehorcht; sie streitet nicht wider die Kirche“[6], nahmen aufgeschlossene Kreise immer stärker auch die Frauen als aktive Mitglieder der Gesellschaft wahr und stellten Ansprüche an ihre geistigen Fähigkeiten. Seit in der Renaissance die feudal-klerikalen Machtpositionen erschüttert und der Beachtung und Entfaltung der menschlichen Individualität mehr Raum gegeben wurde, war eine rege Diskussion über die geistigen und moralischen Qualitäten der Frauen in Gang gekommen. Gegen den altkirchlichen Standpunkt, der bezweifelte, dass Frauen überhaupt Menschen seien, entstanden seit der Mitte des 17. Jahrhunderts zahlreiche Streitschriften, die dem alten Theologenstreit ein Ende setzten und den Anbruch einer neuen Zeit signalisierten. Es wurde nun nicht mehr diskutiert, ob die Frau einen Verstand habe, sondern vielmehr, ob sie eine Erziehung erhalten und wie diese beschaffen sein sollte. Bildung wurde von Frauen zunehmend als ein Instrument zur Befreiung angesehen und eingesetzt. Die Wegweiser weiblicher Emanzipation deuteten zu Beginn des 18. Jahrhunderts eindeutig in Richtung Gelehrsamkeit. Aber auch zahlreiche Männer stellten sich in den Dienst weiblicher Bildungsanstrengungen. Niemals zuvor und nie mehr danach erschienen so viele Bücher zum Ruhme weiblicher Intellektualität und Kreativität.

Christian Franz Paullini und Johann Caspar Eberti veröffentlichten 1706 beziehungsweise 1712 dickleibige Studien, in denen sie in lexikalischer Reihenfolge die weiblichen Leistungen auf wissenschaftlichem und literarischem Gebiet ausbreiteten.

Auf ihren Ergebnissen baute das Werk des hessen-darmstädtischen Rats und Bibliothekars Georg Christian Lehms – der Maria Aurora persönlich gekannt hat – über „Teutschlands galante Poetinnen“[7] von 1714 auf. Scharfzüngig rechnete Lehms mit den herrschenden Vorurteilen ab, die „dem Frauenzimmer nur eine kältere und folglich eine unvollkommenere Natur als den Männern zuschrieben", ja die sogar behaupteten, „dass das Frauen-Volk keine Menschen wären". Lehms setzte sich kämpferisch für die Gleichbehandlung von Mann und Frau ein. Die Schuld für die ungerechte Diskrepanz in den Bildungschancen zwischen den Geschlechtern wies er den Eltern zu, die mit „leydiger Missgunst" oder „absurder Praejudicio" bestimmten, dass ein Mädchen nur Nähen und Spinnen erlernen dürfte. Dagegen seien Frauenzimmer „genauso wie Männer befähigt, ihren Verstand zu gebrauchen und zu studieren" und „einer vernünftigen Tochter die Moral oder Sitten-Lehre, Historie, Poesie oder Musique lernen lassen, ist keine Sache von übler Consequenz". (Vorrede)

Die Arbeit von Lehms wurde für die erste Hälfte des 18. Jahrhunderts zum Standardwerk in Fragen weiblicher Gelehrsamkeit.

Ein weiteres Plädoyer zugunsten weiblicher Bildung verfasste eine der herausragendsten Frauen der Zeit, Dorothea Christina Leporin aus Quedlinburg, verheiratete Erxleben (1715–1762), 1742 in ihrer „Gründlichen Untersuchung der Ursachen, die das weibliche Geschlecht vom Studieren abhalten". Frau Leporin schrieb ihr Werk im Alter von 23 Jahren. Sie wusste, wovon sie sprach; denn sie war Akademikerin und die erste Frau in Deutschland, die den medizinischen Doktorgrad erwarb.[8]

Sie sah ihre Zeitgenossen in dem Vorurteil befangen, dass Frauen weniger Verstand als Männer besäßen und darum unfähig seien, Bildung zu erlangen (S. 25); „Gelehrsamkeit schicke sich nicht für dieses Geschlecht, weil dasselbe keinen Nutzen davon zu erwarten hat" (S. 113), und wenn es dennoch dazu käme, würde das weibliche Geschlecht durch Studien verleitet zu „Hochmuth und Eigenliebe, zu verkehrten Meynungen in der Religion, zu Hintansetzung der Haushaltung, zu unerlaubten Umgang mit Mannes Personen, zu Schwächung der Kräfte ihres Gemüts und zu Beleidigung ihrer Gesundheit" (S. 168). Dieser Voreingenommenheit hielt Dorothea Leporin entgegen: „Der gute Wille und das wohlgeartete Gemüth ist blind ohne Unterricht, man will, dass wir tugendsam seyn; wie können wir es aber werden, wenn man uns das Lesen der

Bücher verbietet, aus welchen die Tugend muss erlernet werden. Soll uns denn dieselbe, wie gebratene Tauben in Utopien, aus der Luft zufliegen? Auf Verstand-Übung und Tugend-Erkenntnis folgen vernünftige tugendhafte Werke. Warum müssen wir also in einer aufgedrungenen Unwissenheit verderben und den Namen der Einfalt ohne Schuld erdulden? Sind wir denn nicht so wohl Menschen als die Männer? Nun ist der Verstand und die Rede des Menschen Eigenschaft, die ihn von den unvernünftigen Tieren unterscheidet. Warum sollen wir denn unseren Verstand nicht ausüben dürfen?" (S. 106)

Die beiden Königsmarck-Schwestern hatten das große Glück, von der geistigen Aufbruchstimmung und der modernen Haltung aufgeklärter Kreise gegenüber weiblicher Bildung sowie vom französisch beeinflussten Klima des schwedischen Hofes zu profitieren. Dies räumte ihnen zweifellos mehr Bildungsfreiheit ein, als es in Deutschland üblich gewesen wäre, wo eine selbstständige, kulturschaffende Tätigkeit von Frauen in dieser Zeit noch die Ausnahme bildete. Der Widerstand gegen die gebildete Frau scheint im deutschsprachigen Raum deutlich größer gewesen zu sein als in romanischen Kulturen, vor allem in Frankreich und Italien.

Die beiden jungen Gräfinnen wuchsen also in einem fortschrittlich denkenden, aufgeschlossenen Umfeld auf, in dem auch Mädchen der Zugang zu Studien offen stand und ihnen der Gebrauch ihres Verstandes gestattet wurde. Ja, ihnen wurde sogar aufgegeben, die Pflege geistiger Interessen in der Familie weiterzuführen; denn sowohl ihr Onkel Otto Wilhelm als auch ihr Großvater Hans Christoph waren nicht nur wegen ihrer militärischen Leistungen hoch angesehen gewesen, sie hatten beide auch den Ruf genossen, Freunde der Wissenschaften und Künste und Liebhaber guter Bücher zu sein. So war schon der ältere Königsmarck Mitglied mehrerer gelehrter Gesellschaften gewesen und sogar in die Königliche Akademie der Wissenschaften zu Stockholm aufgenommen worden. Beide, Vater und Sohn, waren auch Mitglieder der deutschen Sprachgesellschaft „Fruchtbringende Gesellschaft" gewesen.[9]

Da sich die Söhne der jüngsten Königsmarck-Generation ausschließlich kriegerischen Zielen verschrieben hatten, lag es an den Mädchen, sich auf dem Terrain der Gelehrsamkeit zu tummeln und die intellektuellen Begabungen der Familie zu pflegen.

Die vielseitigen Talente der Maria Aurora

Gerade die ältere Maria Aurora sollte in dieser Hinsicht alle Erwartungen übertreffen. Sie beschränkte sich nicht nur darauf, das Wissen der Zeit aufzunehmen. Sie entfaltete vielmehr eigene kreative Initiativen, wagte sich auf das Gebiet der von Männern geschaffenen und beherrschten literarischen Tradition, dichtete und schrieb und hatte damit Erfolg. Alle Frauenverehrer des beginnenden 18. Jahrhunderts schwärmten von der schönen und geistreichen Gräfin.

Ihr Name fand Eingang in alle Verzeichnisse gelehrter Frauen jener Zeit. Die schon zitierte Schrift von Lehms stellt sogar eine einzige Huldigung der Gräfin dar. In seiner Widmung erhob er sie als „große Minerva" über alle zeitgenössischen Poetinnen und schrieb, Maria Aurora wäre würdig, eine „Göttin vieler schönen Wissenschaften" zu sein. „Wer die Gnade hat, diese hohe Dame selbst zu sprechen, wird ein rechtes Muster einer geistreichen, gelehrten und leutseligen Gräfin an ihr finden" (S. 120 f).

In Ebertis „Eröffnetes Cabinet deß gelehrten Frauenzimmers, darinnen die berühmesten dieses Geschlechts umbständlich vorgestellet werden" von 1706 heißt es über Maria Aurora, genauso wie – fast gleichlautend – auch in Paullinis Opus über das weibliche Geschlecht „Hoch- und Wohlgelahrtes Teutsches Frauenzimmer" von 1712: „Königmarck (Maria Aurora de), eine gelehrte Gräfin aus Schweden ... ist in der Poesie sehr wohl erfahren und in den Sprachen vortrefflich; denn sie redet ihr Französisch, Italienisch, verstehet einen lateinischen Autorem, so gar, dass sie auch die lateinischen Poeten lieset, und componieret einen guten vers."[10]

Maria Aurora hatte schon früh eine erstaunliche Leichtigkeit beim Lernen gezeigt, eine rasche Auffassungsgabe, bemerkenswerte Talente und vor allem Freude an geistiger und künstlerischer Betätigung. Sie war musikalisch, komponierte kleine Stücke, sang mit hübscher Stimme und spielte virtuos die Instrumente Laute und Viola da Gamba.

Sie wurde, wie ihre Schwester, in der Malerei ausgebildet von dem bekanntesten schwedischen Maler dieser Zeit, David Klöcker Ehrenstrahl, der seit 1661 Hofmaler war.[11] Während sich allerdings Amalie zur namhaften adeligen Dilettantin entwickelte, von der zahlreiche Werke überliefert sind, wird Maria Aurora nur ein einziges auf uns überkommenes Gemälde zugeschrieben: ein Blumenstilleben, das als Ofenverkleidung im Festsaal der ehemaligen Quedlinburger Propstei diente. Es zeigt ein üppiges Blumenarrangement in einer Vase, die vor einer Landschaft am Ende einer steinernen Bank steht.[12]

Größere Begabung zeigte Maria Aurora auf literarischem Gebiet. Sie sprach fünf Sprachen so fließend und akzentfrei, dass man von der Aussprache nicht auf ihre Herkunft schließen konnte. Sogar Voltaire pries ihre ungewöhnliche Befähigung, die Sprachen vieler Länder zu sprechen, auch solcher, die sie nie gesehen hatte, und sie mit so vielen Feinheiten – „délicatesses" – zu beherrschen, als ob sie dort geboren wäre. Sie unterhielt sich, so schwärmte Voltaire, manchmal damit, französische Verse zu schreiben, von denen man glauben könnte, sie seien in Versailles entstanden.[13]

Neben guten Kenntnissen in Deutsch, welches die Umgangssprache in der Familie war, und weniger guten in Schwedisch, beherrschte sie Italienisch, Latein und Französisch, die letzte Sprache hervorragend. Mit ihrer Schwester korrespondierte Maria Aurora regelmäßig in deutscher Sprache, während sich Amalie mit ihrem Mann auf Französisch verständigte. Schwedisch verlernte Maria Aurora später in einem solchen Maße, dass ihre Schwester 1706, als Maria Aurora den schwedischen Behörden eine Bittschrift einreichen wollte, ihr auftrug: „Ihr müsst Euch aber eines klugen Menschen bedienen, der die Suppliken in schwedischer Sprache wohl aufsetzen kann."[14]

Zum Schreiben und Dichten bevorzugte Maria Aurora Französisch, seltener Deutsch – und das nur bei religiösen Gedichten – und fast nie Schwedisch. Von den mehr als fünfzig Gedichten, die ihr zugeschrieben werden, gibt es nur eines auf Schwedisch, das sie anlässlich des Todes ihres Onkels Otto Wilhelm schrieb.[15] Grabinschriften für ihre verstorbenen Familienangehörigen verfasste sie in Lateinisch.

Sprachkenntnisse galten als eine Säule der neuzeitlichen Bildung. Laut Leporin waren sie zwar nicht als „Teil der Gelehrsamkeit" anzusehen, dafür jedoch von großem Nutzen für das weibliche Geschlecht und eine wesentliche Voraussetzung für die Erkenntnis von Wahrheiten, die häufig nicht in der eigenen Muttersprache niedergeschrieben und somit unerreichbar wären, wenn man sie nicht im Original lesen könnte (S. 133 f.). Das Motiv der früh erworbenen Sprachenkenntnisse war aber auch ein literarischer Topos dieser Epoche und taucht außerordentlich oft in den Lebensläufen gebildeter Damen auf, wie man auch an den Erwähnungen Maria Auroras ablesen kann.

Maria Aurora war selbstverständlich mit der Literatur ihrer Zeit vertraut, deren Stoffe häufig aus der alten Geschichte sowie der griechischen und römischen Mythologie stammten. Die Ideale der klassischen griechischen Tragödien und die antiken Metaphern erlebten im 17. Jahrhundert eine Renaissance. Mit der Zuwendung zu diesen Themen ging das Interesse an der Geschichte einher. Maria Aurora erhielt auch Unterricht in der Historie, wie die Erwähnung eines Geschichts-Lehrbuchs, eines Dictionnaire historique, in ihren Briefen beweist.[16]

Für ihre eigene literarische Betätigung bevorzugte sie die Dichtkunst und das Theater. Produkte ihrer flinken Feder waren kleine Dramen und Singspiele, die damals sehr in Mode waren. Das erste Stück, das sie 1680, noch in Hamburg, verfasste, war das Opernlibretto zu „Die drey Töchter CECROPS", das mit der Musik des damals führenden deutschen Opernkomponisten Johann Wolfgang Franck an der zwei Jahre zuvor eröffneten Hamburger Oper uraufgeführt wurde. Das Singspiel, bestehend aus fünf Akten und einer Vorrede, spielt im antiken Griechenland. Neben Cecrops, dem König von Athen, treten dessen drei Töchter auf sowie die prominentesten griechischen Götter.[17] Auf der Grundlage der Ovid'schen Metamorphosen (2. Gesang, 2. Buch) handelt das Stück von den Empfindungen und Erfahrungen der drei Töchter des ersten Königs von Athen. Leitmotiv der Handlung ist die Beschränkung der Freiheit der Frau durch die höfischen Zwänge. Frauen stand es nicht zu, Gefühle oder gar eigenes Liebesempfinden zu äußern. Sie hatten ihre emotionalen Regungen zu unterdrücken und ein gekünsteltes Benehmen an den Tag zu legen. Folglich suchten sie einen Ausweg darin, ihr Freiheitsbedürfnis zu verinnerlichen und sich in die Dichtkunst zu flüchten. Dichterisch sublimierten sie ihre Gefühle zu Kunstwerken und errangen gleichzeitig damit Ehre und Ansehen.

Dass Maria Aurora sich mit einer so revolutionären Thematik beschäftigte, zeigt ihre Bereitschaft zur geistigen Auseinandersetzung. Es offenbart gleichzeitig eine erstaunliche Kenntnis menschlichen Liebesverhaltens der gerade achtzehnjährigen Autorin. Maria Aurora nutzte die Situation, sich in Hamburg frei von elterlicher Kontrolle mit der Frage der weiblichen Entscheidungsfreiheit in ihrer Zeit zu beschäftigen und neue Wege auch für ihre eigene Entwicklung zu finden.[18]

In Schweden nahm sich die junge Gräfin der großen, vorzugsweise französischen Dramenliteratur an und sorgte für ihre Verbreitung. Als im Januar 1684 in Stockholm zu Ehren des königlichen Hauses die Komödie „Iphigenie" von Racine von Damen der Hofgesellschaft aufgeführt werden sollte, dichtete und komponierte Maria Aurora in französischer Sprache einen Prolog und verlieh so dem Racine'schen Drama mit Gesang und Tanzeinlagen einen opernähnlichen Charakter. Zu den Darstellerinnen zählen neben den Cousinen de la Gardie auch die Königsmarck-Schwestern: Amalie Wilhelmine in der Männerrolle des Achilles und Maria Aurora als Klytämnestra sowie im Prolog als „La Gloire".[19] Der Erfolg ihrer Verse wurde von der Hofgesellschaft, allen voran König Karl XI., frenetisch gefeiert. Ein Korrespondent aus Stockholm berichtete in einer Depesche nach Paris, die Mademoiselle la Comtesse Königsmarck habe vor allen anderen eklatante Beweise ihrer illustren Qualitäten und ihres Geistes gegeben.[20]

Maria Aurora erntete mit dieser Theateraufführung einen spektakulären Erfolg.

Mit der Iphigenie-Aufführung wurde zum ersten Mal eine klassische französische Tragödie auf einer nordischen Bühne gespielt. Es ist zweifellos das Verdienst Maria Auroras, das Ansehen der französischen Literatur in Schweden gefördert und ihr zum Durchbruch verholfen zu haben. Diese frankophile literarische Neigung pflegte sie ihr ganzes Leben hindurch. Wir wissen, dass ihre Bibliothek in späteren Jahren vor allem französische Autoren aufwies, wie z. B. La Fontaine, Corneille, Racine, Molière, Pascal.[21]

Mit ihren poetischen Leistungen machte sich die junge Gräfin einen bekannten Namen. Die Dichterzirkel Schwedens wetteiferten darin, ihren Ruhm zu singen. Der Hofpoet Erik Lindschöld widmete ihr ein Gedicht „Aurorens Lob und Iphigeniens Opfer" und feierte sie darin als Morgenröte der neuen schwedischen Poesie:

„Komm, edle Göttin, komm, du schönste Morgenröte,
Dass Deine Schönheit uns ein frohes Schauspiel biete
…"
„Komm, komm, Aurora, komm zu uns aus lichter Höh!
Wer Augen hat, der schaue, und sage, ob er je
Auf Erden hat gesehen wohl lieblicheren Glanz,
Als Deiner Augen Strahlen bei Spiel und frohem Tanz."[22]

Königin Ulrike Eleonora nannte die junge Poetin gar „unsere schwedische Nachtigall", und die schwedische Barockdichterin Sophia Elisabeth Brenner rühmte sie mit den Versen:

„Wer Euch, mein Fräulein
kennt, beschaut und betrachtet,
hat wohl ein Meisterstück des Himmels angeblickt …"[23]

Die damals aufblühende Dichtkunst Schwedens sah in der jungen Gräfin ihre Galionsfigur und huldigte ihr so überschwänglich, dass sie selbst begann, sich in Briefen im symbolischen Wortsinn ihres Namens als Morgenröte zu bezeichnen.[24]

Neben Theaterstücken verfasste Maria Aurora Gedichte, von denen sich 57 erhalten haben.[25] Ihre poetischen Erzeugnisse lassen sich in zwei große Gruppen unterteilen: geistlich-religiöse Gedichte und so genannte Gebrauchslyrik.

In der Quedlinburger Gedichtsammlung „Der Nordische Weihrauch oder zusammengesuchte Andachten von schwedischen Frauenzimmern" stammen von 22 religiösen Gedichten – in deutscher Sprache – elf aus ihrer eigenen Feder. Sie sind nach neueren Forschungen wohl schon um 1690 in Stockholm im Kreis der Schwestern Königsmarck und ihrer beiden Cousinen de la Gardie entstanden. Maria Aurora hatte allem Anschein nach das Unternehmen angeregt und koordiniert, die Gedichte eigenhändig abgeschrieben und für die Sammlung arrangiert. Man vermutet, dass diese Anordnung später in Quedlinburg geschah und dass sich die Gräfin damit der Äbtissin Anna Dorothea empfehlen wollte, der sie noch drei zusätzliche Gedichte widmete.[26]

Neben den geistlichen Reimen schrieb Maria Aurora so genannte Gebrauchsdichtung, also Verse zu verschiedenen privaten Anlässen wie Geburtstagen, Hochzeiten oder Begräbnissen. Gelegenheitslyrik war besonders beliebt und eine typische Ausdrucksform der dichtenden Frauen der Barockliteratur. Sie entstand aus dem persönlichen Bedarf und war weniger für eine Veröffentlichung oder Verbreitung bestimmt.

Ein typisches Beispiel sind die improvisierten Verse Maria Auroras anlässlich der Festivitäten zum 60. Geburtstag der Herzogin Elisabeth Juliana von Braunschweig-Lüneburg und zum 38. Hochzeitsjubiläum des herzoglichen Paares, das gleichzeitig in den letzten Maitagen des Jahres 1694 im neu errichteten Lustschloss der Braunschweiger in Salzdahlum gefeiert wurde. Es wird berichtet, die Gräfin habe an der großen Festtafel angesichts der aufwändigen Tischdekorationen, die gänzlich aus Zucker hergestellt waren, spontan folgende Reime dargeboten:

„Die Bäume wachsen auf dem Tische
und tragen Früchte von Verstand;
wie sich Genuß und Lust hier mische
ist Mund und Auge gnug bekannt.
Der Garten wird selbst aufgegessen:
Wer kann die Seltenheit ermessen?
Beständiger Liebe Band von acht und dreißig Jahren
läßt so viel Wunder hier uns schauen und erfahren."

Der Erfolg war durchschlagend. Der Braunschweigische Oberhofmarschall von Steinberg antwortete im Auftrag Herzog Anton Ulrichs mit dem Verslein:

„Was man hier sieht von Seltenheiten
reicht nicht an die Vollkommenheiten,
die man bey der Comtessin findt,
weil selbe unvergleichlich sind."[27]

Von besserer literarischer Qualität als diese spontanen Reime sind ihr Huldigungsgedicht an den schwedischen König Karl XII., jenen Herrscher, der ihr später eine der peinlichsten Demütigungen ihres Lebens zufügte, oder die „Briefe aus Medevi"[28], die lebendiges Zeugnis geben vom aristokratischen Zeitvertreib in dem altschwedischen Kurort.

Sommervergnügungen in Medevi

In drei Briefen erzählte Maria Aurora einer Cousine von den heiteren Sommervergnügungen der schwedischen Adelsgesellschaft im Jahr 1682: Sie fand überschwängliche Worte für „die Mannigfaltigkeit der Charaktere, die bunte Mischung der farbigen Kostüme, die Damen und Herren, alle in einem solchen Putz und Staat, dass unsere Augen davon schier geblendet wurden … die Gastmäler, fast die der Königlichen Majestät in Stockholm noch übertreffend". Die vergnüglichen Tage waren erfüllt mit Spielen, Wettkämpfen, Jagden, Maskeraden, Theaterstücken und weiteren vielfältigen „Überraschungen". Alle bekannten Namen des schwedischen Hochadels waren vertreten, so der künftige Schwager Graf Gustav Löwenhaupt, der bei einem Kostümfest als Inder ging, Graf Gustav Lilie als Sklave, der „seine Ketten mit so viel Anstand trug, dass man beschloss, ihn davon nicht zu befreien", oder Graf de la Gardie als hoher afrikanischer Fürst, der alle Vorbereitungen so perfekt traf „als gälte es einen Prozess vor dem Hofgericht" zu führen. Gustav Horn, der sich zwei Jahre später so unheilvoll in Maria Auroras Leben einmischen sollte, stellte Bacchus dar „mit Weinranken und Epheu gekrönt, sitzend auf einer Tonne mit einer Flasche in der Hand." Gewiss gäbe es niemanden, so beteuerte die Gräfin, „der mehr als er geeignet wäre, diese Person zu agieren". Sie selbst trug bei einer Reitpartie ihre „gewöhnlichen Farben Feuer, Gold und Silber mit etwas Schwarz". Der Aufwand blieb nicht ohne Wirkung und die Gräfin berichtete voller Zufriedenheit: „Von diesem netten Feste kehrte keine der Damen heim, ohne neue Eroberungen gemacht zu haben und ohne kleine Briefchen mit heim zunehmen". „Es war ein herrlicher Tag", fuhr sie fort, „die strahlende Sonne gab allen Edelsteinen und den leuchtenden Trachten erhöhten Glanz. Die Straußenfedern, die Gürtel und die Locken boten ein heiteres Bunt. Pferde wieherten, Instrumente klangen, das Volk stieß Freudenrufe aus. Alles ward zu einem einzigen Durcheinander, das unbeschreiblich ist, und entzückte uns derart, dass wir uns in Ekstase versetzt fühlten ... Kurz ich beteuere, es ist unmöglich, alle die leuchtenden Vorzüge dieses Festes zu beschreiben, und wie ich meinen Bericht, den ich Euch hier gebe, betrachte, erscheint er mir matt und fade. Tausend Augenzeugen würden Euch dies bestätigen und alle aus einem Munde versichern, niemals etwas Besseres gesehen zu haben."

Maria Aurora genoss diese heiteren Sommerfeste aus vollen Zügen. Wie ein Schmetterling flatterte sie von Genuss zu Genuss, fühlte sich verehrt und begehrt und sonnte sich vergnügt im Glanze des Hofes wie auch dieser sich mit ihrem jugendlichen Feuer und Frohsinn schmückte. – Die ausgelassene Stimmung unbeschwerter Jugendzeit charakterisiert die eine Seite der schwedischen Jahre unserer jungen Gräfin. Die andere Seite gestaltete sich ernster, bedrückender und trug zuweilen fatale Züge.

Schattenseiten der schwedischen Jahre

Die wirtschaftliche Demontage des hohen schwedischen Adels hatte begonnen und nahm unbarmherzig seinen Lauf. Sie machte auch vor der Familie Königsmarck nicht Halt, obgleich die Gräfin versuchte, durch ihre besondere Nähe zum Hofe das Schlimmste abzuwehren. Die finanzielle Situation der Familie wurde immer prekärer. Die vormals glänzenden Einkünfte brachen weg, die Schulden der einen aufwändigen Lebensstil gewöhnten Familienmitglieder türmten sich, und die elend sich hinziehenden Prozesse um Erbschaften und Ansprüche der zahlreichen Witwen in der Familie zehrten empfindlich an den Rücklagen. Gräfin Christine bemühte sich redlich, in die Wirtschaftsangelegenheiten Ordnung zu bringen, und hielt auch ihre Kinder dazu an. Ihre Ermahnungen fielen jedoch nur bei der Tochter Maria Aurora auf fruchtbaren Boden. Sie war diejenige der Königsmarck-Kinder, die sich um Klarheit und Übersichtlichkeit in den verwickelten Vermögensverhältnissen der Familie bemühte. In den Stockholmer Jahren führte sie fein säuberlich das Ausgabenbuch der Familie. Es ist von ihr ein Päckchen erhalten, auf dessen Umschlag von eigener Hand geschrieben steht: „Alte Rechnungen der Frau Mutter, wie ich die Haushaltung geführt."[29]

Als der Vormund der Königsmarck-Kinder, der hoch geachtete Feldmarschall Otto Wilhelm, starb, sahen sich seine Mündel schutz- und ratlos einer immer schwieriger werdenden Situation ausgesetzt. „Wir hatten ein solches Vertrauen zu ihm", schrieb Maria Aurora, „dass wir uns nie um den Stand unserer Angelegenheiten Sorgen machten". Nun waren sie vor die Notwendigkeit gestellt, einen Nachfolger zu finden, „der die Erhaltung der Familie betreiben wird und der in dem, was er für uns tut, nichts Unehrliches unternimmt".[30] Neuer Vormund wurde der Hofkanzler Freiherr Nils Gyldenstolpe, der wenige Jahre später auch zum Gouverneur des Thronfolgers Karl, des späteren Königs Karl XII., ernannt wurde.

Das Oberhaupt der Familie war nun der leichtsinnige jüngere Bruder Philipp, unter dessen verschwenderischen Fingern das Familienvermögen unaufhörlich zerrann. Vergeblich appellierte Maria Aurora an sein Verantwortungsgefühl und bat ihn um Zuschüsse, damit sie ihre Schulden bei Mademoiselle Mallet, ihrer langjährigen Gouvernante und Gesellschaftsdame, begleichen konnte. „Ich beschwöre Sie, denn seit 9 Jahren bedrückt mir diese Affaire das Herz ... ich werde nicht eher Ruhe finden, bis die Sache ins Reine gebracht ist.“[31]

Der Bruder schien indes nicht nur abgeneigt, für die Verbindlichkeiten seiner Schwester aufzukommen, er enthielt ihr sogar vertraglich vereinbarte Unterhaltszahlungen vor. Maria Aurora empfand sein Verhalten als Schikane und riet ihm, „sich klugerweise mit der Familie zu einigen; denn von allen Seiten höre ich Klagen, die ihn schließlich doch in Verlegenheit bringen, wenn er nicht daran denkt, den Folgen zuvorzukommen“.[32]

Als 1689 die Schwester Amalia den Grafen Löwenhaupt heiratete, kam Philipp nicht einmal der Pflicht nach, ihr die testamentarisch festgesetzte Mitgift von zehntausend Talern auszuhändigen, so sehr ihn Maria Aurora auch ermahnte. Ihre Schwester war genötigt, den Schritt in die Ehe „ohne die geringste Hilfe und ohne einen Pfennig Geld zu tun“.[33]

Die Affäre Horn

Mehr noch als durch die schwieriger werdenden wirtschaftlichen Verhältnisse wurde Maria Aurora durch einen Hofgerichtsprozess und seine Folgen getroffen. Das Corpus Delicti war ein harmloser Fächer, der sich in der Hand eines jungen Edelmannes zu einer aggressiven Waffe verwandelte.

Es geschah am 16. Juni 1684, als die beiden Schwestern Königsmarck mit ihren Cousinen de la Gardie und einigen Kavalieren im Ballhaus des königlichen Schlosses Federball spielten. Aus unbekanntem Anlass gerieten zwei der jungen Herren, Freiherr Axel Sparre und der uns aus den Medevi-Briefen bekannte Claes Gustav Horn, ein Schwärmer und Poet[34], in Streit, wobei Sparre Horn angeblich mit dem Fächer Maria Auroras ins Gesicht schlug und Horn im Affekt zu seinem Degen griff, um den Affront mit einem Hieb zu parieren. Bevor es dazu kam, warf sich die jüngere der Königsmarck-Schwestern Amalie zwischen die Streitenden und trennte sie. Maria Aurora war äußerst verärgert darüber, dass sich dieser unschöne Zwischenfall vor ihren Augen abspielte.

Nicht nur, weil sich die Damen Königsmarck durch die Attacke in ihrer Würde gekränkt fühlten, sondern vor allem, da die Tätlichkeiten einen Verstoß gegen das königliche Duellverbot bedeuteten, wurde die Affäre vor das Hofgericht gezogen und schließlich mit Ermahnungen und einer Eidesleistung Axel Sparres beigelegt, in der er schwor, den Schlag gegen Horn nicht mit Absicht, sondern nur aus Zufall geführt zu haben.

Eigentlich hätte die Angelegenheit damit ihr Bewenden haben können, doch gerieten die beiden ungestümen Streithälse zwei Monate später wieder aneinander, wobei diesmal Horn der Angreifer war. Die Prügelei spielte sich erneut im Ballhaus ab, das mit dem Stockholmer Schloss räumlich verbunden war, so dass ein Hausfriedensbruch dort einem Verbrechen gegen die königliche Majestät gleichkam. Wohl wissend, dass er sich dadurch des Königs „Ungnade, die der Bote des Todes ist", zuzog, brachte sich Horn im Haus des kaiserlichen Gesandten in Sicherheit und ward fortan nicht mehr gesehen. Auch einer Vorladung vor das Hofgericht kam er nicht nach. In Abwesenheit wurde er „anderen seines Gleichen zu Schreck und Warnung und sich selbst zur wohlverdienten Strafe, so auch dem Oberstleutnant, den er so überfallen hat, zu dessen Ehre, Verteidigung und Zufriedenheit, verurteilt, seine Hand zu verlieren, wie auch Ehre, Leben und bewegliche Habe verwirkt zu haben und nehme der rechtmäßige Erbe sein Land in Besitz".[35] Obwohl Horn steckbrieflich gesucht und seine Ächtung im ganzen Land bekannt gemacht wurde, blieb er unentdeckt.

Niemand wusste, wo er sich aufhielt, niemand außer Maria Aurora, die ihm schon längst heimlich ihr Herz geschenkt hatte. Die Affäre Horn war für sie noch lange nicht beendet. Ängstlich zitterte sie um den außer Landes herumirrenden Geliebten. Er sollte noch viele Jahre hindurch verhängnisvolle Unruhe in ihr Leben bringen.

Adoptivtochter Fatima

Eine andere Begegnung der Stockholmer Jugendzeit, die Spuren in der Biografie Maria Auroras hinterließ, war Fatima. Die junge Türkin war Teil der Beute, die bei der Eroberung von Ofen 1686 während der Ungarnfeldzüge den kaiserlichen Truppen in die Hände fiel. Sie wurde dem schwedischen Freiherrn Alexander Erskine, einem Waffenbruder Philipps von Königsmarck, zugeteilt, der sie – zurück in Schweden – der Schwester Philipps als Sklavin schenkte. Maria Aurora nahm sich des hübschen Mädchens mit großem Verantwortungsgefühl an. Sie bezeichnete sie sogar als „meine türkische Tochter" und ließ sie im November 1686 in der deutschen Gemeinde in Stockholm taufen. Als Taufpaten fungierten aus der adeligen Umgebung der Königsmarcks unter vielen anderen der schwedische Kronprinz und spätere König Karl XII., Reichsmarschall Graf Stenbock, Feldmarschall Graf Otto Wilhelm von Königsmarck, Freiherr Alexander Erskine, Gräfin Beate Elisabeth de la Gardie, geb. Königsmarck, weitere Mitglieder der Familien de la Gardie, Stenbock, Oxenstierna, Löwenhaupt, Banér, Sparre und schließlich sie selbst als Adoptivmutter. Fatima erhielt in der Taufe den christlichen Namen ihrer Patin, Maria Aurora.[36]

Dieser Rufname sollte sich als folgenschweres Omen erweisen, das sie veranlasste, den Lebenspfaden ihrer Pflegemutter zu folgen, so getreu und konsequent, wie es diese wohl niemals geahnt und noch viel weniger gewünscht hätte.

Abschied von Stockholm

So vergingen im Taumel der Ereignisse die schwedischen Jahre der Maria Aurora von Königsmarck, die zugleich ihre Jugendjahre gewesen sind. Sie prägten ihren Charakter und ihre Lebenserwartungen und legten den Grundstein für ein Leben, das freier und selbstbestimmter werden sollte als gemeinhin üblich war bei den Frauen ihres Jahrhunderts. Ihre fortschrittliche Ausbildung, die Mehrsprachigkeit, dazu die familiäre Verwurzelung in zwei Nationen und Kulturen hatten ihren geistigen Horizont geweitet und ihr eine kosmopolitische Attitüde verliehen. Ihre Zukunft würde sich nicht in einem engen, regional begrenzten Kontext abspielen, sondern zielte von vornherein auf den europäischen Schauplatz ab. Die Familie Königsmarck war ja ohnehin weithin berühmt und in aller Munde. So war es nur folgerichtig, dass die so hoffnungsvoll begabte Tochter auf den Weg gebracht wurde, eine veritable Europäerin zu werden.

Als am 17. Dezember 1691 ihre Mutter, Marie Christine Gräfin Königsmarck, geborene Gräfin Wrangel, starb, waren auch die Stockholmer Tage Maria Auroras gezählt. Nichts hielt sie mehr in der nordischen Wahlheimat ihrer Vorfahren. Nach den Beisetzungsfeierlichkeiten, an denen auch König Karl XI. teilnahm, machte sie sich im Juni 1692, inzwischen 30 Jahre alt, auf den Weg nach Süden, auf das europäische Festland. Mit den Worten „nous sommes arrivés heureusement jusqu'à Stralsont – Je suis une fort bonne fille" – „wir sind glücklich in Stralsund angekommen – ich bin ein sehr gutes Mädchen"[37] tat sie dort erwartungsvoll und selbstbewusst die ersten Schritte in einen neuen Lebensabschnitt.

Die „Schwedische Gräfin" in Hamburg

Als Maria Aurora im Sommer 1692 ihren Fuß zum ersten Mal wieder auf das europäische Festland setzte und mit ihrer Schwester Amalie in Hamburg, der Stadt ihrer Kindheit und Jugend eintraf, war es, als hätte man dort nur auf sie gewartet, als hätte man in der Zwischenzeit das Terrain vorbereitet für ihr grandioses Entrée.

Maria Aurora war zwar schon 30 Jahre alt, die erste Blüte ihrer Jugend war vorbei. Die Phase, in der gleichaltrige junge Mädchen sich den Partner fürs Leben suchen beziehungsweise verheiratet werden, lag längst hinter ihr. Gleichwohl wurde sie zu einer der umschwärmtesten und begehrtesten Frauen ihrer Epoche. Sie übertraf ihre Zeitgenossinnen nicht nur an Geistesbildung, an vielseitigen Kenntnissen und Fähigkeiten, sondern auch durch ihre legendäre Schönheit. In einer zeitgenössischen Beschreibung wird ihr Erscheinungsbild so geschildert: „Auroras Haar ist reich, schwarz und schön geordnet um das runde blühende Gesicht. Ihre Stirn ist offen und erhaben. Ihre Augenbrauen sind zwei feine schwarze Linien mit einem geheimnisvollen Reiz. Pfeile, denen niemand widerstehen kann, fliegen aus ihren Augen, groß, dunkel, feurig und von einem wunderbaren Glanze strahlend. Die Nase ist ein Meisterstück des Schöpfers. Der Mund ist ausnehmend klein, die Lippen blutrot, die Zähne in höchster Vollkommenheit blendend weiß und schön geformt. Mit einem Wort, niemand kann sich diesem Meisterwerk der Natur zur Seite stellen."[1]

Die Männerwelt lag der „Schwedischen Gräfin", wie sie in Hamburg genannt wurde, bewundernd zu Füßen. Sie konnte sich kaum retten vor Huldigungen und Anträgen ihrer Verehrer, kaum unterscheiden, was ernst gemeint war oder nur flüchtig dahingesprochen. Wie ein bunter Vogel flatterte sie von Fest zu Fest, von Ball zu Ball im Umkreis von Hamburg,

Stade und Agathenburg, Hannover oder Wolfenbüttel. Der dichtende Hofarzt Daniel Wilhelm Triller, ein glühender Förderer der zeitgenössischen Frauenliteratur, beschrieb ihre Wirkung: „Nieder-Sachsen und besonders Hamburg prangten mit den beiden Gräfinnen von Königsmarck und von Löwenhaupt, als mit zwei heitern Sternen, welche ihrem hochgeborenen Stamme durch die Poesie einen neuen Glanz mitgeteilt haben."[2]

So sorgsam wie Aurora noch in Schweden unter der Aufsicht ihrer Mutter die Familienfinanzen zusammengehalten hatte, so leichtfertig ging sie jetzt mit den Resten des Königsmarck'schen Vermögens um. Gerade 30 000 Taler soll sie noch besessen haben. Bedenkenlos lieh sie sich Geld, das ihr von allen Seiten großzügig angeboten wurde. Ein Hamburger Verehrer, Oberst Meyer, beabsichtigte gar, ihr sein ganzes Vermögen zu vererben.[3] Als er tatsächlich wenig später starb, mutmaßte ihr Schwager Löwenhaupt: „Ich würde mich wundern, wenn er der Gräfin Aurora nichts vermacht hätte".[4] Gleichzeitig empfand er Meyers Tod als Verlust; denn „meine Schwägerin verliert einen Mann, welcher für sie viele Hochachtung und treue Freundschaft hatte. Ich glaube auch, dass ihre Pläne auf einige Zeit gestört sind, doch zweifle ich nicht, dass sie sich deshalb gern tröstet, da es ihr nicht fehlen wird, für ihn willige Nachfolger zu finden".[5]

Und so war es: Im Rausch der Festlichkeiten und Vergnügungen wurde es immer schwerer für sie, einen klaren Kopf zu behalten. Die Geschwister, die häusliche Amalie, bei der Maria Aurora in Hamburg lebte, sowie deren Gatte, Graf Löwenhaupt, und Philipp in Hannover machten sich Gedanken über ihre Zukunft und fanden rasch, was Not tat: Maria Aurora sollte heiraten und zwar möglichst einen reichen Mann.

Über Mangel an Bewerbern konnte sie sich nicht beklagen. Alte und junge, reiche und mittellose wetteiferten darin, von ihr erhört zu werden und buhlten um ihre Hand. Da gab es zuvorderst den Herzog Anton Ulrich von Braunschweig-Wolfenbüttel (1633–1714), einen der größten Dichter, Kunstsammler und Mäzene seiner Zeit, der „die schöne Aurora" bis an sein Lebensende verehrte, ja angeblich sogar geheime Ehepläne mit ihr schmiedete.[6] Er gilt als einer der bedeutendsten Barokkdichter, dessen Werke, darunter die „Römische Octavia,"[7] typische Beispiele des heroisch-galanten Romans darstellen. Mit dem Herzog verband Maria Aurora das gemeinsame Interesse an Literatur und Theater. In Braunschweig wetteiferte sie mit ihm um die gelungensten Gedichte und Gesänge. Zur Dichterkrönung in Hamburg fuhr Maria Aurora im eigens herbeigeschafften Galawagen an der Seite des als Apollon verkleideten Herzogs.[8] 1693 lud Anton Ulrich sie ein, ihn zu besuchen: „Es kann mir nichts angenehmer von der Welt als eben dies sein." Doch solle sie, „damit es aber alles par les formes zugehen möge", ihre Ankunft auch seiner Gemahlin in einem gesonderten Handbriefchen ankündigen. „Diese deutsche Precaution" sei „gar nötig".[9]

Derartige Rücksichten musste der erst siebzehnjährige Thronfolger Friedrich Wilhelm von Mecklenburg-Schwerin, der am 11. 6. 1692 an die Regierung kam, nicht nehmen. Er hatte sich leidenschaftlich in die Gräfin verliebt, als sie auf ihrer Reise von Schweden nach Hamburg in Schwerin Station machte, und wollte sie heiraten. Er schrieb ihr schwärmerische Briefe, sprach von Empfindungen, die er nicht auszusprechen wage, vom Wunsch, ihr Bildnis zu besitzen, vom Leiden unter ihrer Abwesenheit, von der Schuld ihrer schönen Augen und der Gewalt, die sie über ihn besäße.[10] Es sei ihm unmöglich, der Erinnerung an ihre Reize zu entsagen, sie begleiteten ihn Tag und Nacht und erfüllten ihn mit Zärtlichkeit und Verehrung. Der Heiratsplan mit dem jungen mecklenburgischen Herzog, mit dem Maria Aurora sich fast verlobt fühlte, scheiterte indessen an einem Machtwort seines Vaters.[11]

Als durchsickerte, dass Maria Aurora in Hamburg keineswegs das tugendhafte Leben führte, das man von einer unverheirateten Dame in ihren Kreisen erwartete, dass sie vielmehr „mit den Freuden Hamburgs so sehr beschäftigt" war,[12] nahm ihr Bruder Philipp die Koordination der Heiratsangebote energisch in die Hand. Er wählte die Bewerber im Vorfeld aus, wobei das Vermögen das wichtigste Kriterium für eine „gute Partie" darstellte, und unterbreitete seiner Schwester gezielte, manchmal anonym gehaltene Vorschläge. „Da sich alle, die Sie zu heiraten Lust haben, an mich wenden", teilte er ihr im März 1693 mit, „so muss ich Ihnen sagen, dass mir ein solcher sich befindet: er ist wohl gebildet, hat eine gute Stelle, ist dreißig Jahre alt, hat 6000 Taler Einkommen und will Ihnen ein Kapital von 30 000 Talern als Heiratsgut verschreiben. Da man solcher Gemahle nicht alle Tage trifft, so habe ich mich verpflichtet geglaubt, nach der für Sie gehegten Freundschaft Ihnen durch diese Mitteilung einen Dienst zu erweisen. Noch nenne ich Ihnen seinen Namen nicht, doch wenn Sie der Vorschlag anspricht, wenn sie frei sind und sich vermählen wollen, so erklären Sie sich ernsthaft und finden Sie die Vermögenslage nicht vorteilhaft genug, oder haben Sie zur Verehelichung keine Lust, so sagen Sie es mir frei heraus."[13]

Offensichtlich wurde nichts aus dem schönen Projekt. Doch Philipp gab nicht auf. Er präsentierte seiner Schwester einen Freier nach dem anderen, einen „närrischen" Grafen Waidel, einen Reichsgrafen Hohenlohe – „ich sehe wohl ein, dass Sie für Reichsgrafen geboren sind und wünsche nur herzlich, dass sie Ihnen nicht zum Verderb gereichen mögen" –, einen reichen Oberst Weyher von „wunderlicher Gemütsart" und einen Graf von Ostfriesland, den ihr Schwager Löwenhaupt mit den Argumenten aussortierte, er sei zu arm, habe keine Manieren und verspiele sein Geld wie ein Narr.[14] Außerdem zweifelte er, ob dessen Gemütsart ihren Ansprüchen genügen würde.[15]

Graf Löwenhaupt, der in die Zukunftsplanung seiner Schwägerin ebenfalls eingebunden war, hatte seinerseits Grund, sich wegen ihres Betragens zu genieren; denn es kam vor, dass in munterer Runde jemand zu ihm sagte: „Freilich, wenn man eine Schwägerin hat, die mit einem Fürsten schläft, kann man alsbald zu einem Regiment arrivieren".[16] Es ist umstritten, wer mit diesem Fürsten gemeint war.

Allen Bemühungen zum Trotz erklärte sich Maria Aurora nicht, obgleich sie immer wieder als so gut wie verlobt ausgegeben wurde, und stürzte ihre Familie mit dieser Unentschlossenheit in schiere Verzweiflung. „Wenn ich bloß wüsste, dass Ihr Euch wirklich verehelichen wollt", stöhnte Philipp Christoph.[17]

Hannoveraner Verwicklungen

Umgekehrt trieb allerdings auch dieser brüderliche Postillon d'Amour der schwedischen Gräfin Schweißperlen auf die Stirn. Was tat sie nicht alles für den unvorsichtigen Leichtfuß im sündigen Hannover. Sie besorgte ihm Geld und vermittelte seine Liebesbriefe, die sie auch für ihn aufbewahrte. Sie war ihm sogar behilflich bei seinen Liebeshändeln mit der hannoveranischen Prinzessin Sophia Dorothea und zog sich dadurch den Zorn der mächtigen Gräfin Platen zu, der so gewaltig und nachtragend war, dass Maria Aurora, als sie einmal mit ihrer Schwester in Hannover zu Besuch weilte, überstürzt abreisen musste. Der Verdacht der Platen richtete sich aber allem Anschein nach nicht nur auf das Paar Philipp und Sophia Dorothea, vielmehr musste sie befürchten, dass Maria Aurora es ihrerseits auf den Hannoveraner Kurfürsten, ihren eigenen Liebhaber, abgesehen hatte.

Tatsächlich hatte Kurfürst Ernst August ein Auge auf die junge Schöne geworfen, die ihm selbst gedichtete Arien so vollendet vortrug, dass er begeistert ausrief: „Alle Musen und alle Grazien haben sich vereinigt, um diese schöne Zauberin zu begaben. In Wahrheit, mein Fräulein, Ihr solltet nach Paris ziehen, das Herz des alten Sünders Ludwig (= Ludwig XIV.) zu entzünden und ihn aus den Klauen seiner gottesfürchtigen Hexe und seiner koketten Marquisen und Komtessen zu reißen."[18]

Kein Wunder, dass die Damen am Hannoveraner Hof verstört auf die blendende Erscheinung der schwedischen Gräfin reagierten. In die unerquickliche Angelegenheit schaltete sich schließlich die Kurfürstin Sophie von Hannover ein, die mit der ihr eigenen Souveränität zu vermitteln versuchte und der inzwischen abgereisten Maria Aurora ihre Sicht der Dinge in einem versöhnlichen Schreiben darlegte. Sie schloss mit den Worten: „Ich versichere Ihnen, dass ich mich sehr für Sie interessiere."[19]

Als die Schwestern Königsmarck Ende September 1692 über Hannover nach Quedlinburg reisen wollten, wurde der älteren im Auftrag des Kurfürsten durch den Braunschweigischen Feldmarschall Heinrich von Podewils bedeutet, dass ihre Anwesenheit am Hannoveraner Hof in nächster Zukunft nicht erwünscht sei. Die Antwort Maria Auroras konnte nicht schärfer ausfallen: Es sei ihr leicht, seinen Befehlen zu gehorchen, brauste sie auf, da sie nicht die Absicht habe, noch einen Winter in Hannover zu verleben; denn sie habe nach dem letzten Besuch keine Sehnsucht, dorthin zurückzukehren.[20]

Sie wurde allerdings in Hannover nicht nur von ihrem Bruder vermisst, sondern auch von der jungen Kurprinzessin Sophia Dorothea, die ihr gestand: „Ich sterbe vor Sehnsucht, Sie zu sehen, um Ihnen tausend Dinge zu erzählen, die zu weitläufig sind, sie Ihnen zu schreiben.". Es wirft ein bezeichnendes Licht auf die Lebenssituation der beiden Frauen, wenn Sophia Dorothea ihrer Freundin Maria Aurora kurz vor Weihnachten 1692 schreibt: „wie sind Sie glücklich, in allen Dingen Ihrer Neigung folgen zu können! Ich wünschte, in gleicher Lage zu sein, doch dahin kann ich nicht gelangen."[21]

Unabhängig wie sie war, nahm sich Maria Aurora die Freiheit, bereits in den ersten Wochen des neuen Jahres allen Vorhaltungen zum Trotz, erneut in Hannover zu erscheinen. Von diesem Besuch wissen wir durch den umfänglichen Bericht, den sie für die schwedische Königin Ulrike Eleonora über den prunkvollen Karneval in Hannover und das Maskenfest anlässlich der Erhebung Ernst Augusts in den Kurfürstenstand niederschrieb.[22] Dieses Oeuvre aus Hannover erinnert an die früheren Briefe der Gräfin aus Medevi.

Sechs Wochen dauerten die „fortgesetzten Vergnügungen",

eine Folge von Lustspielen, Maskenbällen, Tanzeinlagen und Spielen. Sie endeten am Fasnachts-Dienstag mit einer so genannten „großen Wirtschaft“. Dabei bildeten sich vier Quadrillen unter der Führung der Kurfürstin von Brandenburg, der Kurfürstin von Braunschweig, der Kurprinzessin von Hannover und der Fürstin von Ostfriesland. Jede Quadrille stellte eine Nation dar, wobei die Musen von kostümierten Personen der Gesellschaft verkörpert wurden und in Prozessionen durch die Galerien des Schlosses zogen. Die Schwäger Graf von Löwenhaupt und Graf Königsmarck schritten bei der Quadrille mit, die die türkische Nation darstellte, Graf Löwenhaupt als Pascha von Alcair und Königsmarck als Großwesir. Maria Aurora selbst verkörperte die „Gemahlin des großen Propheten“. Von den verschiedenen Gruppen wurden Verse und Prophezeiungen dargeboten, die die Idee und den Sinn jeder Quadrille erläutern sollten. Aurora verfasste als „Gemahlin des großen Propheten“ gleich mehrere Weissagungen auf die führenden Köpfe der Lustbarkeiten.

Claes Gustav Horn taucht wieder auf

Der Karneval klang aus, ohne dass er eine Wende in Maria Auroras Leben gebracht hätte. Fast überstürzt reiste sie wieder in Richtung Hamburg ab; denn dort wurde sie von einem jungen Mann sehnsüchtig erwartet. Es war jener schwedische Kavalier Claes Gustav Horn, der Jahre zuvor wegen seiner tätlichen Ausschreitungen geächtet worden war, Schweden verlassen hatte und seitdem halt- und heimatlos auf dem Festland herumirrte. Als Philipp hörte, dass Maria Aurora mit Horn zusammengetroffen sei, hielt er ihr entsetzt vor: „Man berichtet mir aus Dresden, der Kurfürst selbst habe gesagt, Sie würden Horn heiraten. Welche Freude mir diese Nachricht verursachte, können Sie ermessen, denn ich möchte Sie weit lieber an einen hamburgischen Bankier verheiratet sehen, als in den Händen dieses Menschen. Wahrlich, liebe Schwester, wären Sie dessen fähig, so würde ich die für Sie gehegte gute Meinung verlieren. Ich bitte Sie, mir darüber Auskunft zu geben und mich zu benachrichtigen, wo das Gerücht herrührt."[23]

Genauso wie der Bruder sind auch wir an den Hintergründen interessiert.

Es stellte sich heraus, dass Maria Aurora tatsächlich zehn Jahre lang mit Horn in Kontakt gestanden, schwärmerische Gedichte mit ihm ausgetauscht, auf ihn gewartet und deswegen viele Bewerber abgewiesen hatte. Nun trat er wieder in ihr Leben und erhob Ansprüche, in die sich sentimentale und materielle Hoffnungen mengten. „Wenn ich daran denke, dass Sie in Hamburg sind", so schrieb Horn in einem ersten erhaltenen Brief,[24] „so befällt mich vom Kopfe bis zum Fuße ein Schaudern; mich ergreift die Furcht, mein Unglück, wie meine Liebe sei Ihnen gleichgültig geworden. Sie sehen, es treibt mich von Vorstellungen zu Vorstellungen, von Hoffnungen zur Furcht, von der Furcht zum Grame. So bringe ich mein Leben hin, da ich nun schon seit Jahren des Glückes Ihrer Nähe entbehre. Noch nie litt ich, was ich jetzt leide, mein Kummer ist unbeschreiblich." Im gleichen Brief erwähnte Horn auch, dass Philipp von Königsmarck sein Haus für 25 000 Taler verkauft habe und man sich sorgen müsse, dass die Summe nicht allzu schnell wieder ausgegeben werde: „Daher muss man nicht zögern, denn das Geld wird wie ein Blitz verschwinden. Lassen Sie ihn nicht wissen, dass diese Nachricht von mir stammt." Horn wusste, warum er dem Bruder seiner Angebeteten verheimlichen wollte, dass er auf einen Teil der 25 000 Taler spekulierte. Es sprach sich herum, dass Horn hoch verschuldet war und auf eine üppige Mitgift hoffte, ja sich sogar in Sachsen Kredit verschafft hatte unter dem Vorwand einer reichen Heirat, womit nur Maria Aurora gemeint sein konnte. So verwundert es nicht, dass Philipp von Königsmarck empört war über das Wiederauftauchen des fragwürdigen Kandidaten.

Als in der Folge seines Briefes Horn persönlich in Hamburg erschien, geriet die Familie Königsmarck in helle Aufregung. Dieser heruntergekommene, geächtete, heimat- und mittellose Desperado war wahrhaftig keine passende Partie für die strahlende Maria Aurora. Welche Zukunft könnte er ihr je bieten? Philipp rief den langjährigen Vertrauten der Familie Herrn von Hansen aus Glücksstadt nach Hamburg, der herausfinden sollte, ob Maria Aurora, leichtsinnig wie sie war, ihren Verehrer zu sich bestellt hatte oder ob dieser aus freien Stücken, ohne Aufforderung gekommen war, und der schließlich alles unternehmen sollte, um das Paar wieder auseinander zu bringen.

Verärgert registrierte die Familie, dass Maria Aurora dem Werben Horns nachzugeben schien und ihre Zuneigung wieder aufflammte. Es bestätigte sich, dass Claes Gustav Horn ihre große Liebe war, von keinem anderen erreicht, auch nicht von ihrem späteren kurfürstlichen Liebhaber. Horns Briefe waren die einzigen der zahlreichen, an sie gerichteten Liebesbriefe, die sie bis an ihr Lebensende aufbewahrte.[25] Maria Aurora hatte ihn nie vergessen, seit beide schon in Schweden ihre Gefühle füreinander entdeckt hatten. Über all die Jahre der Trennung hinweg war die Verbindung nicht abgerissen. Doch hatte es nicht nur glückliche Momente gegeben. Schon in der Vergangenheit war so mancher dunkle Schatten auf die Liebesbeteuerungen des Galans gefallen. Hatte er nicht wiederholt seine Unzuverlässigkeit unter Beweis gestellt? Hatte Maria Aurora nicht ihrem Freund immer wieder mit Geld und Juwelen ausgeholfen, die er versetzt und erst nach Ermahnungen später zurückerstattet hatte?

Nun, da er persönlich in Hamburg anwesend war, kam es zu scharfen Auseinandersetzungen. Die Familie Königsmarck forderte die Tilgung der Schulden und eine Beendigung der Affäre. Gutmeinende rieten Horn, seine Verhältnisse in Ordnung zu bringen, d. h. beim schwedischen König um Gnade zu bitten und sich in Sachsen um ein Regiment zu bemühen, um so die gräfliche Familie günstig zu stimmen. Doch beide Versuche schlugen fehl.

Als Gerüchte umgingen, Horn wolle Maria Aurora mit Hilfe seiner Spießgesellen gewaltsam entführen, um an ihre Mitgift zu kommen, wurde ihr Angst und Bange. Sie bat ihren Bruder, sie nach Quedlinburg in Sicherheit zu bringen, „wo sie von Gott und der Zeit das Ende , das diese affaire wird nehmen können, erwarten will".[26] Ja, sie fühlte sich so bedrängt, dass sie in Hamburg heimlich ein stilles Zimmer anmietete, in dem sie sich bis zu ihrer Abreise nach Quedlinburg versteckt halten konnte.

Noch ein weiterer Grund für den furchtsamen Rückzug der schwedischen Gräfin kann man den Briefen Hansens entnehmen: Es erschien in Hamburg ein sächsischer Prinz namens Friedrich, zunächst inkognito, dann öffentlich, den die junge Schwedin angeblich „sehr fürchtete". Sollte ihr späterer Liebhaber, Friedrich August von Sachsen, ihr bereits in Hamburg Avancen gemacht haben, vor denen sie zu flüchten versuchte?

In der Folge all dieser Begebenheiten fasste Maria Aurora den Entschluss, mit Horn zu brechen. Ihre Begleiter atmeten auf, sahen sie es doch als letzte Chance für sie, nicht mit in den Abgrund von Schulden und Verderben gerissen zu werden. Hansen gab zu bedenken, „sie wird Mühe haben, sich bei denen wieder in Achtung zu bringen, die alle ihre Schritte gesehen haben, die sicherlich langdauernden Eindruck hinterlassen." In Anbetracht ihrer Vergangenheit prophezeite er ihr, dass sie eines Tages Muße haben werde, ihre Vergangenheit zu bereuen.[27]

Aus freien Stücken zog sich Maria Aurora aus der Öffentlichkeit zurück und suchte Zuflucht in Quedlinburg. Wo konnte sie besser zur Besinnung kommen, als im Schutz altehrwürdiger Klostermauern. Die Äbtissin des frei weltlichen und kaiserlichen Stifts Quedlinburg, die Prinzessin Anna Dorothea von Sachsen-Weimar, ihre mütterliche Freundin,[28] nahm sie liebevoll auf und bot ihr die Ruhe, die sie benötigte, um im Strudel ihrer Gefühle wieder zu sich selbst zu finden. Die einsamen Monate in Quedlinburg beeindruckten Maria Aurora nachhaltig. Sie stellten sich ihr im scharfen Kontrast zu ihrem bisherigen Leben als eine attraktive Alternative dar, auf die es sich lohnen würde, zurückzukommen.

Während dieser Zeit erfuhr sie vom frühen Tod der schwedischen Königin Ulrike Eleonora, mit der sie von Kindheit an befreundet gewesen war. „Ich versichere ... dass, wenn es nur an mir gelegen hätte, ich gerne mein Leben hergegeben haben würde, um das ihre zu erhalten", schrieb sie erschüttert an ihren Vormund in Schweden und leistete in diesem Brief ein seltenes Bekenntnis zu ihrem schwedischen Mutterland mit den Worten: „Ich bin ein guter Untertan."[29] Sie verfasste auf die Monarchin ein anrührendes Abschiedsgedicht in deutschen Alexandrinern mit dem Titel: „Die klagende Welt".[30] Nichtsdestoweniger machte sie sich Gedanken über eine neue Königin: „Gott möge … unserem Monarchen wiedergeben, was er verloren hat, d.h. eine Königin, die würdig ist, ihr nachzufolgen." Wenngleich sie Vorschläge bereithielt, wie z.B. die Prinzessin von Wolfenbüttel, sollten sich ihre Hoffnungen auf Vermittlung einer neuen dynastischen Heirat nicht erfüllen. Karl XI. von Schweden blieb unvermählt.[31]

Kaum nach Hamburg zurückgekehrt, trat der unglückselige Horn wieder auf den Plan und fuhr fort, Maria Aurora mit Anträgen zu verfolgen: „Um Gottes willen, lassen Sie mich nicht ohne Nachricht", beschwor er sie im April 1694, „Sie wissen ja, wie jedes Ihrer Worte mir alle Unannehmlichkeiten der Welt ausgleicht und dass Sie allein über meinen Seelenfrieden gebieten".[32] Vergeblich versuchte er, „Ihren Vorwürfen der Unzuverlässigkeit" zu begegnen, indem er ihr versicherte „dass Sie Ihre Edelsteine wiederhaben sollen".[33] Alle Bemühungen, seine Existenz auf eine solide Grundlage zu stellen, seine Beschwichtigungen, „dass ich nicht so schulderfüllt bin, wie ich das Unglück habe, in Ihren Augen zu erscheinen",[34] seine leidenschaftlichen Liebesschwüre und Versicherungen, dass er sie seit seiner frühesten Jugend „mit unverletzlicher Treue" angebetet habe, stießen bei Maria Aurora inzwischen auf taube Ohren.[35] Sie wollte nichts mehr von ihm wissen. Auf sein larmoyantes Angebot: „In jedem Augenblick bin ich bereit, Ihnen selbst durch meinen Tod den Beweis völliger Hingebung abzulegen", reagierte sie mit Verachtung, Vorwürfen oder wie Horn es nannte „Ungerechtigkeit". Auch die Gedichte, die er ihr zusandte, „Proben meiner Beschäftigung in der Einsamkeit", erreichten nicht mehr ihr Mitgefühl. Vielmehr zeigte sie sich von ihm getäuscht und enttäuscht und forderte unnachgiebig die Summen und die Edelsteine zurück, mit denen sie ihm ausgeholfen hatte. Konsequent ging sie ihm in Zukunft aus dem Weg, vermied sogar, nach Braunschweig oder Leipzig zu fahren, wenn sie wusste, dass Horn sich dort aufhielt.[36]

Wie Recht hatte Horn mit den Worten, die er ihr in seinem letzten Brief schrieb, der sich mit der Nachricht vom Verschwinden Philipp Königsmarcks kreuzte: „Sie haben mir so oft bewiesen, dass aller mich treffende Kummer, dass mein Flehen und meine Tränen Ihre Pläne auch nicht für einen Augenblick wanken machen ... dass Sie allem zuwider Ihrer Richtung ... folgen".[37]

Die Suche nach dem verschollenen Bruder

In der Tat beschritt Maria Aurora neue Wege. Der Tod ihres geliebten Bruders Philipp Christoph war, wie schon das Ableben der Mutter, ein Wendepunkt in ihrem Leben. Die Episode Horn sollte endgültig der Vergangenheit angehören.

Die Nachricht vom spurlosen Verschwinden Philipps erreichte sie in Wolfenbüttel, wo sie auf ein Engagement im herzoglichen Theaterwesen hoffte. Diese neue Perspektive wurde von der Familie lebhaft befürwortet. Ihr Schwager, der sich verantwortlich für sie fühlte, wünschte „ihr so guter Plan in Wolfenbüttel wäre geglückt; sie fände dort ein sicheres Unterkommen und wir würden befreit von aller Sorge".[38] Doch ehe dieser Traum Wirklichkeit werden konnte, wurde sie von den familiären Ereignissen eingeholt. Das Unglück Philipps zog die ganze Familie in seinen Bann.

In dieser tragischen Situation richteten sich alle Augen auf Maria Aurora. Ihr traute man die meiste Überlegung und Umsicht zu. Der Sekretär Philipps, Hildebrandt, nannte als Ursache, warum er sie und nicht ihre Schwester Amalie von Löwenhaupt von den Vorgängen informiert hatte: „Ich glaubte, dass Ihre Klugheit den Kelch mit mehr Standhaftigkeit trinken würde." „Ihre Gegenwart ist so notwendig", fuhr er fort, „ich beschwöre Sie ... zeichnen Sie mir in klaren und bestimmten Worten vor, was ich nach Ihrer Meinung zu tun habe."[39] Er selbst verzweifelte angesichts der Hinterlassenschaft des Grafen: 52 Pferde und Maultiere, für die wöchentlich mehr als 30 Taler Kostgeld zu zahlen waren, und 29 Domestiken und zahlreiche Handwerker, die auf ihren Sold warteten.

So hoffnungslos die Lage auch schien, Maria Aurora enttäuschte die Erwartungen nicht. Sie ging überlegt und zielgerichtet vor. Als Erstes verfasste sie mit ihrer Schwester eine schriftliche Eingabe an den Hannoveraner Kurfürsten Ernst August, in der sie ihn direkt mit der Tatsache konfrontierte, dass ihr Bruder „aus der Residenz Eurer Kurfürstlichen Durchlaucht" verschwunden sei. Sie bat ihn, die Vorgänge zu erklären und „mit erbarmenden Blicken auf unsere erlöschende Familie zu schauen und uns zu sagen, was wir in dieser unglücklichen Lage zu tun haben".[40] Eine Antwort Ernst Augusts ist nicht überliefert. Wahrscheinlich hat es nie eine gegeben. Jedenfalls sehen wir Maria Aurora, begleitet von ihrer Schwester, schleunigst nach Hannover reisen, um sich persönlich der Nachforschungen anzunehmen. Sie wollte Gewissheit haben, wenngleich sie schon nach kurzer Zeit an Philipps Überleben zweifelte. Am 8. Juli schrieb sie an einen unbekannten Vertrauten: „Sie können sich den beklagenswerten Zustand vorstellen, in welchem ich mich seit dem Verschwinden des einzigen Bruders befinde, dessen Person mir lieber als mein eigenes Leben. Ich werde ihn in meiner Verzweiflung überall suchen … und werde mich niemals im Leben beruhigen können."[41] Ihre Bemühungen liefen indes ins Leere. Am Hof in Hannover fertigte man sie mit der lapidaren Auskunft ab, man wisse von nichts und sei schließlich nicht der Hüter des Grafen.[42] Auch in Celle, wohin sie sich inkognito begab, um mit aller gebotenen Zurückhaltung um Hilfe zu bitten, weigerte man sich, sie zu empfangen.

Es blieb nur eine einzige Adresse, an die sie sich noch wenden konnte, eine einzige Person, die Interesse am Schicksal ihres Bruders haben musste: Sie entschloss sich, nach Dresden zu reisen, um den alten Freund und neuen Dienstherrn Philipps, den sächsischen Kurfürsten Friedrich August, um Hilfe zu bitten.

Friedrich August konnte das Verschwinden Philipp Königsmarcks nicht gleichgültig sein, hatte er den Grafen doch erst jüngst als Generalleutnant der sächsischen Armee in seine Dienste genommen. Auch er war schon von dem Sekretär Hildebrandt über den Vorfall in Hannover informiert worden und hatte bereits – noch bevor Maria Aurora in Dresden erschien – Maßnahmen ergriffen. Er hatte den schwedischen Edelmann und Offizier Freiherr Johan Banér nach Hannover entsandt und mit dem Hinweis darauf, dass Königsmarck in sächsischen Militärdiensten stünde, eine gerichtliche Untersuchung gefordert. Der britische Gesandte schilderte im Juli 1694, wie man in Dresden die Vorgänge sah: „Unser Kurfürst hat einen seiner Adjutanten nach Hannover geschickt mit der Anweisung, wie ich glaube, den Schlag aufzuhalten, wenn er noch nicht gefallen ist. Aber vermutlich machen jetzt die Fürsten gemeinsame Sache, und unser Kurfürst ist durch den Vorfall seine Schuld von dreißigtausend Talern losgeworden, die er vor zwei Jahren im Spiel an diesen Königsmarck verloren hatte. Man hat mir erzählt, Königsmarcks Schwester rase wie Kassandra und wolle wissen, was aus ihrem Bruder geworden sei; aber in Hannover antworteten sie wie Kain, sie seien nicht ihres Bruders Hüter."[43]

Auch Friedrich Augusts Abgesandter biss auf Granit. Mit dem fadenscheinigen Argument, der Verschwundene sei nach Aussagen seiner Dienerschaft häufiger nachts ausgeblieben, wurde eine förmliche Untersuchung für überflüssig angesehen. Auf die Anfrage, warum unter solchen Umständen der Kurfürst eine Hausdurchsuchung in Philipps Wohnung angeordnet und die Papiere des Grafen versiegelt habe, wurde erklärt, Königsmarck sei trotz seines Engagements in Dresden noch Hannoveranischer Offizier gewesen und es sei üblich, beim Ableben eines höheren Militärs bei diesem nach Staatspapieren zu suchen.[44]

So war der Stand der Dinge, als Maria Aurora beschloss, sich an den sächsischen Kurfürsten zu wenden. In der Vorbereitung der Reise stellte sie ein Promemoria zusammen mit dem Titel: „Denkschrift über das Schicksal des verschwundenen Grafen Königsmarck", das sie nach Dresden vorausschickte, um sich damit ein Entree bei Friedrich August zu verschaffen. Den französisch abgefassten Entwurf bewahrte sie ihr ganzes Leben, bis zu ihrem eigenen Tod auf.[45] Wie hätte sie ihren Auftritt besser vorbereiten können, als mit der schmeichelnden Prophezeiung, die sie darin formulierte: „Der Kurfürst von Sachsen ist also der einzige Erretter, der ihm das Leben erhalten kann."

Mätresse Augusts des Starken

Als Maria Aurora im August 1694 in Dresden einreiste, befand sich Sachsen auf dem Sprung, politisch und kulturell einen Platz unter den ersten deutschen Ländern einzunehmen.

Der verstorbene Kurfürst Johann Georg III. (1647–1691) hatte mit seiner prohabsburgischen Politik und seinen Erfolgen in den Türkenkriegen, vor allem seiner Beteiligung an der Schlacht am Kahlenberg 1683 gegen die Osmanen, die Blütezeit Sachsens eingeleitet. Schon unter seiner Regierung hatte die süddeutsche Barockkultur Eingang in Kursachsen gefunden, die sich unter seinem Sohn Friedrich August prachtvoll durchsetzen sollte. Aus der Ehe des Kurfürsten mit der dänischen Prinzessin Anna Sophie, der Tochter König Friedrichs III. von Dänemark, waren zwei Söhne hervorgegangen: Johann Georg (1668–1694) und Friedrich August (1670–1733).

Johann Georg, der seinem Vater 1691 nach dessen frühem Tod in der Kurwürde nachfolgte, trat auch politisch in seine Fußstapfen, indem er sich weiterhin am Reichskrieg gegen Frankreich beteiligte, und vor allem, indem er den Bündnisvertrag mit den Habsburgern erneuerte. In die Geschichte eingegangen ist er jedoch durch eine private Liaison, die ihn sogar das Leben kostete. Obgleich verheiratet mit der verwitweten Markgräfin Erdmuthe Luise von Brandenburg-Ansbach, führte er eine Nebenehe mit Sibylle Magdalena von Neitschütz. Dank seiner guten Kontakte nach Wien ließ er die Neitschütz zur Reichsgräfin von Rochlitz erheben. Als die junge Frau, die ihn in den Feldzug gegen Frankreich begleitete, an den Pocken erkrankte, steckte sich der Kurfürst bei ihr an und hauchte am 27. April 1694, drei Wochen nach ihr, sein erst 26 Jahre altes Leben aus.

Die Affäre war mit dem Tod beider noch nicht beendet.

Da man Konspiration vermutete, wurde die Mutter Sibylles wegen Hexerei angeklagt. Der neue Kurfürst Friedrich August ließ das merkwürdige Verfahren schließlich einstellen.

Friedrich August, Kurfürst von Sachsen, König von Polen

Friedrich August als nachgeborener Prinz nicht für eine Herrscheraufgabe vorgesehen, genoss, wie es üblich war, eine militärische Erziehung. Zwischen 1685 und 1687 wurde er auf eine Kavalierstour durch die west- und südeuropäischen Länder geschickt. Sie hatte den Zweck, ihn an ausländischen Höfen einzuführen, ihm gewandte Umgangsformen und diplomatische Erfahrungen anzueignen, ihn in den Fremdsprachen zu üben und ihm die Lebensart anderer Länder zu vermitteln, kurz ihn zu einem perfekten Kavalier nach dem Geschmack der Zeit auszubilden. Die nachhaltigsten Eindrücke erfuhr er im Paris Ludwigs XIV., aber auch in Italien und dort vor allem in Venedig, das er 1689 zur Zeit des Karnevals besuchte. Hier wurde er mit der Kunst und Kultur des Südens vertraut gemacht. Hier sammelte er Ideen und Anregungen für die Ausgestaltung seines höfischen Stils, des Zeremoniells der Hoffeste sowie für die städtebauliche Entwicklung Dresdens und Warschaus.

So angefüllt mit neuen Ideen und Visionen übernahm Friedrich August die Regierungsverantwortung in Sachsen 1694 nach dem plötzlichen Tod seines älteren Bruders Johann Georg IV. Er war noch ein junger Mann von 24 Jahren, zwar überaus ehrgeizig, aber unerfahren und unvorbereitet für die vor ihm liegenden Aufgaben.

In den äußeren politischen Beziehungen knüpfte er an die prohabsburgische Politik seiner Vorgänger an und beteiligte sich 1695 und 1696 als kaiserlicher Oberbefehlshaber am Feldzug gegen die Türken in Ungarn. Obwohl ihm dort der militärische Erfolg versagt blieb, ließ er sich nicht entmutigen und nahm stattdessen sein nächstes, in seiner Tragweite alles bisherige übertreffende Ziel ins Visier: Er bewarb sich um die nach dem Tod Johann Sobieskis im Juni 1696 vakant gewordene polnische Königskrone.

Diese Krone versinnbildlichte eine fantastische Machtvorstellung. Polen war ein sehr weites Land, es reichte von der Ostsee bis zum Schwarzen Meer. Die kursächsischen und polnischen Territorien stießen an der Oder fast zusammen und bildeten eine riesige Ländermasse vom Thüringer Wald im Westen bis über Kiew im Osten hinaus. Dieser einzigartigen Herausforderung konnte August der Starke nicht widerstehen. Sie öffnete ihm den Eintritt in die große europäische Politik.

Zwei Hürden galt es auf dem Weg dahin zu überwinden: die Ausschaltung der Konkurrenten und der Übertritt zum Katholizismus als Vorbedingung für die Thronkandidatur. Friedrich August trennte sich, gegen erbitterten Widerstand aus seiner eigenen Familie, als Landesherr vom Glauben seiner sächsischen Untertanen. Als seine Konversion bekannt wurde, erhob sich in Sachsen ein Sturm der Entrüstung. Böse Stimmen lästerten, er sei Lutheraner von Geburt, Mohammedaner seinen Begierden nach und Katholik aus Ehrgeiz gewesen.[1]

Polen war ein Wahlkönigtum. Nach der Verfassung wählte der vom Hochadel beherrschte Reichstag den König in einstimmiger Wahl. Das Veto eines einzigen Abgeordneten konnte die Wahl verhindern. Aus diesem Grund waren Bestechungen gang und gäbe. Die Mitglieder des Reichstages verkauften ihre Stimmen an den Meistbietenden. Friedrich August musste seine gesamten Rücklagen aufwenden, um den Mitbewerber, den französischen Favoriten Prinz Conti aus dem Hause Bourbon, der die Unterstützung Ludwigs XIV. besaß, aus dem Rennen zu schlagen. Die Verteilung der Bestechungsgelder besorgte sein vertrauter Berater Graf Jakob Heinrich von Flemming (1667–1728), der später Feldmarschall und von 1712 bis 1728 sein Kabinettsminister wurde. Wir werden ihm noch begegnen.

Am 15. September 1697 ließ Friedrich August sich in Krakau zum König von Polen und Großherzog von Litauen krönen. Er nannte sich von nun an August II. König von Polen.

Sein Heimatland Sachsen rückte zunehmend in den Schatten seiner hochfliegenden politischen Ziele. Für die Zeiten seiner Abwesenheit setzte er in Dresden als Statthalter Fürst Anton Egon von Fürstenberg (1656–1716) ein. Seine neue Hauptresidenz wurde Warschau. Die großen politischen Vorgänge waren aber auch weiterhin in Sachsen zu spüren. Der Konfessionswechsel des Kurfürsten schuf Distanz und hatte weit reichende Auswirkungen auf die innenpolitische Situation des Kurfürstentums. So hatte er mit seinen Versuchen, in der Auseinandersetzung mit den Landständen, Forderungen des fürstlichen Absolutismus durchzusetzen, nicht den gewünschten Erfolg. Sowohl finanziell wie auch militärisch blieb August in Sachsen abhängig von der Bewilligung durch die Stände.

Auch sonst brachte ihm die polnische Krone wenig Glück. Als König von Polen ließ er sich in eine Auseinandersetzung mit dem Schwedenkönig Karl XII. ein, die in den großen Nordischen Krieg von 1700 bis 1721 mündete. Er verlor gegen den Schweden nicht nur eine Schlacht nach der anderen, sondern für einige Jahre sogar seine Königskrone. Sein Heimatland wurde durch die lange schwedische Besatzungszeit schwer in Mitleidenschaft gezogen und erholte sich nur langsam. Auch nachdem er die Königskrone zurückgewonnen hatte, sah er sich ständig mit oppositionellen Bewegungen des polnischen Adels konfrontiert, die sich gegen seine absolutistischen Ansprüche empörten. Die politischen Großmachtträume Augusts ließen sich auf Dauer nicht halten und scheiterten endgültig unter seinem Sohn August III.

Wenn man von seiner Regierungszeit als dem „Augusteischen Zeitalter" spricht, so hat man eher die kulturelle Blüte Sachsens zu Beginn des 18. Jahrhunderts im Blick.

August versuchte, die Prachtentfaltung, die er auf seiner Kavalierstour an den europäischen Höfen gesehen hatte, auch am Dresdner Hof einzuführen. Er zog Künstler aus allen Ländern in die sächsische Hauptstadt, schuf die berühmten Gemäldesammlungen und das „Grüne Gewölbe", prächtige barocke Bauwerke wie den Dresdner Zwinger, Schloss Pillnitz oder Schloss Moritzburg und förderte Erfindungen auf technischem und künstlerischem Gebiet wie die Errichtung der ersten abendländischen Porzellanmanufaktur in Meißen.

Friedrich August machte Dresden zu einem zentralen Ort der Kunstpflege und Kunstförderung und stilisierte sich selbst zum Prototypen des Barockfürsten und Mäzens. Zu diesem Bild gehörten persönliche Charakterzüge wie Genialität, unbändige Lebensfreude und Großzügigkeit, Vergnügungssucht, Hemmungslosigkeit und außerordentliche Kraftleistungen. Die Körperkräfte, denen August seinen späteren Beinamen, August der Starke, verdankte, befähigten ihn angeblich, ein metallenes Hufeisen mit der bloßen Hand zu verbiegen. Seine robuste physische Konstitution erlaubte ihm, lange Zeit einen ausschweifenden, ruinösen Lebenswandel zu führen, ohne seine Gesundheit zu gefährden. Seine Vergnügungssucht und Mätressenwirtschaft wurden legendär. In maßloser Übertreibung dichtete man ihm fast so viele uneheliche Kinder an, wie das Jahr Tage hatte.

Hinter dieser luxuriösen Fassade stand jedoch ein politisches Konzept. Friedrich August demonstrierte mit der grandiosen städtebaulichen Architektur, mit der er Dresden überzog, und mit der opulenten Festkultur seines Hofes, die mit den bedeutendsten Höfen Europas wetteiferte, seinen absolutistischen Machtanspruch. In einer Zeit, in der es noch keine abstrakte Staatsvorstellung gab, personifizierte der Herrscher die staatliche Macht, die allein in ihm ihr gesellschaftliches und politisches Zentrum hatte. So wie in Versailles das höfische Leben in der Person Ludwigs XIV. kulminierte, war in Sachsen August der Starke der Mittelpunkt aller Inszenierungen. Dementsprechend dienten die permanenten Hoffeste des sächsischen Kurfürsten und polnischen Königs weniger dem Amusement und der Zerstreuung als der Repräsentation seiner zentralistischen Machtvollkommenheit. Mit verschwenderisch reichem Aufwand und ausgeklügeltem Raffinement wurde eine Festtradition gepflegt und zu höchster Vollendung geführt, die jedermann Rang und Bedeutung des Staatsoberhauptes vor Augen führen sollte.

Die „Göttin der Morgenröte" in Dresden

In diese Aufbruchstimmung einer neuen Ära stieß Maria Aurora von Königsmarck, von den Zeitgenossen poetisch verklärt, als Morgenröte am sächsischen Himmel. Der kurfürstliche Hofmeister Christian August Haxthausen schrieb am 27. Juli: „Die ältere Schwester des unglücklichen Grafen Conismarcks ist im Anzuge, um die Assistance dieses Hofes zu implorieren wegen ihres Bruders."[2] Vierzehn Tage später war sie da, in Begleitung ihrer türkischen Pflegetochter Fatima.

Maria Aurora war mit gemischten Gefühlen nach Dresden gegangen, wusste sie doch nur zu gut, auf wen sie dort treffen würde. Sie hatte den neuen Kurfürsten Friedrich August ja bereits in Hamburg kennen- und, wie ein Beobachter der Hamburger Szene mitteilt, sogar fürchten gelernt.[3] Damals war er noch ein nachgeborener Prinz, ohne Aussichten auf ein regierendes Amt, aber mit einer bereits offenkundigen Schwäche für das weibliche Geschlecht. Maria Aurora hatte ablehnend auf seine Avancen reagiert. Doch als er nach dem unerwarteten Tod seines Bruders Johann Georg IV. von Sachsen am 27. April 1694 die sächsische Kurwürde übernahm, verfolgte sie mit neuem Interesse die Nachrichten von seiner Thronbesteigung. Claes Gustav Horn, der sich gerade in Sachsen um ein Regiment bemühte, hielt sie auf dem Laufenden. Ohne zu ahnen, dass er von seinem künftigen Nebenbuhler sprach, schwärmte er: „Sie können nicht glauben, wie bezaubert man von unserem jungen Fürsten ist; er tat bisher alles zum Besten des Landes; so verspricht man sich von ihm eine möglichst glückliche Regierung."[4] Maria Aurora beeilte sich ihrerseits, Friedrich August mit einem Huldigungsgedicht zu gratulieren, in dem auch sie ihm eine glorreiche Herrschaft prophezeite.[5] Persönlich wahrte sie jedoch noch Distanz und lehnte das Angebot ihres Bruders Philipp Christoph von Königsmarck ab, anlässlich seines Dienstwechsels mit ihm nach Dresden zu gehen. In ihrer Umgebung verstand man ihre Beweggründe nicht und ihr Schwager Löwenhaupt meinte, sie könne durchaus Philipp begleiten, ohne dass etwas dagegen zu sagen wäre.[6]

Als wenig später mit dem Verschwinden Philipps das Unglück über die Familie hereinbrach, erschien es ihr vernünftig, ja unumgänglich, in eigener Person bei Friedrich August vorzusprechen. Es ging ja diesmal nicht um sie, sondern um den verschollenen Lieblingsbruder. Wer, wenn nicht der sächsische Kurfürst, konnte ihr bei der Suche behilflich sein, war er doch nicht nur der neue Dienstherr Philipps, sondern auch sein langjähriger Freund und Reisekamerad.

Der englische Gesandte berichtet über ihre Ankunft: „Die Schwester Conismarcks ist unter dem Vorwand hergekommen, den Kurfürsten zu bewegen, bei den Herzögen von Braunschweig-Lüneburg die Sache wegen der Freigabe ihres Bruders etwas lebhafter als bisher zu betreiben, wenn dieser noch am Leben ist; sie glaubt, dass er es ist."[7]

Außerdem gab es ja noch die Spielschuld des Kurfürsten gegenüber dem Grafen Königsmarck, ein kleines Vermögen in Höhe von 30 000 Talern. Friedrich August hatte diese Summe noch nicht beglichen. Angesichts der betrüblichen pekuniären Situation der Grafenfamilie und des Umstandes, dass man an das Erbe Philipps nicht herankam, schien es verlockend, wenigstens diese 30 000 Taler einzutreiben. Entsprechend schrieb der englische Diplomat weiter: „Wenn der Graf nun gestorben ist, vermute ich, dass der letztere Teil ihres Anliegens der sein wird, wenn es möglich ist, einen Teil der 30 000 Taler herausfordern zu suchen, welche der Kurfürst an ihren Bruder in Flandern verloren hat und ich für meinen Teil glaube, dass sie seinen Tod nicht so schwer nehmen würde, wenn sie nur ihren Finger mit in seine Hinterlassenschaft bekommen könnte."

Welches auch ihre Beweggründe letztlich gewesen sein mögen, der Weg nach Dresden war notwendig geworden. Angenehm überrascht erlebte Maria Aurora den zuvorkommenden Empfang, den ihr der Kurfürst bereitete. August wusste, was er ihr schuldig war. Er hatte die umschwärmte Gräfin in Hamburg inmitten ihrer Verehrer erlebt. Er wusste von seiner Mutter, die eine Schwester der schwedischen Königin war, welches Ansehen Maria Aurora am schwedischen Hof genossen hatte. Auf die Nachricht von ihrer Ankunft brach er seinen Besuch auf der jährlichen Leipziger Messe ab und eilte nach Dresden zurück. Er räumte ihr nicht nur eine Unterkunft im Schloss ein, sondern ehrte sie darüber hinaus mit einem zweimaligen festlichen Souper im Haus des Geheimrats Haxthausen. Es konnte ihr nicht besser gehen; doch in der Sache kam man nicht weiter. Maria Aurora reiste noch im August wieder ab, ohne Klarheit erlangt zu haben. Böse Stimmen behaupteten gar, die Höflichkeiten des Kurfürsten hätten „nur dazu dienen sollen, sie mit schönen Worten loszuwerden, da nun nichts mehr für ihren Bruder gemacht werden kann".[8] Stillschweigend ging man in Dresden vom gewaltsamen Tod Königsmarcks aus. August ließ dem Hannoveraner Kurfürsten nur noch formaliter mitteilen, er wünsche informiert zu werden, falls es Neuigkeiten über das Verschwinden des Grafen gäbe.

Die Familie konnte sich indes nicht so leicht abfinden mit der schrecklichen, aber immer offenkundigeren Wahrheit. Maria Aurora sah man für einige Wochen in Hannover, wo sie gemeinsam mit ihrer Schwester und ihrem Schwager die Nachforschungen fortsetzte und sich um die Hinterlassenschaft Philipps kümmerte. Sie leiste mehr, so beobachtete man, „als man von einer Person ihres Geschlechtes erwarten kann".[9] Mit dieser so gering geschätzten weiblichen Energie verfolgte sie noch auf Jahre hinaus die hoffnungslose Suche nach Klarheit. Im November 1696 erfahren wir von Amalie von Löwenhaupt: „Meine Schwester schreibt mir, an einem Ort gewesen zu sein, wo man ihr Nachricht von meinem Bruder verhieß, und wirklich habe sie einen Mann gesprochen, der ihr die Versicherung seines Todes gegeben, unter so traurigen Umständen, dass sie in tiefer Betrübnis nach Quedlinburg zurückgekehrt ist. Immer noch hatte sie leise Hoffnung, er sei noch am Leben, oder wenigstens, dass er an seinen Wunden gestorben, was aber seine Henker nicht abwarten wollten."[10]

Trotz der wachsenden Aussichtslosigkeit ihrer Bemühungen gelang es Maria Aurora in dem verwirrenden Spiel jener Tage, Perspektiven für sich selbst zu entdecken. In Hannover konnte sie sich auf Dauer nicht halten. Gesellschaftlich akzeptiert wurde sie in ihrer heiklen Situation nur in Dresden. So kehrte sie in den folgenden Monaten immer wieder in die sächsische Hauptstadt zurück. „Diesmal wohne ich nicht bei Hofe", schrieb sie in einem undatierten Brief an einen Hamburger Freund, „da ich bei meiner Ankunft das kurfürstliche Paar nicht in der Stadt traf", und fügte vieldeutig hinzu: „Ich hoffe so, der médisance ein Ende zu machen."[11]

Welche Verleumdung konnte sie meinen? Sollte es schon bei ihren ersten Besuchen im Herbst 1694 Gerüchte über aufkeimende zarte Gefühle zwischen dem Kurfürsten und ihr gegeben haben? Oder bezogen sich ihre Bedenken auf den Ruf von Abenteuerlust und Leichtsinn, der ihr überallhin vorauseilte? Noch versuchte sie sich bedeckt zu halten: „Die Nachricht, die mich betrifft", schrieb sie in einem Brief, „ist ja ganz ungewöhnlich. Weiß man denn nicht, dass der Herr Kurfürst die Frau Kurfürstin liebt und verehrt. Ich glaube nicht, dass man die türkische Mode einführt."[12]

Doch als sie erkannte, dass sie ihrem Schicksal nicht entrinnen konnte, beschloss sie, die vagen Andeutungen durch handfeste Fakten zu ersetzen. Oft genug hatte man ihr Komplimente gemacht wegen ihrer Schönheit, ihres Charmes, ihrer Bildung und ihres Verstandes. Nun setzte sie sich in den Kopf, das Charisma, das sie nachweislich umgab, und ihre legendäre Wirkung auf Männer auszunützen und diese Talente am jungen sächsischen Kurfürsten zu erproben.

So hielt sie sich bereit, als August nach sechswöchigem Aufenthalt auf der Leipziger Herbstmesse am 21. Oktober nach Dresden zurückkehrte. Was sie sich von einer Beziehung im formalen Sinn erwarten konnte, war von vornherein klar determiniert. Friedrich August war nämlich seit 1693 verheiratet mit Christiane Eberhardine Prinzessin von Brandenburg-Bayreuth (1671–1727).

Diese Ehe war eine typische dynastische Verbindung. Paare aus fürstlichen Häusern wurden aus politischen Gründen verheiratet mit dem Auftrag, für Sukzession zu sorgen. Unterschwellig gab es natürlich immer die Hoffnung, dass sich aus diesen Zweckbündnissen irgendwann ein romantisches Gefühl entwickeln würde. Erfüllte sich diese Erwartung nicht, lebte man in unverbindlicher Distanz. Man begegnete sich bei offiziellen Anlässen mit Höflichkeit und Respekt und mied ansonsten, wenn die Aufgabe der Nachfolge erledigt war, den ehelichen Kontakt und eine unnötige Nähe. Der schwedische König Karl XI. brachte diese Anschauung recht drastisch auf den Nenner, er habe seine Gemahlin Ulrike Eleonora geheiratet, „nicht um Uns Ratschläge in Staatsangelegenheiten zu erteilen, sondern um Uns Kinder zu gebären".[13] Die Gemahlin Augusts, Christiane Eberhardine „mit dem langen Gesicht", kam ihren Pflichten als Fürstengattin nur mit verhaltenem Enthusiasmus nach. Nachkommenschaft stellte sich in den ersten Jahren noch nicht ein. Schüchtern und linkisch konnte sie mit ihrem gewandten Gatten auf dem glatten höfischen Parkett kaum Schritt halten. Seinen Konfessionswechsel im Zusammenhang mit der Bewerbung um die polnische Königskrone verurteilte sie aufs Schärfste. Sie selbst blieb ihrem evangelischen Glauben treu. Sie weigerte sich, ihm nach Polen zu folgen und führte auf Schloss Pretzsch ein zurückgezogenes, der Askese und den Werken der Nächstenliebe gewidmetes Landleben. Als „Betsäule Sachsens" verspottet, trat sie in der Öffentlichkeit kaum noch in Erscheinung.

Da sie August, den erfahrenen Frauenhelden, schon bald nicht mehr zu fesseln vermochte, lag es nahe, dass er dem Beispiel seines Bruders und Vaters sowie dem Vorbild fast aller regierenden Fürsten seiner Zeit folgte und sich eine Mätresse nahm. Im 17./18. Jahrhundert war diese Praxis keineswegs ehrenrührig oder moralisch anstößig. Das Mätressenwesen war eine unmittelbare Folge der dynastischen Ehe. Es wurde von der Gesellschaft als eine Beziehung akzeptiert, die dem Herrscher erlaubte, das Glück einer Liebesbeziehung zu erleben, die ihm offiziell aus Gründen der Staatsräson verwehrt war, und es galt als Zeichen seiner fürstlichen Würde. Sogar die Rechtswissenschaft fand sich zu verbindlichen Begründungen bereit. Drei Professoren der juristischen Fakultät von Halle erklärten 1716 in einem Gutachten über die Stellung der Gemahlin und der Mätresse: „Das odium in concubinas (strafrechtliche Verfolgung der Beischläferinnen) muss bei großen Fürsten und Herren cessieren (aufhören), indem diese den legibus privatorum poenalibus (zivilen Strafgesetzen) nicht unterworfen, sondern allein Gott von ihren Handlungen Rechenschaft geben müssen."[14]

Die Staatsmätresse, die „Maîtresse en titre", war im absolutistischen Staat eine höfische Institution und bekleidete quasi ein öffentliches Amt. Sie war eine politische Figur und hatte auf Zeit den höchsten Rang nach dem Fürsten und eine Schlüsselposition am Hofe inne. Sie nahm an Staatsakten, Empfängen und Festlichkeiten teil und diente dazu, dem Hof Glanz und Bedeutung zu verleihen, so wie dies die Favoritinnen der französischen Könige Ludwig XIV. und Ludwig XV. beispielhaft getan haben. Sie galt sozusagen als Statussymbol, das den Hof aufwertete. Die offizielle Mätresse war nicht zwingend von adeliger Abstammung. Ihre Stellung basierte, unabhängig von Herkunft oder Vermögen, allein auf der Gunst des Herrschers beziehungsweise der Willkür seiner Gefühle, die sich jederzeit ändern konnten. In der Zeitspanne, in der sie sein Wohlwollen genoss, musste sie darauf dringen, dauerhafte Vorteile für sich zu sichern und für ein Leben nach der fürstlichen Gnade vorzusorgen. Das Amt der Staatsmätresse war demnach einerseits lukrativ und privilegiert, andererseits aber auch riskant und unsicher.

Nicht jede Geliebte Augusts des Starken erreichte das hohe Amt der Staatsmätresse. Die Gräfin Königsmarck war die erste. Später gelangten nur noch die Fürstin Lubomirska alias Fürstin von Teschen und Anna Constantia Gräfin Cosel zu diesen Ehren. Diese bekannteste und vielleicht profilierteste der Geliebten Augusts sollte, nachdem sie dem König drei Kinder geschenkt hatte, daran scheitern, dass ihr die Rolle der Staatsmätresse nicht mehr genügte und sie, entgegen den Rechtsvorstellungen der Zeit, von August ein schriftliches Eheversprechen verlangte. Sie forderte, dass er sie nach dem

Tod seiner Gemahlin zur Kurfürstin von Sachsen und Königin von Polen und die gemeinsamen Kinder zu erbberechtigten Prinzen und Prinzessinnen erheben sollte. Als die Cosel ihre Ansprüche auf die Spitze trieb, dem König mit Erpressung drohte und sich politisch einmischte, ließ er sie die in Wirklichkeit rechtlose Position einer Mätresse am eigenen Leib erfahren, indem er für immer mit ihr brach, ihr sämtliche Vergünstigungen und Geschenke wieder nahm und sie für fünfzig Jahre, bis zum Ende ihrer Tage auf der Burg Stolpen in Festungshaft gefangen hielt. Maria Aurora pflegte mit der Cosel so lange eine freundschaftliche Korrespondenz, wie die Mätresse sich der kurfürstlich-königlichen Gunst erfreute. Als August sie fallen ließ, forderte die Gräfin Königsmarck auch ihre Briefe zurück.[15]

Von den zahlreichen weiteren Mätressen Augusts des Starken soll nur noch die kleine Türkin Fatima genannt werden, die als Pflegetochter der Gräfin Königsmarck in der Taufe deren Namen angenommen und mit der Gräfin nach Sachsen gekommen war. Das herzliche Einvernehmen der beiden Damen war schlagartig beendet, als Fatima 1702 ein Kind des Polenkönigs zur Welt brachte und vier Jahre später ein zweites. Amalie Löwenhaupt ereiferte sich über ihre Dreistigkeit: „Ich glaube, dass die undankbare Türkin eines schönen Tages ihr Hofleben mit dem Königstein umtauschen wird müssen. Sie hat es wohl auch verdient. Das liederliche Tier. Wir können mit Recht sagen, dass wir eine Schlange an unserem Busen genährt haben.“[16] Nach dem Ende ihrer Liaison mit dem König wurde Fatima mit dem königlichen Kammerdiener Graf Spiegel verheiratet.

Maria Aurora empfahl sich bei ihren ersten Auftritten in Dresden für die Rolle einer Staatsmätresse. Geschickt verstand sie es, sich in Szene zu setzen: Als Hilfesuchende bei Friedrich August sprach sie seinen Beschützerinstinkt an. Gleichwohl demütigte sie sich nicht. Sie hatte es nicht nötig, um seine Gunst zu betteln. Jedermann wusste, dass sie aus einer der angesehensten und vornehmsten Familien Europas stammte, dass es ihr nicht darum ging, sich in der Manier von Emporkömmlingen um seinen Thron zu drängeln. Mit dem

Argument ihrer familiären Sorgen umgarnte sie den Kurfürsten so aufreizend, dass dieser, der vielleicht noch nie einer so geistreichen Frau begegnet war, ihr mit Haut und Haaren verfiel. Maria Aurora war 1694 nicht nur eine außerordentlich schöne und gebildete Dame, die die Aufmerksamkeit vieler Männer auf sich zog. Sie war auch eine erfahrene Frau von 32 Jahren – acht Jahre älter als Friedrich August –, wenngleich man ihr das Alter nicht ansah und sie es auch weiterhin perfekt verstand, darin zu täuschen. Sie war eine Dame von Welt und eine Abenteurerin großen Stils, die das Spiel mit dem Feuer liebte. Mit Leichtigkeit hatte sie bisher Scharen von Männern um ihre Finger gewickelt. Wenn sie nun die Begegnung mit dem jungen Kurfürsten suchte und seine so leicht entzündbare Leidenschaft entfachte, dürfen wir unterstellen, dass sie ihrerseits nicht von großen Gefühlen geleitet wurde, sondern eher nüchtern ihren Spielraum auslotete.

Ihre Familie steckte seit dem Verschwinden ihres Bruders in einer tiefen seelischen und finanziellen Krise. Sie selbst war noch immer unverheiratet, d. h. unversorgt. Nahezu mittellos war sie in Dresden angelangt. Sie hatte folglich allen Grund, sich ihre Zukunft in düsteren Farben auszumalen. Umso verlockender musste es ihr erscheinen, die Gelegenheit einer temporären Liaison zu nützen, um ihre materiellen Lebensverhältnisse zu konsolidieren und solide Zukunftsperspektiven zu entwickeln.

Ohne Umschweife machte sie sich auf, die Zuneigung des heißblütigen, jugendlichen Fürsten zu gewinnen. Indem sie, den Regeln der Courtoisie entsprechend, zunächst die Spröde spielte, die vorgab, hartnäckig ihre Tugend zu verteidigen, vermittelte sie ihm das Gefühl, sie letztendlich gegen ihren erbitterten Widerstand erobert zu haben. August gefiel sich seinerseits in der Vorstellung, als unwiderstehlich zu gelten und die Zuneigung dieser schönen, von allen begehrten Gräfin zu erringen. Diejenigen Frauen hatten bei ihm stets am meisten Erfolg, die ihn in seiner Eitelkeit bestärkten. Maria Aurora durchschaute diesen Charakterzug. Sie hielt sich strikt daran, die Gebetene zu sein.

Moritzburg, der Ort der Verführung

Für den Ort seiner Verführung wählte August eine noble Kulisse und eine ausgefallene Inszenierung: Moritzburg.

Er wollte ungestört sein, fern von der Kontrolle durch Gattin und Mutter, die ihm schon die Beziehung zu seiner letzten Geliebten Eleonore von Kessel mit entsetzlichen Szenen verdorben hatten. Darum Moritzburg, das einsam, inmitten ausgedehnter Wälder liegende Jagdschloss im Norden von Dresden. August der Starke erkor den unter Herzog Moritz von Sachsen 1542 errichteten wehrhaften Bau zu einem seiner Lieblingsaufenthalte und baute ihn in den 20er und 30er Jahren des 18. Jahrhunderts zum schönsten Jagdschloss Deutschlands aus.

In dieses Liebesnest, weit entfernt von der neugierigen Dresdner Hofgesellschaft, lockte der Kurfürst die sich ahnungslos gebende Gräfin. Die Einladung wurde für beide der Beginn einer ebenso stürmischen wie kurzen Liebesbeziehung.

In Moritzburg inszenierte August eine Folge von Festen, die sich am Stil der großen Hoffeste Ludwigs XIV. in Versailles orientierten, die in der Mode um 1700 den Ton angaben. So musste man sich in Ablauf und Ausstattung an das französische Vorbild halten, wenn man auf der Höhe der Zeit sein wollte. Die Festivitäten begannen üblicherweise mit einem Stoff aus der griechisch-römischen Mythologie und entwickelten sich über vielfältige Lustbarkeiten bis zu orientalischen Themenkreisen. Von zentraler Bedeutung war die Symbolik der handelnden Figuren und die barocken Allegorien, deren Deutung den Zeitgenossen detaillierte Kenntnisse der antiken Götterwelt abverlangte. Diese Feste setzten also einen gehobenen Bildungsstand des adeligen Publikums voraus. Alle Beteiligten mussten wissen, welche Rollen zum Beispiel Nymphen, Satyrn und Faunen, die Göttin Diana, die Göttin Aurora oder Gott Pan verkörperten.

Entsprechend diesen Vorgaben ordnete August die Aufführung des Moritzburger Spektakels an, das mit seinen Rollenspielen und phantastischen Kulissen eher einem Theaterstück gleichkam als einem geselligen Vergnügen. August wollte seiner Angebeteten das Spektrum seiner fürstlichen Gestaltungsmöglichkeiten vorführen, er wollte sich selbst darstellen und ihr in gewichtigen Rollen imponieren, und er wollte letztendlich auch sie installieren im Zentrum dieser höfischen Unterhaltung.

Er ließ die Gräfin vor dem Schloss von einer Schar Nymphen empfangen, deren Anführerin, in der Verkleidung der Diana, Maria Aurora als Göttin der Morgenröte willkommen hieß. Damit wurde angedeutet, dass die Begegnung mit dem Kurfürsten in der Illusion eines antiken Götterhimmels stattfinden sollte. Belustigt erkannte sie in Gott Pan, der mit seinem Gefolge von Satyrn und Faunen den großen, mit galanten Szenen ausgemalten Saal betrat, den verliebten Kurfürsten. Nach dem gemeinsamen Mahl, bei dem Maria Aurora seine Tischdame war, gab es eine improvisierte Hirschjagd und Gondelfahrt auf dem Schlossteich, die in eine Haremsszene mündeten, bei der sich Maria Aurora in einem türkischen Zelt erneut neben dem Kurfürsten, diesmal als Großsultan verkleidet, wiederfand. Auch hier zeichnete er sie als seine Favoritin aus, indem er ihr einen kostbaren türkischen Schal als Schnupftuch zuwarf. Es fehlte nicht mehr viel, um sie von der Eindeutigkeit seiner Werbungen zu überzeugen. Als sie beim abendlichen Souper an ihrem Platz an der Tafel ein kostbares Diadem vorfand, durch welches der Kurfürst sie zur Königin des Balls erklärte, brach ihr vermeintlicher Widerstand zusammen. Schon während des ersten Tanzes verließ das hohe Paar diskret die Festgesellschaft und besiegelte, was ohnehin schon in aller Munde war.

Die erste „Maîtresse en titre" Augusts des Starken

Maria Aurora wurde die erste offizielle Mätresse Augusts des Starken. Diplomatisch und klug verstand sie es nicht nur, jeglichen öffentlichen Skandal zu vermeiden, sondern sogar der delikaten Position der kurfürstlichen Geliebten zu Glanz und Ansehen zu verhelfen. Dabei erstaunt weniger die Anerkennung, die ihr von den Höflingen entgegengebracht wurde, die sich ohnehin auf jede neue Laune des Kurfürsten einzustellen hatten. Sie brachte vielmehr das Kunststück zustande, sowohl die Gemahlin des Kurfürsten als auch seine sittenstrenge Mutter für sich einzunehmen. Nie versuchte sie, August ganz für sich zu vereinnahmen oder ihn gar gegen seine Frau und seine Mutter auszuspielen. Vielmehr zügelte sie ihren persönlichen Ehrgeiz und achtete mit großem Taktgefühl darauf, dass er seine Familie nicht vernachlässigte. Sie selbst begegnete den Fürstinnen mit ausgesuchter Höflichkeit und Aufmerksamkeit. Beide sahen in ihr nach kurzer Zeit weniger die Nebenbuhlerin als eine Freundin. „Ich kann nun nicht mehr unglücklich sein, eine Rivalin zu haben“, soll Christiane Eberhardine eines Tages von der Gräfin Königsmarck gesagt haben, „denn sie ist wirklich eine Dame“.[17] Die Kurfürstin-Witwe Anna Sophie war ihrerseits erfreut, eine Skandinavierin am Hofe zu wissen, mit der sie über gemeinsame familiäre Erinnerungen sprechen konnte. Man sah in späteren Jahren die drei auf Hoffesten gemeinsam in Erscheinung treten.

Auch sonst hatte die Schwedin in Dresden keine Feinde, nicht einmal unter den misstrauischen sächsischen Adeligen. Alle Welt schätzte ihre gleich bleibend heitere Stimmung, ihren brillanten Esprit und ihre geistreiche wie amüsante Unterhaltung. Selbst der nüchterne und ihr wenig wohl gesonnene Minister Augusts des Starken, Graf Flemming, räumte ein, dass Maria Aurora zu den Frauen gehörte, in deren Gesellschaft man sich niemals langweilte.[18]

Trotz ihrer bedrängten finanziellen Lage versuchte sie nie, zu intrigieren oder die Beziehung zum Kurfürsten auszunützen, um sich zu bereichern. Sie genoss zwar ihre augenblickliche üppige Lebenssituation, die Geschenke, mit denen er ihr schmeichelte, ohne jedoch habgierig einen materiellen Vorteil zu fordern. Mit dieser auffallenden Zurückhaltung hob sie sich von allen übrigen Mätressen Augusts des Starken wohltuend ab.

Aus der Politik hielt sie sich strikt heraus und sicherte sich so erneut den Respekt Flemmings, der später zugab: „Ich habe mich oft mit den Mätressen gestritten, wenn sie sich in die Geschäfte mengen wollten; nur die beiden oben genannten Damen habe ich geachtet."[19] Eine der beiden war die Gräfin Königsmarck.

Diese Form ihrer Selbstdarstellung soll jedoch nicht zu dem Schluss verleiten, Maria Aurora wäre damit zufrieden gewesen, sich in der Gunst des Kurfürsten zu sonnen und in den Tag hineinzuleben, ohne sich Gedanken über ihre Zukunft zu machen. Sie war zwar sicherlich genusssüchtig, in gewisser Weise sogar leichtsinnig, aber niemals oberflächlich oder allzu gutgläubig. Sie wusste, dass die Position, die sie in der höfischen Gesellschaft einnahm, höchst labil und die glückliche Zeit ihrer Liaison mit dem Kurfürsten begrenzt war. Von Anfang an berechnete sie kühl ihre Möglichkeiten und versuchte Nutzen daraus zu ziehen für die Zeit danach. Das Ziel, das sie anstrebte, war die Sicherung ihres künftigen Lebensunterhalts. Erst wenn es ihr gelänge, sich eine lukrative und zukunftsträchtige Position zu verschaffen, die außerhalb des kurfürstlichen Machtbereichs lag und so eine gewisse Unabhängigkeit versprach, würde sie August den Starken in Ruhe lassen.

„Sein größtes Vergnügen war die Liebe"

Aber noch war dieser Zeitpunkt nicht gekommen. Noch fühlte sie sich vom Kurfürsten begehrt und genoss es, von ihm verwöhnt zu werden. In dem Singspiel „die drei Töchter Cecrops" hatte Maria Aurora einst gedichtet:

„Ich glückliche Göttin der Liebe
Behalte doch immer das Feld
Beherrsche durch liebliche Triebe
die Hölle, den Himmel, die Welt."

Nun meinte sie zu erleben, wie diese Jungmädchenträume Wirklichkeit wurden. Die wilden Feste von Moritzburg gingen nahtlos über in die Karnevalsvergnügungen des Januar und

Februar 1695, die ersten der Herrschaft Augusts des Starken. Während des „Götteraufzugs" erschien der Kurfürst als Merkur, als Götterbote, nicht als Haupt der Götter. Seine Mätresse begleitete ihn in Anspielung auf ihren Namen als Göttin der Morgenröte. In allen Verzeichnissen der Feste und Maskeraden, die wochenlang, ohne Pause täglich stattfanden, war die schöne Gräfin vertreten.

Anfang Mai hatte sie die Ehre, den Kurfürsten zu den Bädern in Karlsbad begleiten zu dürfen, um dort zu seinem Amüsement beizutragen. Vom englischen Gesandten Mr. Stepney, der sich im kurfürstlichen Gefolge befand, erfahren wir von den unzweideutigen Zerstreuungen: „Wir vertreiben hier unsere Zeit so lustig wie möglich. Wir haben ein Haus gebaut ... Es ist von italienischer Erfindung mit vier Retiraden, halbdunklen Winkeln, Ruhebetten und allen andern lockeren Bequemlichkeiten, welche die Liebschaft erleichtern können ... den 6./16. werden wir eine Maskerade veranstalten, bei der die Königsmarck die Diana vorstellen wird ... Ich kann nicht sagen, wem wohl die Rolle Actaeons zugeteilt werden wird, aber ich kann darauf schwören, dass ihm, noch bevor die Nacht zu Ende ist, Hörner aufgesetzt werden, denn dies ist, so weit ich es verstehe, die Hauptsache bei den Lustbarkeiten."[20]

Die barocke Mode, die für ihre Festinszenierungen auf die antike Mythologie zurückgriff, räumte der Jagdgöttin Diana einen zentralen Platz ein. Sie versinnbildlichte einerseits den aristokratischen Charakter der Feste – die Jagd als Privileg des Adels –, war aber im Barock auch ein überaus beliebtes erotisches Motiv; denn Diana galt als Verteidigerin der Jungfräulichkeit. Es gibt von Maria Aurora mehrere Gemälde, auf denen sie als Göttin der Jagd dargestellt ist, in antikisierender Aufmachung mit einem Köcher voller Pfeile, die ihr Liebesverhältnis zu August dem Starken symbolisieren.

Die kleine böhmische Stadt erlebte dank der Anwesenheit so zahlreicher Prominenter und durch die Vielzahl prachtvoller Feste und Bälle einen Hauch höfischen Glanzes. Der Rang, den die Mätresse dabei für sich beanspruchen konnte, wird daran sichtbar, dass in Karlsbad für sie und ihre Begleitung drei Stuben, drei Kammern und zwei Kammern für Bedienung angeordnet wurden.[21]

Zurück in Dresden setzte die Gräfin Königsmarck den üppigen Lebensstil fort und gestattete sich teure Einkäufe.[22]

Dass August anschließend für mehrere Monate ins Feldlager gegen die Türken in Ungarn zog, machte ihr nicht viel aus, obgleich es schon damals Gerüchte über seinen flatterhaften Lebenswandel gegeben hatte. Die Herzogin Liselotte bemerkte dazu aus Versailles: „Mich wundert, dass das Fräulein Königsmarck nicht jalous (eifersüchtig) ist und noch gedenkt, diesen Churfürsten, wenn er wieder zu Dresden sein wird, zu divertieren, da er doch so unbeständig gegen sie ist."[23] Als er jedoch nach seiner Rückkehr seine Zuneigung zur schönen Maria Aurora noch offener zeigte und sie bei allen öffentlichen Festen auszeichnete, war die Welt wieder in Ordnung.

Der Winter 1695/96 brachte neue Höhepunkte. Der Kurfürst besuchte täglich seine Geliebte und hatte nur Augen für sie, die ihn mit charmanter, leichter Hand spielerisch zu lenken wusste. Bis nach Paris sprach sich die glückliche Ménage herum. Die Herzogin von Orleans bestätigte: „Man sagt, die Königsmarckin solle sehr divertissant sein, allerhand Lust und allezeit was Neues erdenken können; damit hat sie gewiss ihren König charmiert."[24] Die Beziehung hatte sich wunderbar eingespielt und erschien allen so selbstverständlich. Die Adoptivtochter Maria Auroras, Fatima, war bei den Besuchen des Kurfürsten bei der Gräfin häufig zugegen und gestattet uns Einblicke in das private Leben des Paares: Die beiden scherzten und spielten wie Kinder miteinander. „Die Königsmarck hatte unendlich viel Geist und war sich immer gleich und amusant, hatte immer ein neues Amusement, das entzückte. Sie besaß alle Routine, einen jungen Fürsten zu bezaubern, der für Ausschweifungen geschaffen, dagegen in der Kunst, mit Delikatesse und Plaisir zu lieben, ein arger Neuling war. Sie hatte alle nur denkbaren Vorzüge und verstand, sie zur Geltung zu bringen. Sobald der Geheimrat Haxthausen kam, hörten die beiden mit ihren Scherzen und Spielen auf ... Sobald jener aber den Rücken gekehrt hatte, fingen sie mit ihrem Liebesspiel wieder an."[25]

Auf dem Höhepunkt der Liebesbeziehung kündigte sich das Ende an. Als August im April 1696 erneut ins Feld gegen die Türken aufbrach, blieb seine Mätresse in Dresden zurück – im dritten Monat schwanger.

War die Situation schon an sich pikant, wenn die Geliebte des Herrschers ein Kind erwartete, so wurde der Gipfel der Peinlichkeit erreicht durch die Tatsache, dass sich gleichzeitig auch die kurfürstliche Gemahlin in anderen Umständen befand. Kurfürst August entzog sich allen unbequemen Fragen, indem er sich in Wien in den Armen der nächsten Mätresse versteckte. Dass Treue nicht zu seinen Charakterstärken gehörte, war bekannt. Schon Liselotte von der Pfalz räsonnierte: „Augustus muss sehr unbeständig in seiner Liebe sein."[26]

Maria Aurora, die Taktvolle und Umsichtige, erkannte, dass an dem Ort, wo man sich auf die Geburt des Thronfolgers vorbereitete, kein Platz für sie war. Sie hatte es sich bisher immer zur Pflicht gemacht, zurückzustehen und der rechtmäßigen ersten Dame des Landes den Vortritt zu lassen. Nach dieser Regel handelte sie auch jetzt. Sie verließ Dresden und eilte dorthin, wo sie immer in prekären Situationen Zuflucht und Schutz gefunden hatte und wohin es sie jetzt mehr zog als je zuvor: nach Quedlinburg. Dort schmiedete sie mit ihrer Freundin, der Äbtissin Anna Dorothea, geheime Pläne. Im September heißt es in einem Brief der Gräfin Löwenhaupt: „Meine Schwester ist mit ihrer Äbtissin nach Halberstadt gegangen."[27]

Als Maria Auroras Niederkunft nahte, suchte sie die alte Kaiserpfalz Goslar auf und brachte dort inkognito den Sohn des Kurfürsten zur Welt. Darüber findet sich im Taufregister der Marktkirche zu Goslar der Eintrag: „Den achtundzwanzigsten October, im Jahr sechszehnhundertundsechsundneunzig Abends zwischen sieben und acht Uhr ist von der vornehmen Frau in N. Heinrich Christoph Winkels Haus ein Söhnchen geboren und den 30. ejusd. getauft, des Abends im Hause von M. S. Alb und mit dem Namen Mauritius dem Herrn Jesu einverleibt ..."[28] Der Bürgermeister und drei Ratsherren der Stadt Goslar übernahmen die Patenschaft.

Obgleich die Gräfin jegliches Aufsehen vermied, ja sogar ihren Namen verschwieg, sprach sich die Neuigkeit geschwind herum. Die Kurfürstin Sophie von Hannover bestätigte die umlaufenden Gerüchte: „Alles, was man mir von der Königsmarckin hatte geschrieben, war nur Mutmaßung, aber nun ist es sicher, dass sie zu Goslar, einer Reichsstadt beim Harz, von einem Sohn niedergekommen ist; sie soll gesagt haben, nun hätte sie ihre Wette gewonnen."[29] Die Herzogin von Orleans empörte sich im fernen Paris: „Die Aurora Königsmarckin muss eine wunderliche Kreatur sein und ganz ohne Schamhaftigkeit, dass sie Bürgermeister und Syndicus in einer Stadt zu Zeugen nimmt, wie sie einen Bastard auf die Welt bringt. Mich deucht, Teutschland wird ganz anders als es zu meiner Zeit war, denn von solchen unverschämten Sachen habe ich nie gehört."[30] Liselotte von der Pfalz sah im Verhalten Auroras wohl weniger einen Verstoß gegen die guten Sitten – schließlich war man am Pariser Hof ganz anderes gewöhnt. Sie empörte sich in erster Linie über den scheinbaren Mangel an Diskretion und darüber, dass Maria Aurora die Geburt des illegitimen Fürstensprosses offiziell durch Honoratioren bestätigen ließ. Dieser vermeintliche Angriff auf die von ihr so hoch geachtete Legitimität wurde spätestens entkräftet, als August der Starke im Jahre 1711 seinen Sohn Moritz anerkannte.

Bereits drei Wochen vor der schwedischen Gräfin hatte am 7. Oktober 1696 die Kurfürstin Christiane Eberhardine einem Sohn, dem Thronfolger Friedrich August, das Leben geschenkt. Stellvertretend für die europäische Öffentlichkeit, die die doppelte Vaterschaft Augusts staunend zur Kenntnis nahm, meldete sich die scharfzüngige Liselotte von der Pfalz erneut zu Wort: „Man hat so lang gesagt, er bekomme keine Kinder, hat also auf einmal zwei Söhne daher gesetzt." Doch als der zweifache Vater, Kurfürst August, endlich nach Dresden zurückkehrte, hatte er weder Augen für seine Gemahlin und ihr erstes und einziges gemeinsames Kind noch für seine Mätresse und ihren neugeborenen Sohn. Seine ganze Aufmerksamkeit galt seiner neuen Favoritin, einer Gräfin Esterle, die er aus Wien mitbrachte.

Diejenigen, die wütende Eifersuchtsszenen der betrogenen Geliebten erwartet hatten, sahen sich eines Besseren belehrt. Maria Aurora ging mit der neuen Situation so souverän und beherrscht um, dass man fast den Eindruck gewinnen könnte, sie selbst habe das Ende der Beziehung herbeiführen wollen. Sanft und freundlich wie eh und je begegnete sie dem untreuen Kurfürsten ohne Vorwurf. Insgeheim jedoch stellte sie ihr Verhältnis auf eine neue Grundlage und beschloss, in ihm künftig nicht mehr den Geliebten, sondern nur noch den Freund zu sehen.

Freundschaft und Respekt traten an die Stelle von Leidenschaft und Vertraulichkeit und begründeten eine lang andauernde, zuverlässige Verbindung. Sie wurde auch durch den gemeinsamen Sohn Moritz noch viele Jahre lebendig gehalten. Maria Aurora bewahrte und bezeugte August bis an ihr Lebensende „Unverbrüchlichen Respekt", „Achtung, mehr als man sich vorstellen kann"[31] und interessierte sich einfühlsam für sein Wohlbefinden.

Dank ihres vermittelnden Wesens und ihrer Freundschaft zur Mutter und Gattin des Kurfürsten blieb Maria Aurora bei Hofe auch künftig ein stets gern gesehener, geachteter Gast und nahm mit der größten Selbstverständlichkeit an höfischen Festivitäten teil. Sie war die Einzige der Mätressen Augusts des Starken, der es gelang, auch nach dem Ende ihrer Liaison noch Jahre lang auf freundschaftlichem Fuß mit ihm zu verkehren. Wenn man das traurige Schicksal der Gräfin Cosel bedenkt, so erscheint die Position der Gräfin Königsmarck sensationell. Sie ist zweifellos ein Beleg für ihr verbindliches, kluges Wesen und ihr diplomatisches Gespür.

Als Maria Aurora erkannte, dass ihre Rolle als kurfürstliche Mätresse ausgespielt war, versuchte sie, einen profitablen Rückzug anzutreten, bei dem sie ihr Gesicht wahren konnte. Unter gar keinen Umständen wollte sie sich verheiraten lassen, so wie man in Frankreich gewöhnlich mit ausgemusterten Mätressen verfuhr. Sie arbeitete daran, in Dresden eine respektable und unabhängige Stellung zu erreichen. Dazu gehörte zunächst, dass sie einen eigenen Wohnsitz erwarb. 1696 kaufte sie gemeinsam mit ihrem Schwager Löwenhaupt, der in sächsischen Militärdiensten stand, das Haus des verstorbenen kurfürstlichen Geheimen Rates von Haxthausen am Taschenberg.[32] „Unsere Familie fängt an, besser zu wohnen", freute sie sich.[33] Dieses Haus in nächster Nähe zum Schloss wurde für die kommenden Jahre ihr Domizil, wenn sie in Dresden weilte.

Noch wichtiger war ihr, dass August seine Versprechungen bezüglich Quedlinburg einhielt. Das Reichsstift hatte in den vergangenen Monaten für sie eine neue, tiefere Bedeutung gewonnen. Schon seit langem war es ihr ein Hort der Zuflucht und der Sicherheit gewesen, wo es Menschen gab, denen sie vertrauen konnte. Als August im Herbst 1696 so lange auf seine Rückkehr warten ließ, teilte Maria Aurora ihrer Schwester mit, sie beabsichtige den größten Teil des Winters in Quedlinburg zu bleiben, um dort desto besser ihre Angelegenheiten betreiben zu können.[34] Das Anliegen, das sie schon länger verfolgte und nun mit lebhaftem Engagement betrieb, war, einen Platz im Quedlinburger Stiftskapitel zu erringen, ja womöglich gar Äbtissin des Reichsstifts zu werden, so wie es ihr August in Aussicht gestellt hatte. Vielleicht nahm sie sich mit diesem Plan ein Beispiel an der Geliebten Ludwigs XIV., der Marquise de Montespan, die lange Zeit die Königin der Feste am Versailler Hof gewesen war und dem König acht Kinder geschenkt hatte, dann aber, als Ludwig das Interesse an ihr verlor, für den Rest ihres Lebens Zuflucht in einem Pariser Kloster suchte.

Das Ende ihrer Episode mit August dem Starken bedeutete eine erneute Zäsur im Leben der Maria Aurora. Sie ließ die glanzvolle Rolle der „Maîtresse en titre" am sächsischen Hof hinter sich, um in den Habit einer Klosterschwester zu schlüpfen. Nachdem sie die Genugtuung ausgekostet hatte, als erste offizielle Mätresse Augusts die Festlichkeiten der Anfänge seiner kurfürstlichen Regierung in Dresden an seiner Seite miterlebt und mitgestaltet zu haben, eröffnete ihr der Weg nach Quedlinburg neue überzeugende Perspektiven für ihr weiteres Leben: Sicherheit und Schutz, ausreichende Einnahmen und eine konkurrenzlose, gesellschaftliche Position.

Quedlinburger Perspektiven

Von der Mätresse zur Äbtissin – welch abenteuerliche Karriere!

Nur wenige Monate hatte in der Summe das Liebesglück Maria Auroras mit August dem Starken gedauert, von Ende 1694 bis Mai 1695 und von November 1695 bis Anfang April 1696. Wenn wir ihren eigenen Äußerungen glauben dürfen, so hat sie selbst diese Liaison als Episode in ihrem Lebensplan angesehen und hatte sich schon seit Längerem, wohl schon vor ihrer ersten Ankunft in Dresden, um die Aufnahme ins Quedlinburger Stift bemüht.

Warum gerade Quedlinburg?

Maria Aurora wusste, es gab im gesamten nord- und mitteldeutschen Raum keine bessere Adresse. Das kaiserlich freie weltliche Reichsstift Quedlinburg genoss unter den Damenstiften im Reich besonderes Ansehen. Es blickte auf eine jahrhundertealte Vergangenheit zurück. 936 am Nordrand des Harzes gegründet, war diese Lieblingspfalz und Begräbnisstätte des „Gründers des deutschen Reiches", König Heinrichs I., ein Familienkloster des Ottonischen Kaiserhauses, in dem von Anfang an die Frauen, zunächst seine Enkelin Mathilde als erste Äbtissin (966–999), die Führung behaupteten. In den ersten Dekaden seines Bestehens nahm Quedlinburg dank des Engagements der Stifterfamilie einen hervorragenden Platz in der Reichsverwaltung ein als Ort weltlicher Reichstage und kirchlicher Synoden. Als die Äbtissin Mathilde in Vertretung ihres in Italien weilenden Neffen, Kaiser Otto III., als „Reichsverweserin" die kaiserliche Regierung übernahm (997–999), war Quedlinburg zeitweise Hauptstadt des Reiches. In den folgenden zwei Jahrhunderten blieb es eng mit den deutschen Kaisern und Königen verbunden. Bis 1207 lassen sich 67 Besuche von 16 deutschen Königen und Kaisern in Quedlinburg nachweisen.

Äbtissinnen konnten nur weibliche Mitglieder des Herrscherhauses, Stiftsdamen nur Töchter des hohen Adels werden. Diese aristokratischen Kanonissinnen, die so genannten „Amtsfrauen", bildeten das Stiftskapitel und wählten die Äbtissin. Den zweiten Rang im Kloster nahm nach der Äbtissin die Pröpstin ein, die sich um die Finanzen kümmerte, und die Dechantin, die den Chordienst beaufsichtigte. Pröpstin und Dechantin hatten Recht auf eigene Güter und eigenes Pfründevermögen für ihren persönlichen Unterhalt. In der spätmittelalterlichen Klostergemeinschaft in Quedlinburg gab es neben den sechs Kanonissinnen noch Domfrauen, die bürgerlicher Herkunft sein konnten und bescheidener und klösterlicher lebten als die Stiftsdamen.

Der Status der Freiweltlichkeit band die Stiftsdamen an keine Ordensregel. Im Unterschied zu Nonnen im Kloster legten die Kanonissinnen meistens keine Gelübde ab. Sie genossen weitgehende Freizügigkeiten, waren nicht zur Anwesenheit verpflichtet, lebten in weltlichem Luxus mit Bediensteten, konnten reisen und Besuche empfangen, durften Privateigentum besitzen und sogar die Abtei wieder verlassen um zu heiraten. Sie trugen nicht einmal eine besondere Stiftstracht, selbst ein Abzeichen gab es nicht.

Bei seiner Gründung war das Quedlinburger Stift großzügig mit Gütern und Rechten ausgestattet worden, vor allem mit der Immunität, d.h. der Befreiung von weltlich-rechtlicher Gerichtsbarkeit, Abgaben und Diensten. Es hatte den Status einer „Ecclesia saecularis", eines freiweltlichen Stifts, und unterstand somit direkt dem Kaiser und dem Papst und hatte bei Reichstagen Sitz und Stimme auf der geistlichen Fürstenbank. Die weltliche Schutzherrschaft und die rechtliche Vertretung des Klosters nach außen, die Vogtei, hatte im Mittelalter das Königshaus inne, später der Bischof von Halberstadt. 1477/78 ging sie auf die sächsischen Kurfürsten aus dem Hause Wettin über.

Seit dem Ende des salischen Kaisertums versank das

Reichsstift für Jahrhunderte in Bedeutungslosigkeit, bis es im 16. Jahrhundert wieder spektakulär hervortrat durch die Einführung der Reformation. Dieser Vorgang war die wichtigste Zäsur in der Geschichte des Stifts und stellte seine Existenz auf neue Grundlagen.

Im Innenverhältnis wurden die Veränderungen in der Zusammensetzung des Stiftskapitels deutlich. Die Einrichtung der bürgerlichen Domfrauen wurden abgeschafft und die Anzahl der Amtsfrauen reduziert. Es gab nunmehr neben der Äbtissin, der Pröpstin und Dechantin nur noch ein oder zwei Dekanissinnen im Kapitel. Die Abtei entwickelte sich zu einem Versorgungsinstitut für unverheiratete Töchter des hohen Adels.

Nach außen änderte sich zwar die reichsrechtliche Stellung des neuen protestantischen Stifts nicht. Es behielt seinen reichsunmittelbaren Charakter, war also weiterhin direkt dem Kaiser unterstellt. Doch fielen durch die neue protestantische Glaubenszugehörigkeit die kirchenrechtlichen Abhängigkeiten der Abtei gegenüber dem Papst in Rom, dem Erzbischof von Magdeburg und dem Bischof in Halberstadt ersatzlos weg.

Der Kurfürst von Sachsen suchte unverzüglich, seine Schutzrechte zu sichern und verfügte 1574 in einem Vertrag, dass in Zukunft die Wahl der Äbtissin nur mit der Zustimmung des kurfürstlichen „Erbschutzherrn" gültig sei. Dieses selbst angemaßte Vetorecht nutzte das Haus Wettin im 17. Jahrhundert weidlich aus und setzte mit Erfolg immer diejenigen auf den Äbtissinnenthron, die ihnen genehm waren.

Dies ging so lange gut, bis gegen Ende des 17. Jahrhunderts unter der Regierung der uns schon bekannten Äbtissin Anna Dorothea Prinzessin von Sachsen-Weimar (1684–1704) der Kurfürst von Brandenburg, der seit 1648 das in der Nachbarschaft von Quedlinburg gelegene Bistum Halberstadt besaß, alte Ansprüche auf die Schutzherrschaft über die Abtei geltend machte und deswegen mit dem sächsischen Kurfürsten in Widerspruch stand. Anna Dorothea geriet zwischen die Mühlen der habgierigen Großen. Engagiert versuchte sie, die Position des Damenstifts zu verteidigen und seine Rechte auf Eigenständigkeit und Selbstbestimmung durchzusetzen.[1]

Bewerbung um das Amt der Koadjutorin

In diesem historisch-politischen Kontext ist die Bewerbung der Gräfin Königsmarck auf eine Stellung im Quedlinburger Stift zu sehen. Die politischen Verwicklungen machen das Interesse der amtierenden Äbtissin an Maria Aurora plausibel und erklären, warum sie sie unbedingt als Stellvertreterin und Nachfolgerin gewinnen wollte; denn als Vertraute und ehemalige Mätresse Augusts des Starken war Maria Aurora im Stande, neue, engere Beziehungen zum kurfürstlichen Schutzherrn herzustellen und konnte durch ihre Einflussmöglichkeiten in Dresden dem Kloster in dieser kritischen Phase außerordentlich nützlich sein.

Umgekehrt bot auch die Abtei der schwedischen Gräfin attraktive Perspektiven. Sie eröffnete ihr die Chance, ohne mühsam die Karriereleiter zu durchlaufen, mit einem Schlag auf die Position der Koadjutorin, Stellvertreterin der Äbtissin mit dem Recht auf die Nachfolge im Amt, zu springen. Es berechtigte damit zu der Aussicht, in den Rang einer Reichsfürstin aufzusteigen, ausgestattet mit glänzenden Einkünften. Maria Aurora musste zudem nicht befürchten, weltlichen Freuden entsagen und ihre künftige Existenz in klösterlicher Abgeschiedenheit fristen zu müssen. In diesem prominenten Versorgungsinstitut hochadeliger Töchter hatten sich die monastischen Daseinsanforderungen längst einem privilegierten aristokratischen Lebensstil angeglichen.

Als Maria Aurora in hochschwangerem Zustand im Herbst 1696 Dresden verließ, um in der Fremde ihrer Niederkunft entgegenzusehen, nutzte sie die Gelegenheit, um bei ihrer Freundin, der Äbtissin von Quedlinburg, vorbeizuschauen und die Möglichkeiten einer Aufnahme in das adelige Damenstift auszuloten. Ihre Verhandlungen im Kloster machten gute Fortschritte, wenn man den Aussagen ihrer Schwester Glauben schenken darf. Diese schrieb Mitte Oktober 1696 an ihren Gatten: „Meine Schwester ist noch nicht zurückgekehrt und bleibt immer in Quedlinburg … Ihre Angelegenheit in Betreff der Abtei ist in gutem Zuge."[2]

Am 29. Oktober 1696, einen Tag nach der Geburt ihres Sohnes, schrieb Maria Aurora in dieser Sache an ihren in Wien weilenden Schwager Graf Löwenhaupt und stellte kokett die rhetorische Frage, „ne suis-je pas bien prudente et capable enfin d'être Coadjutrice?" – „Bin ich denn nicht weise und fähig, endlich Koadjutorin zu sein?"[3] Nicht von ungefähr war der Brief nach Wien adressiert; denn um in Quedlinburg als Koadjutorin einzuziehen, bedurfte es nicht nur der Zustimmung des sächsischen Kurfürsten als Stiftsschutzherrn, sondern auch der Bestätigung durch den Kaiser.

Mit August dem Starken war die Angelegenheit schon geklärt. Maria Aurora hatte ihm die Zusage abgerungen, ihre Kandidatur in Quedlinburg zu unterstützen. Mit der Aufgabe, die kaiserliche Einwilligung beizubringen, beauftragte sie ihren Schwager Graf Löwenhaupt, der sich zu der Zeit mit August dem Starken in Wien aufhielt. Gutmütig nahm sich dieser der Bitten seiner Schwägerin an. Er überarbeitete ihr Gesuch an den Kaiser, das Formfehler aufwies, schrieb es eigenhändig im Stil der kaiserlichen Kanzlei um und überreichte es den einflussreichen Mittelspersonen. Gleichzeitig verhandelte er mit dem sächsischen Kurfürsten, der seinen guten Willen bezeugte, auf die Wünsche seiner ehemaligen Mätresse einzugehen, und der seinerseits den kaiserlichen Beichtvater und andere Vermittler einschaltete.[4]

Die verschlungenen Pfade am kaiserlichen Hof waren aber mit widrigen Dornen gespickt, „Ränke, welche man aufbot", um das Anliegen der Gräfin Königsmarck zu Fall zu bringen. Denn in Wien gab es nicht nur Befürworter der gräflichen Interessen, es trat auch eine Gegenpartei auf den Plan, die gegen die geplante Ernennung Maria Auroras protestierte und sie beim Reichshofrat zu hintertreiben suchte. Diese Widersacherinnen kamen aus Quedlinburg; es waren die Pröpstin Magdalena Sophia, Herzogin von Schleswig-Wiesenburg, und die Dekanissin Gräfin Eleonora Sophia von Schwarzburg. Letztere sollte mit ihrer Schwester, der Kanonissin des Stifts, in späteren Jahren der Gräfin das Leben im Stift zur Hölle machen. Doch am Kaiserhof konnten sie sich nicht durchsetzen.

Kaiser Leopold I. (1658–1705) bewilligte das Gesuch und

ordnete ein entsprechendes allerhöchstes Schreiben an die Äbtissin von Quedlinburg an. Graf Löwenhaupt versäumte nicht, seiner Schwägerin die Mühen aufzuzählen, die ihn diese Prozedur gekostet hatte. Den entscheidenden Einfluss ihres ehemaligen Gönners August hob er besonders hervor: „vorzüglich die Gnade Seiner Kurfürstlichen Durchlaucht, der wir allein eine günstige Antwort verdanken, hat den gewünschten Erfolg herbeigeführt."[5] Die Ausfertigung der kaiserlichen Entscheidung ließ indes auf sich warten. Maria Aurora saß ungeduldig in Quedlinburg, da sie sich vorgenommen hatte, erst dann nach Dresden zurückzukehren, wenn sie den positiven Bescheid in Händen hielt. Graf Löwenhaupt wies jegliche Schuld an der Verzögerung von sich und behauptete, sie liege „nur an der furchtbaren Maschine des kaiserlichen Hofes, in der alle Sachen sehr langsam gehen".[6]

Ende November 1696 sah man die ehemalige Mätresse des Kurfürsten wieder in der sächsischen Hauptstadt.

Ob und welche Rolle ihre Mutterschaft bei der Bewerbung um die klösterliche Position gespielt hat, darüber sagen die Quellen nichts aus. In keinem der erhaltenen Briefe wird auf die Geburt des Sohnes Moritz Bezug genommen. Wir wissen auch nicht, ob sich die Intrigen der Quedlinburger Stiftsdamen der Tatsache der unehelichen Niederkunft der Gräfin bedienten. Wenngleich es später ein offenes Geheimnis war, dass die Koadjutorin von Quedlinburg vom sächsischen Kurfürsten und polnischen König einen unehelichen Sohn hatte, so deckte man in der aktuellen Situation den Mantel taktvollen Schweigens über die unehrenhaften Zustände. Wer zweifellos von der Schwangerschaft und Geburt der Gräfin gewusst hat, war die Äbtissin Anna Dorothea. Doch in ihren Augen übertrafen die Vorteile der Verbindung Maria Auroras mit August dem Starken bei weitem ihre moralischen Mängel. Es war auch bekannt, dass zwischen der Äbtissin von Quedlinburg und den übrigen Stiftsfräulein derzeit ein solcher Unfrieden herrschte, dass Maria Aurora anlässlich eines Besuchs im Kloster es nicht wagte, der Dekanissin noch den übrigen Damen eine Visite abzustatten aus Furcht, bei der Äbtissin in Ungnade zu fallen.[7] Es war demnach für Anna Dorothea nicht nur erstrebenswert, in den schwierigen Außenverhältnissen des Klosters eine einflussreiche Parteigängerin zu gewinnen, sondern auch Unterstützung bei den permanenten Querelen innerhalb des Stiftkapitels. So erklärte sie schriftlich, dass sie der kaiserlichen und kurfürstlichen Weisung folgen und „wie es ihr anheim gestellt sei, die Gräfin Königsmarck zur Coadjutorin rekommendieren“ werde.[8]

Doch es geschah nichts. Maria Auroras ehemaliger Geliebter, der neue polnische König August, wurde ungehalten und ermahnte die Äbtissin Anna Dorothea von Krakau aus in mehreren Schreiben, die Ernennung Maria Auroras zu vollziehen, wenn sie nicht sein Missfallen heraufbeschwören wolle. Er erinnerte sie an ihre zu Leipzig gegebene Zusage und verlangte energisch: „Sie werden dero Versprechen gebührend nachkommen.“[9] Zwischenzeitlich ließ er das für die Aufnahme erforderliche Kapital anweisen und sandte schließlich eine hohe Abordnung nach Quedlinburg, die für die Durchführung seines Willens sorgen sollte.[10]

Es erstaunt, wie vehement sich August aus der Ferne für die Installation der Gräfin einsetzte. Mehrere Beweggründe mögen ihn zu dieser Eile bewogen haben. Zum einen wollte er wohl den finanziellen Forderungen seiner ehemaligen Mätresse, die sich wegen der Notlage ihrer Familie Hilfe suchend an ihn gewandt hatte, ein für allemal ein Ende setzen, und ihr endlich den Genuss der zugedachten stiftischen Pfründe bieten. Wie wir von ihrer Schwester wissen, hatte er ihr bereits eine ansehnliche Zuwendung, wohl als Abfindung gedacht, zukommen lassen: „Der Eilbote, welchen meine Schwester nach Krakau sandte, ist zurückgekehrt und hat seine Sache wohl ausgerichtet. Er brachte ihr reiche Geschenke und die Versicherung zurück, in der Neujahrsmesse sollten ihr 50 000 Taler gezahlt werden. Die Geschenke bestehen aus kostbaren Steinen, Stoffen, Spiegeln und anderen Galanterien ... Gleichzeitig sind die ausdrücklichsten Befehle überkommen, die Quedlinburger Angelegenheit zu Ende zu bringen.“[11] Daneben gab es aber noch einen weiteren, vorerst geheim gehaltenen Beweggrund, der August veranlasste, die Wünsche seiner Mätresse zu forcieren. Ihm lag daran, ein fait accompli zu schaffen, solange er in Quedlinburg noch etwas zu sagen hatte. Niemand dort, am wenigsten die Äbtissin, ahnte und konnte sich in den kühnsten Phantasien ausmalen, was der Kurfürst im Schilde führte.

Quedlinburg wird verkauft

August der Starke benötigte für seine Königskandidatur in Polen enorme Geldsummen. Auf der Suche nach Ressourcen verfiel er auf die Idee, die Vogteirechte über Quedlinburg zu verkaufen und zwar an den Interessenten, der schon länger ein begehrliches Auge auf das Stift geworfen hatte, den Kurfürsten Friedrich von Brandenburg. Durch Vermittlung eines der bedeutendsten jüdischen Financiers der Zeit, Behrend Lehmann (1661–1730), wechselte Quedlinburg zu Beginn des Jahres 1698 um eine Summe von 340 000 Talern seinen Schutzherrn und wurde preußisch. Von einem Tag auf den anderen war August der Starke nicht mehr zuständig für die Belange des Damenstifts. Das Stiftskapitel war weder gefragt noch informiert worden. Äbtissin Anna Dorothea erfuhr erst nachträglich von dem zweifelhaften Geschäft und konnte sich kaum fassen vor Empörung. In Briefen der Gräfin Löwenhaupt heißt es, die Äbtissin sei außer sich: „Der Verkauf Quedlinburgs ist eine abgemachte Sache und der Äbtissin durch einen brandenburgischen Gesandten bekannt gemacht. Die arme Fürstin nimmt da großes Ärgernis und protestiert in aller Form wider diesen unerhörten Handel. Der König war Lehnsträger der Äbtissin rücksichtlich mehrerer Besitzungen, wegen welcher er ihr den Lehnseid leistete. Sie mag nun immerhin schreien; sie ist mit ihrem ganzen Kapitel verkauft. Am meisten bringt sie es auf, dass ein Jude das Geschäft abgemacht hat ... Gott weiß, wie lange das Quedlinburger Kapitel noch bestehen wird; es scheint auf dem Punkte, säkularisiert zu werden."[12] Anna Dorothea weigerte sich hartnäckig, die Schutzherrschaft Preußens anzuerkennen und sandte wütende Protestnoten zum Kaiser nach Wien. Sie blieben erfolglos, obgleich man sich einig war über die Rechtswidrigkeit des Geschehens. Politische Rücksichten rechtfertigten das fragwürdige Geschäft und stürzten die Abtei, ihre Angehörigen und nicht zuletzt die designierte Koadjutorin in existenzielle Ungewissheit.

Maria Aurora, die sich vor allem auf die Fürsprache ihres königlichen Ex-Geliebten verlassen hatte, ja, deren Aussichten auf die abteiliche Würde einzig darauf beruhten, dass August als Erbschutzherr des Stifts ihre Pläne unterstützte, war verzweifelt. Hektisch versuchte sie, von ihren Vorhaben zu retten, was zu retten war. „Meine Schwester reist morgen zur Messe nach Leipzig", schreibt Amalie von Löwenhaupt, „und dann nach Quedlinburg, wo das Wahlkapitel (zur Ernennung einer Koadjutorin) den 24. d. Mts. gehalten werden soll."[13] „Die dortige Sache ist auf dem Punkte des Gelingens oder des Scheiterns für immer."[14] Maria Aurora ließ ihren Schwager bitten, „ihr einige Wünsche zu widmen für den glücklichen Erfolg einer ihr so wichtigen Angelegenheit, die zugleich für unser ganzes Haus so vorteilhaft ist."

Glücklicherweise stellte sich heraus, dass der Polenkönig seine ehemalige Mätresse beim Quedlinburger Verkauf nicht vergessen und die Erfüllung des Versprechens, sie zur Koadjutorin zu machen, als Klausel in den Kaufvertrag aufgenommen hatte. Diese lautet: „dass die Gräfin Fräulein Aurora von Königsmarck zur Coadjutorin in der Abtei von Quedlinburg möge angenommen und in dasjenige, was davon dependiret, angewiesen werde. Zu dessen Versicherung wir dann dieses eigenhändig unterschrieben und mit unserem churfürstl. Insiegel bekräftigen lassen."[15] Auch der Kurfürst von Brandenburg beeilte sich, ihr zuzusichern, dass er sie in ihren Rechten schützen und ihre Wahl eifriger, als bisher geschehen, fördern wolle.[16]

Dennoch gab es neue Schwierigkeiten. Die aufrührerischen Kräfte innerhalb des Stiftkapitels nutzten die Umbruchsituation aus, um mit neuer Macht gegen die Wahl der Gräfin Königsmarck zu intrigieren. Die Äbtissin blieb zwar treu bei ihrem Entschluss, sie zu unterstützen. Doch Maria Aurora, die gewohnt war, ihre Interessen selbst zu vertreten, beschloss, umgehend nach Berlin zu reisen, um am brandenburgischen Hof persönlich ihr Anliegen vorzubringen; denn „die Hilfe des sächsischen Hofes ist ihr nutzlos geworden".[17] Wir erfahren vom Erfolg dieses Besuchs aus einem Brief der Gräfin Löwenhaupt, die ihrem Gatten berichtet: „Meine Schwester ... ist wegen ihrer Quedlinburger Angelegenheit in Berlin gewesen, wo sie alle ihre Wünsche erreicht hat, alle Bewilligungen wurden auf die gnädigste Weise gemacht." „Sie bedarf noch der Bestätigung durch den Kaiser, weshalb sie nötig haben wird, nach Wien zu gehen."[18]

„Meine Bestimmung, Äbtissin zu werden"

Am 24. Januar 1698, unmittelbar bevor die Brandenburger mit 500 Soldaten in Quedlinburg einmarschierten und die Stadt besetzten, stellte Fürstin Anna Dorothea eine Urkunde aus, in der sie die Gräfin Königsmarck offiziell zur Koadjutorin bestellte. Sie begründete darin ihre Entscheidung mit den besonderen Empfehlungen der Römisch-Kaiserlichen Majestät in Wien und des polnischen Königs, Augusts des Starken, darüber hinaus mit ihrer persönlichen Überzeugung von den Meriten und Geschicklichkeiten, „womit Gott die Gräfin Königsmarck begabt", und mit der Hoffnung, in ihr eine Stütze „bei der mühseligen Regierung" und eine würdige und kompetente Nachfolgerin zu bekommen.[19]

Maria Aurora war froh und erleichtert. Ihren Plan, nach Wien zu reisen, legte sie ad acta. Sie sah ihre Quedlinburger Vorhaben auf einen guten Weg gebracht und glaubte sich der kaiserlichen Bewilligung ohnehin sicher. Als sie im April 1698 nach Dresden zurückkehrte, konnte ihre Schwester verkünden: „ihre Unternehmungen sind über Erwarten geglückt. Alles, was sie wünschte, hat sie erlangt; außer dem Schutze des Königs von Polen und des Kurfürsten von Brandenburg in der Koadjutorei-Sache, Empfehlungen an den kaiserlichen Hof und – 50 000 Taler."[20]

Mit Witz und Selbstironie teilte Maria Aurora selbst ihre Erhebung dem Schwager Graf Löwenhaupt, der gerade in Stockholm weilte, mit: „Tausend Dank sage ich Euch für den

Glückwunsch, mit welchem Ihr mich beehrt habt; ich fange nun an einzusehen, dass es meine Bestimmung ist, Äbtissin zu werden." Geradezu ausgelassen klingt es, wenn sie weiter schreibt: „Wenn man in Schweden weiß, was eine Koadjutorin für ein Tier sei, so bitte ich Sie, meine alten Bekannten in meinem Namen zu grüßen."[21]

Im Hochgefühl ihres Erfolgs machte sie ihrem Schwager sogar Hoffnungen auf eine einkömmliche und ehrenhafte diplomatische Aufgabe, die sie beim König von Polen für ihn erwirken wolle. Sie würde ihn zum Gesandten ernennen lassen, heißt es in den Familienbriefen. Ob sie ihren Einfluss auf August den Starken nicht überschätzte?

Als zwei Jahre später die Pröpstin Magdalena Sophia Herzogin von Schleswig-Wiesenburg das Quedlinburger Stift verließ, um in Wien in einem Kapuzinerkloster zum katholischen Glauben überzutreten, wählte man Maria Aurora auch noch zur Pröpstin und führte sie am 24. Mai 1700 in ihr neues Amt ein. Von dieser feierlichen Amtsübergabe gibt es einen zeitgenössischen Bericht, in dem anschaulich geschildert wird, „wie dann am erstgemeldten Tage bey Zulauff eines sehr großen Menge Volcks auff der Hochfürstl. Residentz der Actus Introductionis mit denen gewönlichen Solemnitäten Stiffts-Gebrauch nach sehenswürdig celebrieret, da Ihr. Hoch. Gräfl. Gnaden die Pröbstin so Ihr. Excell. der Herr Graf Löwenhaupt an der Hand führete in hochschätzbarer Kleidung unter dem Geläut aller Schloss-Glocken und Begleitung derer Cavaliers, Räthe und sämptlichen Hoch-Adlichen Frauenzimmers, nach der Kirchen auff das so genannte Probstey-Stübgen gebracht worden. Nach vollendeter Introductions-Predigt stellte sich in Gegenwart höchstgedachter Hoch Fürstl. Durchlaucht ... Ihr. Hoch Gräfl. Gnaden unter dem Gesang „Kom Heiliger Geist" etc. unter voriger Begleitung vor den Altar und empfing auff einem rothen sammiten mit langen güldenen Frantzen besätzten Kissen knieend den gebräuchlichen Segen. Nachgehends überlieferte der Herr Stiffts-Rath und Hof-Meister von Daggerode an Ihr. Hoch Gräfl. Gnade und Pröbstin ... auf einer silbernen Schalen die Probstey-Schlüssel." Das Fest wurde zur Zufriedenheit aller mit „angenehmer Musik“ an der „Hoch fürstl. kostbaren Tafel“ beschlossen.[22]

Maria Aurora stand ihrer neuen Würde selbst staunend gegenüber. Aus Töplitz, wo sie mit ihrer Schwester anschließend einige Urlaubstage verbrachte, schrieb sie, „dass ich am 24. May zu Quedlinburg als Stifts Pröpstin mit allen Solemniteten bin eingeführt worden und ob mir zwar die Sache selbst sehr schwer, ja andern fast unmöglich ist vorgekommen, so haben doch die brandenburgischen Herrn Minister mich so nachdrücklich assistiert, dass es gar leicht, ohne einziges Widersprechen angegangen ist. Jetzt scheint es fast, als wann das Glück noch eine Stufen höher setzen wolt“.[23]

Maria Aurora kam ihrem Ziel wieder einen Schritt näher. Die Position der Pröpstin stärkte in der Hierarchie des Klosters ihre Anwartschaft auf das Amt der Äbtissin.

Das Leben im Kloster – eine „angenehme Solitude“?

Während sich also für die Pröpstin Königsmarck vielversprechende Zukunftsaussichten abzeichneten, kämpfte ihre Äbtissin weiter ihren zermürbenden Kampf um den Status und die Rechte ihrer Abtei. In zahllosen Streitschriften und juristischen Abhandlungen fuhr Anna Dorothea fort, die Reichsunmittelbarkeit des Stifts, ihren Sitz und ihre Stimme im Reichstag und die Territorialhoheit über die stiftischen Besitzungen zu verteidigen. Sie argumentierte, dass die Vogtei, die Schutzherrschaft über geistliche Institutionen, nichts mit der Landesherrschaft zu tun habe und dass sie lediglich ein von der Äbtissin verliehenes Recht auf juristische Vertretung der Abtei in Streitfällen beinhalte. Dieser Argumentation stand die Interpretation des Brandenburgers konträr gegenüber. Für ihn war Quedlinburg de facto in den Besitz Preußens übergegangen. Er sah die Schutzherrschaft über das Stift als identisch mit der politischen Macht an und verstand sich folglich als neuer Landesherr in Quedlinburg. Dabei berief er sich auf den Vergleich von 1574, der dem Schutzherren weitgehendes

Einspruchsrecht in den inneren Angelegenheiten des Stifts eingeräumt hatte.

Der Kaiser, der vom juristischen Standpunkt aus den Verkauf der Schutzherrschaft und die Annektion Quedlinburgs durch Brandenburg verurteilte, war allerdings aus politischen Gründen nicht bereit, in die Querelen einzugreifen. Die spanische Erbfolge stand bevor, und er wollte wegen einer aus seiner Sicht so geringfügigen Angelegenheit wie der Quedlinburger Vogtei nicht die Unterstützung Sachsens und Brandenburgs aufs Spiel setzen. So stand die Äbtissin auf verlorenem Posten, ohne Hoffnung, die Streitfrage zugunsten des Stifts entscheiden zu können.

Die Gräfin Königsmarck beteiligte sich nicht an dem Disput. Sie arrangierte sich mit den neuen Verhältnissen und ließ bald durchblicken, auf wen sie sich in Zukunft verlassen wollte. Seit dem Verkauf der Schutzherrschaft machte sie sich keine Illusionen mehr über Einflussmöglichkeiten ihres ehemaligen kurfürstlich-königlichen Gönners, obgleich ihr Schwager Löwenhaupt weiterhin am sächsisch-polnischen Hof um ihre Interessen bemüht war.

Sie baute ihre Zukunftserwartungen und Karrierehoffnungen von nun an einzig und allein auf den Absichtserklärungen des Brandenburgers auf. Seine Unterstützung und ihre Stellvertreterfunktionen als Koadjutorin und Pröpstin reichten in ihren Augen als sichere Garantien dafür, dass sie eines Tages das Äbtissinnenamt erringen würde. Sie war überzeugt, dass sich dieses Ziel automatisch einstellen würde und hielt es folglich nicht für nötig, sich durch Anpassung an die stiftischen Erfordernisse und durch einen entsprechenden Lebenswandel für den hohen Rang zu qualifizieren.

Auch wenn ihre Verehrer sich darauf einstellten, ihr künftig als adeligem Stiftsfräulein zu begegnen – der junge Herzog Ludwig Rudolf von Braunschweig wünschte ihr, „dass Sie bald in Ruhe in Ihrer Abtei alles Glück genießen, was Sie so sehr verdienen“[24], und sein Vater, der alte Herzog Anton Ulrich von Braunschweig-Wolfenbüttel nannte ihr Dasein in den Klostermauern von Quedlinburg gar eine „angenehme Solitude“[25] –, dachte sie gar nicht daran, ihren weltlichen Zerstreuungen zu entsagen. Leichtsinnig und lebensfroh wie sie war, ließ sie die Dinge laufen, war ständig abwesend und trieb sich auf Reisen in der Welt herum. Die Verpflichtungen, die sie mittels ihrer Ämter innerhalb des Reichsstifts übernommen hatte, ließ sie unbedenklich links liegen und dem Versprechen, das sie bei ihrer Wahl zur Pröpstin abgelegt hatte, sich dem geistlichen Leben zu weihen, leistete sie keinerlei Folge. Es schien, als habe sie ihre Berufung vergessen.

So verwundert es nicht, dass in der Öffentlichkeit ein ambivalentes Bild der Gräfin entstand. Ein durch Quedlinburg reisender Herr von Uffenbach stellte fest: „Die jetzige Pröpstin ist die Gräfin Königsmarck, die sich zwar wegen ihrer äußerlich guten, dicken und ansehnlichen Taille wohl, aber wegen ihrer bekannten Aufführung um so viel weniger hierzu schickte."[26]

Durch ihr anstößiges Auftreten säte sie Unmut innerhalb des Stifts und zerstörte das Vertrauensverhältnis zu Anna Dorothea, die ihr bisher in mütterlicher Freundschaft gewogen war. Das gute Einvernehmen war auf beiden Seiten von hohen Erwartungen getragen gewesen. Maria Aurora wollte ihrerseits mit Hilfe der Äbtissin ihre Zukunft sichern. Anna Dorothea wiederum erhoffte sich Förderung der Abtei durch die Beziehungen der Gräfin Königsmarck nach Dresden und Warschau. Die Wünsche Maria Auroras hatten sich vollends erfüllt. Anna Dorothea dagegen fühlte sich im wahrsten Sinn des Wortes verraten und verkauft. Einsam und enttäuscht wartete sie vergeblich auf Unterstützung durch ihre Stellvertreterin. Doch diese entzog sich, kaum hatte sie ihr persönliches Ziel erreicht, den verzweifelten Hilferufen der Äbtissin. Immer wieder erinnerte Anna Dorothea sie an ihre Gehorsamspflicht, bat sie, nach Quedlinburg zurückzukehren. Sie sandte Mahn- und sogar Beschwerdebriefe nach Dresden und Warschau – umsonst, sie wurden alle nicht beantwortet.

Die Angehörigen, für die die Rangerhöhung Maria Auroras so erstrebenswert war, bemühten sich, die zunehmende Missstimmung auf dem Quedlinburger Klosterberg zu dämpfen. Graf Löwenhaupt bat seine Frau: „Tue doch dein Mögliches, die Äbtissin über die Abwesenheit der Gräfin Königsmarck zu beruhigen; ich werde dieserhalb veranlassen, dass auch der König an sie schreibt."[27]

Mit wachsender Befremdung beobachtete Anna Dorothea auch die politische Orientierung ihrer Stellvertreterin in Richtung der brandenburgisch-preußischen Schutzmacht. Deren Einmischung in die stiftischen Belange empfand sie als unerträglich und unrechtmäßig, als Bedrohung der althergebrachten Rechte der Abtei. Das gute Einvernehmen Maria Auroras mit dem Brandenburger verletzte und demütigte sie. Es schob sich als unüberwindbarer Keil zwischen die beiden Frauen.

Die Sedisvakanz

So kam es, dass Anna Dorothea, als sie spürte, dass sich ihr Lebensende näherte, das Thema ihrer Nachfolge neu aufrollte. Die Gräfin Königsmarck war ihr inzwischen keiner Rücksicht mehr wert. Auf dem Totenbett setzte sie sich über früher gegebene Versprechungen und Verpflichtungen hinweg und wählte unter Zustimmung der Dechantin und der Kanonissin eine neue Koadjutorin, die Prinzessin Magdalena Sybille von Sachsen-Weißenfels. Doch so einfach ließ sich, trotz aller berechtigten Verärgerung, das herrschende Recht nicht beiseite schieben. Von drei Seiten gleichzeitig wurde die willkürliche Entscheidung angefochten: in erster Linie von Maria Aurora als designierter Nachfolgerin auf dem Äbtissinnenstuhl, die sich plötzlich ihrer vernachlässigten Rechte besann; darüber hinaus vom Kurfürsten von Brandenburg, seit 1701 König in Preußen. Er folgerte aus seiner Schutzherrschaft über Quedlinburg, die in seinen Augen eine veritable Herrschaftsgewalt über das Stift und sein Territorium begründete, dass sein Einverständnis mit der Wahl der Klostervorsteherin zwingend notwendig sei; drittens vom Kaiser in Wien. Dieser verwarf die Wahl als nicht kanonisch, verzichtete aber aus politischen Erwägungen auf eine konkrete Einmischung.

Als Anna Dorothea am 24. Juni 1704 verstarb, konnte Magdalena Sybille das Amt der Äbtissin nicht übernehmen.

Maria Aurora Gräfin von Königsmarck. Schabkunstblatt von Fr. Schlüter nach einem angeblichen Selbstporträt.

Hans Christoph von Königsmarck (1600–1663), geb. in Schloss Kötzlin in der Mark Brandenburg, Großvater Maria Auroras, begründete den Ruhm und den Reichtum der Familie Königsmarck. (Schloss Skokloster, Uppland/Schweden)

Schloss Agathenburg bei Stade, Wohnsitz der Familie Königsmarck, erbaut von Hans Christoph von Königsmarck.

Maria Christina Gräfin Königsmarck,
geb. von Wrangel auf Lindeberg, Mutter der Maria Aurora.
Gemälde von David Klöcker Ehrenstrahl.
(Schloss Skokloster, Uppland/Schweden).

Kurt (Konrad) Christoph von Königsmarck, Vater der Maria Aurora, schwedischer Vizegouverneur von Bremen und Verden.

Maria Aurora von Königsmarck.
Gemälde von David Klöcker Ehrenstrahl,
1684 während ihrer schwedischen Jahre gemalt.

Stockholmer Stadtpalais des schwedischen Feldherrn
Karl Gustav von Wrangel, Bruder der Mutter Maria Auroras.
Kupferstich von Jean Marot. (Stockholm, Nationalmuseum)

Der jüngere Bruder Maria Auroras, Philipp Christoph von Königsmarck, Offizier in hannoveranischen Diensten, Günstling der Erbprinzessin Sophia Dorothea von Hannover.

Karl Johann von Königsmarck, der ältere Bruder Maria Auroras. Gemälde von Martin Mijtens, um 1680. (Östergötlands länsmuseum/ Schweden)

Maria Aurora von Königsmarck (links) mit ihrer Schwester Amalie. Kopie von Wilhelm Steuerwaldt, 1839, nach einem um 1700 gemalten Original. (Städtische Museen Quedlinburg)

Christiane Eberhardine von Brandenburg-Bayreuth (1671–1727), Gemahlin Augusts des Starken. Schabblatt von Pieter Schenk. (Dresden, Kupferstich-Kabinett)

August der Starke (1670–1733), Kurfürst von Sachsen, als August II. König von Polen. Gemälde von Louis de Silvestre d. J. (Moritzburg, Barockmuseum)

Maria Aurora von Königsmarck als „Göttin Diana".
Gemälde von Gottfried Kniller. (Privatbesitz)

Karneval im Dresdner Zwinger, 1722. Gemälde von Johann Alexander Thiele. (Dresden, Gemäldegalerie Alte Meister)

Jagdschloss Moritzburg bei Dresden, „Liebesnest" von August dem Starken und Maria Aurora.

Maria Aurora und August der Starke als Paar dargestellt auf einer Goldledertapete in Schloss Moritzburg.

Peter der Große, Zar und Kaiser von Russland 1682–1725. Emailbildnis von Georg Friedrich Dinglinger, vor 1714. (Dresden, Grünes Gewölbe)

Karl XII., König von Schweden 1697–1718. Gemälde eines unbek. Meisters, um 1817. (Schwerin, Staatliches Museum)

Maria Aurora von Königsmarck in dreifacher Gestalt. Gemälde von Hans Christoph Fehling. (Moritzburg, Barockmuseum)

Evangelisches Reichsstift zu Quedlinburg mit der Servatius-Stiftskirche. Heutige Ansicht.

Maria Aurora als Pröpstin von Quedlinburg.
Gemälde eines unbek. Meisters. (Privatbesitz)

Der Sohn Maria Auroras, Graf Moritz von Sachsen, Feldmarschall von Frankreich. Gemälde von Jean-Marc Nassier, 18. Jh.

Schloss Chambord an der Loire/Fankreich, Wohnsitz des Grafen Moritz von Sachsen von 1748 bis zu seinem Tod 1750.

Grabmal des Moritz von Sachsen in der evang. Thomas-Kirche in Straßburg, errichtet 1776 im Auftrag König Ludwigs XV. von Frankreich durch den Bildhauer Jean-Baptiste Pigalle.

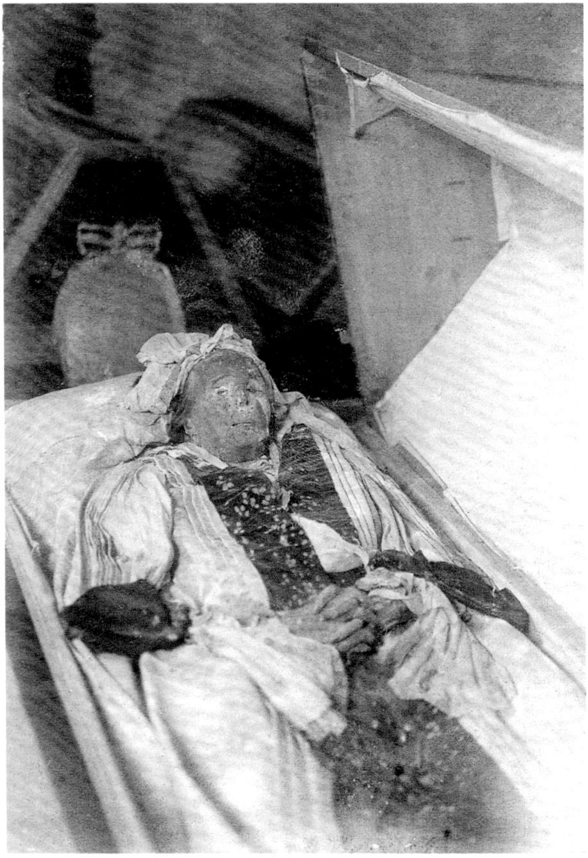

Im Oktober 1919 wurde der Sarkophag mit der mumifizierten Leiche Maria Auroras exklusiv für die Familie Königsmarck zum letzten Mal geöffnet. (Foto: Privatbesitz)

Sie tröstete sich, indem sie vier Jahre später ihren Cousin, den Herzog Johann Wilhelm von Sachsen-Eisenach heiratete.

In Quedlinburg stagnierten die stiftischen Angelegenheiten. Der Posten der Äbtissin blieb bis auf Weiteres vakant. Die Verwaltung des Stifts oblag der Gräfin Königsmarck als Stellvertreterin. Auf sie richtete sich nun die Aufmerksamkeit aller. Was würde sie unternehmen? Würde sie auf Dauer nach Quedlinburg zurückkehren und sich in die Pflicht nehmen lassen? Würde sie sich durchsetzen gegenüber den internen Widerständen und den Zwist um die Führungsposition mit Hilfe der Besatzungsmacht zu ihrem Vorteil entscheiden?

Maria Aurora bewies unvermutet neues Interesse. Sie kehrte zumindest zeitweilig zurück und kümmerte sich um einige dringende Erfordernisse. So wurde unter ihrer Leitung zwischen 1708 und 1711 die Südwand des Landhauses der Quedlinburger Stiftskirche neu aufgebaut. Eine Bauinschrift an der südlichen Seitenschiff-Umfassungswand erwähnt ihren Namen. Als 1711 ein Teil des Schlosses einfiel, sorgte sie für den Neuaufbau. Das Propsteigebäude auf dem Domberg verdankt ihr seine geschmackvolle innere und äußere Gestaltung.[28]

Maria Aurora, der nicht entgangen war, dass sich in den vergangenen Jahren die Stimmung auf dem Burgberg zu ihren Ungunsten entwickelt hatte, beschloss nun, da sie freie Bahn hatte, ihre Chancen wahrzunehmen. Nur vier Tage nach dem Ableben der Äbtissin richtete sie eine schriftliche Absichtserklärung an den preußisch-königlichen Stifts-Hauptmann in Quedlinburg, Urban Dietrich von Lüddeken, in der sie in unterwürfiger Weise ihre Loyalität gegenüber dem preußischen König bekundete. Sie versprach, „wenn ich Aebtissin werden sollte, mein vornehmstes Gesetz sein lassen, niemals etwas zu unternehmen, so Ihro königlichen Majestät missfällig sein könnte", und versicherte, „dass Ihro Majestät an mir keine incommode Aebtissin haben werden, sondern von meiner gehorsamen Erkenntlichkeit jeder Zeit reelle Proben sehen werden".[29] Maria Aurora erkannte also die Hoheit des Preußen uneingeschränkt an und verzichtete ausdrücklich darauf, sich an den Beschwerden und Klagen, die am kaiserlichen Hof anhängig waren, zu beteiligen. Sie lehnte sich umso bereitwilliger an den königlichen Schutzherren an, als sie, wie sie in dem gleichen Schreiben erwähnte, „allhier keinen Menschen habe, dessen Rat ich mich bedienen kann“.

Der preußische Kurfürst ließ seine Wunschkandidatin zappeln. Ihre Notlage verschaffte ihm Spielraum, um seine Machtposition auszureizen. Er entgegnete auf ihre Erklärungen, dass ihre Treueversprechungen und Zusicherungen zu vage und „allzu general“ seien. Die Pröpstin ließ sich nicht lange bitten und konkretisierte in fünf Punkten ihre Bereitschaft, sich zu unterwerfen. Zuvorderst gab sie in dem bisher wichtigsten Streitpunkt nach, nämlich der Steuerfrage. Sie versicherte, darin keine Schwierigkeiten machen und den Konditionen des Brandenburgers entgegenkommen zu wollen. Dann bestätigte sie den Vertrag von 1574, der die Zustimmung des Schutzherrn bei der Wahl der Äbtissin zwingend vorschrieb. Sie versprach auch, bei der künftigen Aufnahme und Beförderung von Stiftsdamen seine Empfehlungen zu befolgen. Ja, sie bot darüber hinaus an, alle Rechtsgelehrten, die die verstorbene Äbtissin beraten und so die Differenzen heraufbeschworen hatten, bei nächster Gelegenheit zu entfernen. Schließlich beschloss sie ihre Darlegung mit einer an Selbstaufgabe grenzenden Unterwürfigkeit: „Möchte auch meines Teils gerne, wenn es bei mir stünde, Ihro Majestät alle Reiche der Welt zu Dero Füßen legen, indem meine Devotion vor Dieselbst weit größer, als ich sie mit Worten exprimieren kann.“[30]

Um ihre schriftlichen Versprechungen mündlich zu bekräftigen, reiste Maria Aurora erneut nach Berlin, wo sie mit „vielen Ehrenbezeigungen“ empfangen wurde und wo sie ihre Bitten um Unterstützung für die Quedlinburger Kandidatur wiederholte.[31]

Doch die Liebenswürdigkeit und der Charme, mit denen sie sonst in der persönlichen Begegnung ihre Gesprächspartner zu gewinnen und auf ihre Seite zu ziehen wusste, verfingen diesmal nicht. Zu viele Parteien tummelten sich auf dem Terrain der Kapitelstreitigkeiten, zu viele Interessen galt es auszugleichen: Dem preußischen Schutzherrn kam die Sedisvakanz in

Quedlinburg nämlich sehr gelegen, um die Abtei weiter in seine Abhängigkeit zu ziehen und für sich so weitreichende Vorteile zu erlangen, wie sie der sächsische Kurfürst niemals besessen hatte. Der Kaiser in Wien konnte sich trotz aller politischen Rücksichten einer Stellungnahme nicht völlig entziehen. Die Gräfin Löwenhaupt erinnerte ihre Schwester wiederholt daran, seine vermeintliche Gönnerschaft zu pflegen: „Der Kaiserliche Hof wird freilich müssen menagiert werden, wie ich Euch schon oft geschrieben, und da ist kein Mittel als Geld zu."[32] Zuletzt schien sogar noch der polnische König seine Finger im Spiel zu haben. Davon ausgehend, dass August der Starke den Verkauf der Schutzherrschaft an die Bedingung geknüpft hatte, seine ehemaligen Mätresse auf den Äbtissinnenstuhl zu befördern, stellte die Gräfin Löwenhaupt gewagte Spekulationen an: „Zudem macht man ihm vielleicht weis, dass, wenn Ihr nicht Äbtissin werdet, er heute oder morgen dessentwegen könnte wieder Anspruch an Quedlinburg machen."[33] Sie gab ihrer Schwester den gut gemeinten Rat, sich in dieser Situation des Rückhalts im Stiftskapitel zu versichern: „Mir deucht, das Sicherste, ma chère Soeur, ist jetzt, nachdem Ihr des Königs von Preußen könnt versichert sein, dass Ihr Euch der Stimmen im Kapitel versichert; denn, wenn Euch das Kapitel für eine rechtmäßige Koadjutorin erkennt, kann es nicht fehlen, dass alle anderen Prätendentinnen müssen zurückstehen, und kann alsdann die kaiserliche Konfirmation nicht ausbleiben."[34]

Gegnerinnen im Kloster

Doch just die fehlende Akzeptanz innerhalb des Stifts sollte Maria Aurora zum Verhängnis werden. Die beiden Stiftsdamen neben ihr, zwei ältliche Schwestern, die Gräfinnen Eleonora Sophia von Schwarzburg als Kanonissin (geb. 1650) und Marie Magdalene von Schwarzburg als Dekanissin (geb. 1655), hatten schon zu Lebzeiten Anna Dorotheas gegen sie intrigiert. Nun wurde aus ihrer Ablehnung offene Todfeindschaft. In den Augen der frommen Kapitelschwestern war die

Gräfin Königsmarck eine verruchte Lebedame mit freizügigen Sitten und leichtsinnigem Lebenswandel, die, auf ihren materiellen Vorteil bedacht, durch ihre Freundschaft zum preußischen Hof die alterwürdigen Rechte und Besitztümer des Stifts zu opfern bereit war. Wenn sie die Gräfin schon im Kapitel dulden mussten, so würden sie sie als Äbtissin doch niemals akzeptieren. Als Maria Aurora während der Zeit, in der sie das Kloster als Pröpstin führte, über ihrem Chorstuhl in der Quedlinburger Stiftskirche ihr Familienwappen anbringen wollte, wurde sie von den Schwestern daran gehindert.[35]

Da die Äbtissin im Kapitel mehrheitlich gewählt werden musste, hatte die Gräfin Königsmarck gegen die beiden Schwarzburg-Schwestern, solange sie lebten, auch ungeachtet der preußischen Befürwortung und ihrer unbestreitbaren Nachfolgerechte, keinerlei Chance. Maria Aurora durchschaute schon bald die Situation, die sie „eine sehr verworrene Affäre" nannte, und machte sich immer weniger Illusionen. Nach und nach verabschiedete sie sich von der Hoffnung, jemals Äbtissin von Quedlinburg zu werden. Ihr alter Freund, der Herzog von Braunschweig-Wolfenbüttel, tröstete sie mit der Perspektive: „Ihre beiden geistlichen Ordensschwestern werden zum wenigsten dafür ins Fegefeuer kommen, dass sie mit ihrer sonderbaren Konduite solche Verwirrung angerichtet."[36]

Es galt nun, eine Kompromisskandidatin zu finden, mit der alle Parteien einverstanden sein konnten. Aus Wien wurde Elisabeth Ernestine von Sachsen-Meiningen vorgeschlagen. Maria Aurora stimmte sofort zu, war doch die Kandidatin eine Enkelin ihres väterlichen Freundes Herzog Anton Ulrich von Braunschweig-Wolfenbüttel. Maria Aurora unterrichtete ihn im Juli 1708 über den Stand der Dinge: „Es ist wahr, Monsieur, dass meine Ansprüche mir bis heute viel Hoffnung geben zu müssen schienen, aber ich sehe, wie sie durch die vorhandenen Schwierigkeiten geringer wird und zwar mit umso weniger Kummer, als der Vorteil ja Ihrer Hoheit, dem Fräulein Prinzessin von Meinung, Ihrer Enkelin zufällt. Ich bitte Sie, überzeugt sein zu wollen, Monseigneur, dass ich mich für keine andere verwenden, sondern versuchen werde, ihr mit jedem guten Dienst den ich ihr zu erweisen imstande bin, zu nützen."[37] Nur gut, dass Maria Aurora die Dinge so realistisch sah. Es wurde dem preußischen König zwar ein Empfehlungsschreiben zugunsten einer Äbtissin Maria Aurora vorgelegt, doch meinte Graf Flemming, dass kaum Hoffnung für sie bestünde.[38]

Die beiden anderen Kapitularinnen schlossen sich der kaiserlichen Empfehlung und dem Vorschlag der Pröpstin allerdings nicht an. Sie setzten sich vielmehr dreist über die geltenden Wahlbestimmungen hinweg und wählten am 7. November 1708 ihre Favoritin, die Prinzessin Maria Elisabeth von Holstein-Gottorp zur Äbtissin von Quedlinburg.

Auch sie stand der Pröpstin Maria Aurora nicht fern, war sie doch eine enge Verwandte des schwedischen Königshauses. Ihr Bruder war mit der Schwester Karls XII. verheiratet. So verwundert es nicht, dass sich sogar der schwedische Hof in die Frage ihrer Kandidatur einmischte und das Geflecht personeller Beziehungen zu ihren Gunsten auszunützen suchte. Die Schwester Karls XII., die Herzogin Hedwig Sophia von Holstein-Gottorp, bemühte die Gräfin Löwenhaupt in Hamburg: „Haben Sie doch die Gefälligkeit, wenn Sie der Frau Gräfin, Ihrer Schwester schreiben, sie für meine Schwägerin, die Prinzessin Maria Elisabeth, zu gewinnen, dass sie sich für dieselbe in der Quedlinburgischen Angelegenheit verwendet."[39] Subtil spann sie ihre Fäden weiter, wie ihr nächster Brief vom Oktober 1708 zeigte: „Mein Zweck bei dieser so delikaten Angelegenheit war und wird nie ein anderer sein, als von der günstigen Stimmung Ihrer Frau Schwester, worin Sie dieselbe versetzten, Nutzen zu ziehen für meine Schwägerin und sich so eine hilfreiche Stimme zu sichern, ohne uns in die freie Wahl zu mischen – Sie werden, was ich sage, verstehen!"[40]

Maria Aurora ließ sich jedoch nicht vor den Holsteinischen Karren spannen. Auf ihr Einwirken hin machte Preußen wieder einmal seine schutzherrlichen Rechte geltend und erklärte die Wahl der Holsteinerin für ungültig. Die Prinzessin wurde am Betreten des Quedlinburger Stiftsterritorium gewaltsam gehindert.

Der Streit entflammte erneut und wurde, wieder begleitet

von zahlreichen Denkschriften und Rechtserläuterungen, vor den Wiener Reichshofrat gebracht. Wieder einmal stand die Rechtmäßigkeit des Vertrags von 1574 am obersten Gerichtshof des Reiches zur Debatte. Dort wurde 1710 schließlich eine Neuwahl angeordnet, die unter kaiserlicher Überwachung stattfinden sollte. Diese Wahl hatte, da die beiden Schwarzburg-Schwestern die Stimmenmehrheit im Kapitel behaupteten, das gleiche Ergebnis wie die von 1708: Maria Elisabeth von Holstein-Gottorp.

Erneut protestierte Preußen gegen diese Wahl. Obwohl von Wien anerkannt, konnte der kaiserliche Kommissar in Quedlinburg der gewählten Äbtissin nicht zur Inthronisation verhelfen.

In diesen zermürbenden Kapitelstreitigkeiten ließ die Durchsetzungskraft der Pröpstin im Laufe der Jahre spürbar nach. Die permanenten, aggressiv ausgefochtenen Zwistigkeiten waren ihr im Innersten zuwider. Da sie es mit keiner Seite verderben wollte, engagierte sie sich mit der Zeit immer weniger und entzog sich durch erneute Abwesenheiten der Verantwortung, die ihr als Pröpstin oblag. Sie vermied es auch, in das üble Treiben der preußischen Militärbesatzung in Quedlinburg einzugreifen, da sie den Unmut des Königs fürchtete. So enttäuschte sie viele der Stiftsuntertanen und verlor deren Vertrauen. Zusehends entglitt ihr die Lenkung der Quedlinburger Stiftsbelange.

Der neue preußische König Friedrich Wilhelm I., der 1713 seinem Vater Friedrich I. auf dem Hohenzollerschen Thron gefolgt war, erkannte voller Schrecken diese Entwicklung. Im Juli 1717 sandte er ihr einen Eilbrief nach Hamburg, wo sich Maria Aurora gerade aufhielt, um ihr mitzuteilen, „dass ich sehr wünsche, Sie möchten sich baldigst nach Quedlinburg verfügen können. Sie wissen, in welcher Lage sich dort gegenwärtig die Kapitelsangelegenheiten befinden und dass dort die Gräfin von Schwarzburg alles nach ihrem Gutdünken macht, ohne irgend mit Ihnen Abrede zu nehmen … Sie werden selbst einsehen, von welcher Wichtigkeit es ist, dass Sie ohne Verzug nach Quedlinburg zurückkehren, um durch Ihre Gegenwart und durch Ihr Ansehen allen solchen Unordnungen abzuhelfen. Ich werde Ihnen dabei zu Hilfe kommen und bewillige Ihnen, wie Sie es nur wünschen mögen, zur Durchführung Ihrer löblichen Zwecke meinen Schutz."[41]

Im Stift war in der Zwischenzeit eine der Schwarzburg-Schwestern, die Dekanissin Eleonora Sophia, gestorben. Die überlebende Schwester hatte die Leitung der Abtei an sich gerissen, was ihr während der Abwesenheit der Pröpstin ein Leichtes war. Der preußische Schutzherr beobachtete besorgt, wie sein Einfluss dahinschwand und machte die Gräfin Königsmarck dafür verantwortlich: „Ich erfahre sogar, dass jene Gräfin (Schwarzburg), anstatt zur Herstellung eines guten Vernehmens zwischen mir und dem Kapitel zu wirken, nur darauf denkt, uns mehr zu veruneinigen, entweder weil sie übel beraten ist von Leuten, die bei einer solchen unregelmäßigen Verwaltung ihre Rechnung finden, oder weil sie sich darin gefällt, die Vorhand zu haben während der abteilichen Vakanz zu Quedlinburg und während auch Sie abwesend sind."[42]

Maria Aurora bestätigte das preußische Vorurteil. Wir erfahren, dass sie in Braunschweig ein Haus suchte und dort den Winter 1717/18 verbringen wollte, „um in Schussweite von dem zu sein, was sich in Quedlinburg abspielen könnte", wo eine Einigung völlig aussichtslos schien.[43]

Das Interregnum dauerte bis ins Jahr 1718. Vom Kaiser längst bestätigt, fügte sich Pröpstin Maria Aurora schließlich in die Notwendigkeit und erkannte die Prinzessin Maria Elisabeth von Holstein-Gottorp als neue Äbtissin an. Dem Kompromiss schloss sich nun auch Preußen an, von wo bisher nur Protest und Widerstand gekommen waren. Am 28. Juli 1718 konnte Maria Elisabeth in Quedlinburg einziehen und Amt und Würden der Äbtissin übernehmen.

Maria Aurora versuchte in den folgenden Jahren, sich mit den neuen Verhältnissen zu arrangieren, das Misstrauen abzubauen, das auf Grund der früheren Intrigen zwischen ihr und der neuen Äbtissin bestanden hatte und ein harmonisches Miteinander auf dem Quedlinburger Domberg herzustellen.

Wie hielt sie's mit der Religion?

Aus dem distanziert, zuweilen sogar gleichgültig wirkenden Verhalten der Pröpstin Maria Aurora entsteht leicht der Eindruck von Oberflächlichkeit, ja von Opportunismus in geistigen und geistlichen Fragen. Da unsere Gräfin aber dreißig Jahre hindurch Mitglied in dem klösterlichen Verband des Quedlinburger Reichsstifts war, muss es erlaubt sein, zum Abschluss dieses Kapitels ihres Lebens nach ihrer persönlichen religiösen Einstellung zu fragen.

Die Antworten, die sie uns bietet, sind dünn und spärlich. Maria Aurora hat keinerlei religiöse Bekenntnisse oder Äußerungen hinterlassen, die Rückschlüsse auf ihre Glaubensüberzeugung zulassen. Die einzigen Anhaltspunkte sind die religiösen Gedichte, die sie als junges Mädchen in Stockholm niedergeschrieben hatte und die sie später in Quedlinburg für die Gedichtsammlung „Nordischer Weihrauch" zusammenfasste. Sie müssen als Beleg dafür herhalten, dass ihr eine Neigung zu geistlicher Betrachtung innewohnte.

Wenngleich sie sich also persönlicher Glaubensbezeugungen enthielt, auch zum Konfessionswechsel ihres kurfürstlichen Liebhabers kein Kommentar überliefert ist, so sah sie sich doch offenkundig der konfessionellen Tradition ihrer Vorfahren verpflichtet, die streng im protestantischen Glauben verhaftet waren. Als in der Erziehung ihres Sohnes Moritz die religiöse Frage zum Thema wurde, fühlte sie sich herausgefordert, diesen Standpunkt energisch zu vertreten.

Wir greifen der Geschichte vor und springen ins Jahr 1709. Moritz war kein leicht erziehbares Kind. Er bewies keinerlei Interesse an geistiger Beschäftigung. Um ihn auf den erwünschten Weg zu führen, schlug sein Erzieher Graf Johann Mathias von der Schulenburg vor, ihn in Brüssel den Jesuiten zur weiteren Erziehung zu übergeben. Obgleich Maria Aurora von der Idee an sich sehr eingenommen war, verweigerte sie dennoch ihr Einverständnis. „Ich bin überzeugt, dass Ihre Pläne hinsichtlich der Erziehung des jungen Moritz zweckmäßig sind", schrieb sie an Schulenburg, „und ich stimme denselben unbedingt bei, da ich weiß, dass die bisherige Vernachlässigung seiner Erziehung schnelle und zuverlässige Abhilfe erheischt. Die Herren Jesuiten sind die rechten Leute, um gewandt diese Art von Fehlern auszugleichen, denn sie stehen im Rufe, dass sie sich nach den Talenten zu richten wissen, ohne denselben Zwang anzutun; sie verstehen es, lehrend sich einzumischen. Ich bin selbst oft auf den Gedanken gefallen, dass dieses etwas für unseren jungen verirrten Wildfang wäre; doch auf der anderen Seite fürchte ich, dass die Religion Gefahr läuft."[44] Sie könne es, so fährt sie fort, nicht mit ihrem Gewissen vereinbaren, ihn in einer anderen als der protestantischen Religion unterrichten zu lassen und somit womöglich einen Konfessionswechsel heraufzubeschwören. „Wenn ich ihn den Jesuiten übergebe, fürchte ich den Vorwurf zu verschulden, selbst zu seinem Katholischwerden beigetragen zu haben." Wenn allerdings der König selbst Moritzens Eintritt ins Brüsseler Jesuitenkolleg befehlen würde, sähe sie sich genötigt, „den Kelch zu leeren".

August der Starke, der Vater des Zöglings, mischte sich jedoch nicht in die religiöse Erziehung seines Sohnes ein, er gab ihm sogar selbst einen lutherischen Hofmeister zur Seite und gestattete der Gräfin Königsmarck, den kleinen Moritz in der protestantischen Konfession, in welcher er getauft war, erziehen zu lassen. Sie kam diesem Auftrag mit großer Ernsthaftigkeit nach und tat dieses sicherlich nicht aus Gründen der Opportunität, da sie Pröpstin in einem evangelischen Stift war. Die Entscheidung zugunsten des Protestantismus war für sie vielmehr eine Gewissenssache, eine Frage der inneren Haltung und Gesinnung. Ihren Brief an Schulenburg beschloss sie mit den Worten: „Zeigen Sie daher dem Luthertume fromme Zuneigung und ordnen Sie diese Angelegenheit auf eine das Gewissen nicht verletzende Weise."

Die Befürchtungen der Gräfin Königsmarck, dass König August auf dem Übertritt seines Sohnes zum Katholizismus bestehen könnte, bewahrheiteten sich nicht.

Von Moritz wissen wir, dass ihm der lutherische Glauben, in dem er erzogen worden war, später nicht mehr viel bedeutete, aber immerhin genug, um Verlockungen zu widerstehen, die auf eine Konversion abzielten. Er war das Einzige der Kinder des polnischen Königs, das sich nicht zum Katholizismus bekannte.

Die Gräfin Königsmarck sah sich selbst in der Kontinuität ihrer protestantischen Ahnenreihe, wollte dieser familiären Verantwortung gerecht werden und wusste sich von daher im freiweltlichen evangelischen Damenstift zu Quedlinburg am richtigen Ort. Von ihrer inneren Veranlagung her fühlte sie sich jedoch nie zum geistlichen Dasein berufen. Nonne zu sein, war nicht ihr Lebenszweck.

Das flotte Leben der Pröpstin

Bei ihrer Ernennung zur Pröpstin von Quedlinburg befand sich Maria Aurora zum ersten Mal in ihrem Leben – sie zählte inzwischen 38 Jahre – sozusagen in einer gesicherten Position. 4000 Reichstaler brachte ihr das Amt der Pröpstin jährlich ein. Diese Einnahmen garantierten ihr – wie nie zuvor – Unabhängigkeit und Freiheit.

Der Weg ins Kloster war also für die galante Gräfin ein Weg in die Freiheit. Endlich musste sie sich nicht mehr nach den Vorgaben anderer, ihrer Vormünder, ihrer Liebhaber, ihrer Verwandten richten. Endlich konnte sie ihren Alltag und ihre Zukunft nach eigenen Vorstellungen gestalten. Die Voraussetzungen für ein selbstbestimmtes Leben waren in reichem Maße gegeben. Maria Aurora war eine hochgebildete Frau, sie war in der europäischen Literatur von der Antike bis zur Gegenwart zu Hause, sie sprach fünf Sprachen akzentfrei, sie war schöpferisch tätig und wusste sich zu artikulieren in vielerlei Kunstrichtungen. Und sie war auch jetzt noch, in der Mitte ihres Lebens, eine gefeierte Schönheit. Ihre Attraktivität und ihr Ansehen hatten unter der Affäre mit dem Polenkönig nicht gelitten. Sie sah sich nach wie vor von allen Seiten umworben und konnte ihrer charismatischen Ausstrahlung vertrauen.

Maria Aurora erhoffte sich noch viel vom Leben, sie wollte Reichsfürstin werden, eine unerhörte Karriere, das Höchste, was ihr zu erreichen möglich war. Das Amt der Pröpstin war so gesehen für sie kein Ort asketischen Rückzugs oder selbst auferlegter Enthaltsamkeit, es bot ihr vielmehr die Plattform für neue Entfaltungen und Wirkungsmöglichkeiten.

Nach wie vor unternahm die schöne Gräfin zahlreiche Reisen. Man traf sie selten in Quedlinburg, dafür umso häufiger in Dresden, Leipzig oder Agathenburg und Hamburg, wo sie den Familiengeschäften nachging. Im Sommer 1698 gönnte sie sich, quasi als Belohnung für die vorläufigen Ergebnisse der Quedlinburger Angelegenheit, gemeinsam mit ihrer Schwester Badeferien in Töplitz, von denen sie in zwei literarischen Briefen – ähnlich denen aus Medevi – berichtete.[1]

Da die Zukunft des Quedlinburger Stifts noch immer ungewiss war, schmiedete sie sogar, ihrem geistlichen Stand zum Hohn, neue lukrative Heiratspläne. Vielleicht hatte sich der Kontakt in Töplitz angebahnt, jedenfalls hielt im Januar 1699 in Breslau der jüngst zum dritten Mal verwitwete Herzog Christian Ulrich von Württemberg (* 1652) um ihre Hand an. Er war ein alter Bekannter aus Hamburg, der in der Nähe Breslaus auf Oels und Bernstadt lebte. Die Partie schien glänzend. Sie stürzte Maria Aurora jedoch in einen tiefen Entscheidungskonflikt. Sollte sie diese Chance ihrer Daseinssicherung ergreifen und den Quedlinburger Aussichten entsagen?

Von allen Seiten mit guten und weniger guten Ratschlägen bedrängt und verwirrt, sah sich Maria Aurora überfordert, eigenständig die richtige Wahl zu treffen. Hilflos klagte sie: „Welche raten zur Verheiratung, andere mahnen auf eine so unartige Weise ab, dass Missmut und Verdruss mehr als Neigung imstande wären, meinen Entschluss zu ändern ... Was ist denn so sehr wider die Heirat zu sagen? Ich beginne weder eine Schlechtheit noch ein Verbrechen. Nach allem ist es ein Mann von meinem Stande." Außerdem fühlte sie sich von böswilligen Schwätzern verfolgt. „Das sind die, welche Lästerungen veranlassen und alle Welt sprechen machen, denn sie hören nicht auf zu schreien, zu schmähen, zu schreiben und Schweden, Deutschland und Frankreich mit ihrem Unsinn zu unterhalten." Schon damals also mussten sich Prominente gegen den Sensations-Journalismus zur Wehr setzen. Einmal mehr empfand sie ihre Ohnmacht, ohne männlichen Schutz im Leben bestehen zu müssen: „Nie habe ich tiefer gefühlt, wie viel vorteilhafter es für mich wäre, wenn ich Vater oder Oheim hätte, welche für mich antworten könnten, als dass mich jedermann hofmeistert und alle Welt mich beunruhigt." Der „einzig mir übriggebliebene Bruder, für dessen Erhaltung ich mit ganzem Herzen zu Gott bitte", war ihr Schwager Löwenhaupt. Er spielte in ihren Entscheidungsprozessen eine Schlüsselrolle. Als sie spürte, dass er von den Vorteilen der württembergischen Heirat nicht vollständig überzeugt war, gab sie ihren unsicheren Gefühlen nach und lehnte den Antrag ab.[2]

Angeblich hatte auch August der Starke sich gegen die Verbindung ausgesprochen – eine Stimme, auf die Maria Aurora noch immer hörte. Amalie von Löwenhaupt wusste dazu: „Alle Schwierigkeiten, die sie (Maria Aurora) macht, rühren daher, dass sie nicht weiß, wie der König die Sache aufnehmen wird."[3]

Noch während der Kontakte zu Christian Ulrich, Ende 1698, kaufte unsere Gräfin das Rittergut Wilxen bei Oels. Man nimmt an, dass sie glaubte, als Braut eines regierenden Herzogs Grundvermögen einbringen zu müssen. Sie musste für die erste Kaufrate von 10 000 Talern einen Kredit bei einem Herrn Kloos aufnehmen, da die 50 000 Taler, die August der Starke ihr versprochen hatte, in noch kleineren Positionen eintrafen.[4] Maria Aurora hielt sich in dem Landgut, „welches sie gar niedlich, ihrem Wunsch gemäß" fand,[5] öfters auf, auch gemeinsam mit ihrer Schwester, bevor sie es nach einigen Jahren wieder veräußerte. Am 17. Januar 1699 ließ sie sich von ihren Gutsuntertanen als Lehnsherrin und Amtsrichterin förmlich huldigen.[6]

In der Breslauer Gegend hat sie jedoch nicht nur angenehme Erinnerungen hinterlassen. Graf Löwenhaupt weiß zu berichten, dass seine Schwägerin dort in eine Affäre mit einem Herrn von Lützow und in Skandale verwickelt war und sich öffentlich in zweifelhafter Begleitung gezeigt habe. „Ich weiß", schreibt Löwenhaupt dazu, „dass dies alles lächerliche Märchen sind; dagegen weiß ich nicht, welcher böse Geist sie sich einmischen lässt in Dinge, welche ihr auf hundert Stunden Weges keine Sorge machen."[7]

Regelmäßig besuchte Maria Aurora die Leipziger Messe, auch wenn diese ein teures Pflaster darstellte, das fast über ihre Verhältnisse ging. Die Messestadt war nicht nur ein zentraler Handelsmittelpunkt, wo man Waren jeglicher Art erwerben sowie veräußern konnte, sie war auch eine Art sächsische Nebenresidenz und stellte ein gesellschaftliches Ereignis allerersten Ranges dar. Es boten sich dort die heitersten Zerstreuungen: Opernaufführungen, französische Komödien, Maskeraden, Musik und Tanz. Alles, was es an Merkwürdigkeiten und Kuriositäten in Europa gab, war hier zu sehen: akrobatische Vorführungen und artistische Zirkusnummern, Gesang und Spiel in den Straßen und ein Gewimmel von Masken. Alle kamen zusammen, die Rang und Namen hatten, der Hof, der Adel und Gäste aus aller Herren Länder, vor allem polnische Magnaten im Gefolge Augusts des Starken. „Bei dem Zusammenfluss von Fremden, welcher 1699 auf der Leipziger Michaelismesse stattfand, wo des Königs von Polen Anwesenheit Pracht und Festlichkeiten veranlasste, fehlte auch die Gräfin Königsmarck nicht", heißt es in einem zeitgenössischen Bericht.[8]

Maria Aurora hatte in Leipzig stets zweierlei im Sinn: Sie wollte sich vergnügen und ihre Sensationslust ausleben und gleichzeitig Geschäfte abwickeln, um der fortdauernden Geldnot ihrer Familie abzuhelfen. Ihre Schwester schreibt 1698: „Ihr sind auf der Leipziger Messe einige, doch weiß ich nicht, wie viele Gelder ausgezahlt, so dass ihre Sachen, Gott sei gedankt, auf recht gutem Fuße stehen."[9] Als in den folgenden Jahren die finanzielle Situation immer prekärer wurde, ließ Amalie durch ihre Schwester Familienschätze versetzen: „Wo ich nicht diese Messe zum wenigsten mit 2000 Talern geholfen werde, so weiß ich kein Mittel, den Winter über zu subsistieren, sondern ich muss auch noch mein übriges in Pfand stehendes Silber und Juwelen für nichts verkaufen und setze demnach mein Ganzes auf den glücklichen Succes dieser Messe … Gott gebe, dass ich doch könnte durch Eure Bemühung diese Messe zu etwas Geld kommen."[10] Die Schwestern veräußerten schließlich sogar Erbstücke ihres verschollenen Bruders Philipp. Nur vor seinen Waffen machten sie Halt, da einige darunter von besonderem Wert waren. Sie sollten an Liebhaber verkauft werden, um höhere Preise zu erzielen. Es war die Rede von einem Schwert aus der Prager Kriegsbeute des Großvaters Hans Christoph von Königsmarck, welches angeblich vom Papst an Kaiser Karl V. geschickt worden war, damit er mit seiner Hilfe die Ketzer bekämpfe.[11]

Leipzig wurde zum Dreh- und Angelpunkt der monetären Transaktionen Maria Auroras beziehungsweise konkreter ihrer Geldbeschaffungs-Anstrengungen. Zuweilen bekam Amalie ein schlechtes Gewissen, dass sie ihre Schwester zu sehr in Anspruch nahm. Dann fragte sie ängstlich: „Wird Euch Eure lange Abwesenheit in Quedlinburg nicht schaden können?"[12]

Auch in Dresden war die schwedische Gräfin präsent, empfing Besuche von einflussreichen Persönlichkeiten, traf sich mit dem Minister Flemming, mischte sich in höfische Intrigen um Einflüsse und Positionen, kümmerte sich um die Karriere ihres Schwagers und später ihres Sohnes und versuchte, die Fäden in der Hand zu behalten; kurzum: sie gehörte zu dem Kreis der Damen, die den Ton angaben.

Der Höhepunkt des immer wieder kehrenden Reigens höfischer Belustigungen war der Karneval. Es war üblich, dass sich bei diesem Anlass der Landesfürst, seine Familie, sowie der sächsische und polnische Hofadel in Verkleidung durch Dresden bewegten. Jedermann wusste, dass man auch die Gräfin Königsmarck zu dieser Zeit in Dresden antreffen konnte. „Der Karneval war sehr schön und prächtig", schrieb sie im Februar 1697 nach Hamburg. „Nur Opern fehlten; doch Ritterspiele, Ringstechen und das Götterfest haben diesen Mangel reichlich wett gemacht." Es gab außerdem eine „Quadrille" im Amphitheater, dem Vorgängerbau des Zwingers, eine „Wirtschaft", ein „Balett von Damen" und mehrere Redouten. Das Kostüm, das sie trug, hielt Maria Aurora vieldeutig „für die Aufführung wie für Abenteuer" gleichermaßen geeignet. Jeder Teilnehmer des Ritterspiels trug einen Schild, versehen mit einer Devise, die eine Dame aussuchen musste. Der Kurfürst, der als Alexander der Große erschien, hatte deren drei, darunter einen, der die Blitze schleudernde Hand Jupiters darstellte und die Aufschrift trug: „Ohne Herrn und ohne Nebenbuhler“.

Maria Aurora nahm diesen Vers zum Anlass, daraus einen beziehungsreichen Reim zu machen, der sich scherzhaft mit Augusts Verführungskünsten beschäftigte und zugleich indirekt auf die noch geheimen politischen Ambitionen des Kurfürsten in Polen anspielte.[13]

Auf die Gräfin Königsmarck wollte man nie verzichten, sie war das Schmuckstück eines jeden Festes. Dies erfuhr auch ihr Sohn Moritz, der den Auftrag erhielt, seiner Mutter im Jahr 1714 aus Dresden mitzuteilen: „Die polnische Dame (Gräfin Dönhoff) und der König wünschen sehr, dass Sie hierher kämen, um mit ihnen den Karneval zu verleben.“[14]

Der bekannte Weltenbummler Herr von Loen (1694–1776), der Großonkel Johann Wolfgang von Goethes,[15] dem wir von seinem Besuch am Dresdner Hof 1718 ein Sittengemälde verdanken, erwähnt in seinen präzisen Beschreibungen der Hofgelage unter den teilnehmenden Damen ausdrücklich auch die Gräfin Königsmarck. Bei einem mehrtägigen Jagdfest in Moritzburg am 14. August 1718, diesem Ort vielsagender Erinnerungen, stand sie neben der aktuellen Mätresse des Königs, der Gräfin Dönhoff, und der abgedankten, der Fürstin von Teschen, an der Spitze der Damen. In deren Kreis, zu dem sich auch der König gesellte, genoss sie die üppigen Moritzburger Vergnügungen. Sie hatte dabei die Freude, auch ihren Sohn Moritz unter den Kavalieren zu wissen.[16]

Besuche vom Zarenhof

Im Mai 1698 machte der russische Zar Peter der Große auf seiner Rückreise von Holland nach Russland in Dresden Station. August der Starke, der sich in Polen aufhielt, trug seinem Stellvertreter in Sachsen, Fürst Fürstenberg, auf, die Honneurs zu machen. Der Zar, der auf strengstes Inkognito Wert legte, wurde von Fürstenberg nachts in die berühmten Dresdner Kunstkammern und das „Grüne Gewölbe“, die private Schatzkammer des Kurfürsten, geführt. Als er sich zu Fuß über das Festungswerk zum Zeughaus begab und man den „schwarzen Gang" passierte, trat ihm dort die Gräfin Königsmarck in den Weg und erwies ihm ihre Reverenz. Bei einem kleinen privaten Abendessen wurde er von fünf Damen empfangen, unter denen sich auch die schöne Gräfin und ihre Schwester Gräfin Löwenhaupt befanden. Diese angenehme Gesellschaft beschwingte den Zaren derart, dass seine Stimmung immer ausgelassener wurde und das intime Souper nach russischer Manier zu einem lärmenden Fest ausartete. Der Zar – „recht ordentlich betrunken" – ergriff schließlich in Gegenwart der Damen die Trommelschlegel und bot musikalische Kostproben von hoher Perfektion dar. Am darauf folgenden Abend wurde Peter der Große noch einmal von diesem weiblichen Cercle zum Essen im Gartenpalast erwartet. Er amüsierte die Gesellschaft wiederum durch seine Trommelkünste und tanzte vergnügt bis zu seiner Abreise am frühen Morgen.[17] Fürst Fürstenberg meldete erleichtert an August den Starken: „Ich danke Gott, dass alles so gut vorübergegangen ist, denn ich hatte Angst, ich könnte diesem verwöhnten Herrn nicht hinreichend entsprechen."[18]

Die Liebenswürdigkeit der Gräfin Königsmarck sprach sich am Zarenhof herum. Als Jahre später der Sohn Peters des Großen, der Zarewitsch Alexej Petrowitsch, mit seiner Braut Charlotte Christine Sophie von Braunschweig-Blankenburg vor der Hochzeit in der Gegend weilte,[19] wurde er von Maria Aurora nach Quedlinburg eingeladen. Da die Russen im Ruf standen, das laute Spektakel zu lieben, gab man sich alle Mühe, den Erwartungen gerecht zu werden. Der alte Verehrer Maria Auroras, Herzog Anton Ulrich von Braunschweig-Wolfenbüttel, hätte dem Zarewitsch gar zu gerne die Inthronisation einer Äbtissin vorgeführt, als eine der „vielen Zeremonien, die die Moskowiter sonderlich lieben"[20], da jedoch keine in Aussicht stand, kündigte er den hohen Besuch ohne besonderen Anlass an: „werde ich mich mit ihm und seiner Bande einstellen, die mit ihm in sieben Personen bestehet, und komme ich mit meinem Vaterunser dazu, dass also Aurora nebst den beiden sequestrierten Heiligen (Schwestern

Schwarzburg), die sich um die Stiftssache renommieret gemacht, die Tafel wohl werden vollbekommen. Den 7. oder 8. Juli meine ich, diese Reise anzutreten."[21]

Der russische Besuch bedeutete ein außerordentliches und aufregendes Ereignis auf dem sonst so beschaulich ruhigen Quedlinburger Klosterberg. Die Gräfin Königsmarck konnte zeigen, was sie in Dresden an glanzvoller Hofhaltung und Zeremonienpracht gelernt hatte. Begierig ergriff sie die Gelegenheit, um nicht nur den erlauchten Gästen, sondern auch dem Stiftspersonal mit weltläufiger Grandezza zu imponieren.

Als Pröpstin führte sie das Empfangskomitee an, ließ junge, hübsche Harfenistinnen musizieren, Glückwunschgedichte aufsagen, von Jungfrauen einen kostbar geschmückten Myrtenkranz und Geschenke überreichen und ein Schäferspiel veranstalten, bei dem ein Wettlauf nach einem Hammel stattfand. Für alle gab es danach Tänze, Musik und Feuerwerk, für die hohen Gäste eine Mahlzeit in einem eigens über dem Bodestrom erbautem, mit grünem Blattwerk künstlich überzogenen Lusthaus, dessen Baldachin und Fenster mit Kränzen geschmückt waren. Kurz, es war ein grandioses höfisches Fest in dem Stil, den Maria Aurora in Dresden und Leipzig gewohnt war. Der Besuch klang am folgenden Tag aus mit einer festlichen Mittagstafel bei angenehmer Musik in dem großen Saal der Abtei.[22]

Bei diesem gesellschaftlichen Ereignis lebte Maria Aurora auf. Die höfisch anmutenden Belustigungen entsprachen ihrem Naturell mehr als die asketische Weltentsagung des Klosterlebens.

Das Objekt männlicher Verehrung

Am wohlsten jedoch fühlte sich die schöne Gräfin in der Gesellschaft interessanter Männer. Obgleich die Herzogin von Orleans 1699 die bissige, neiderfüllte Äußerung tat, „dass die Königsmarckin sich eilen muss, wo sie noch gefallen will; denn sie ist nun die Jüngste nicht mehr"[23], lagen der Gräfin nach wie vor die Herren der Schöpfung bewundernd zu

Füßen und huldigten ihr als Göttin der Morgenröte. Die antike Göttin Aurora galt in der barocken Zeit als Inbegriff unvergänglicher Schönheit. In geradezu idealtypischer Weise wurde dieses Motiv von der Gräfin Königsmarck versinnbildlicht, die sich über Jahrzehnte gleich bleibender Attraktivität erfreute.

So erklärte Herzog Ludwig Rudolf von Braunschweig-Blankenburg (1671–1735), der Sohn ihres alten Freundes Anton Ulrich, sie in Anspielung auf ihren Namen zu seiner Göttin – „Mehr als die Sonne selbst, liebe ich diese Aurora!" – und ließ ihr, seiner „nachbarlichen Schutzgöttin", einen selbst erlegten Achtender mit den Worten überbringen: „Der Hirsch konnte kein besseres Schicksal haben, als sein Grab in dem wahrhaften Tempel so vieler Schönheiten zu finden." Maria Aurora bedankte sich für das Geschenk mit einer Flasche „ihres herrlichen Bieres".[24]

Das Aussehen Maria Auroras entsprach, wie aus allen zeitgenössischen Äußerungen hervorgeht, vollkommen dem Schönheitsideal ihrer Zeit. Dieses tritt uns in der emphatischen Beschreibung der Gräfin durch einen unbekannten Verwandten entgegen, der nur versuchte, „Ihr Bildnis so zu entwerfen, wie ich es in der Wirklichkeit finde und wie es meinem Herzen eingedrückt ist ... und Ihnen zu sagen, dass man sich nichts Reizenderes denken kann, was Sie nicht in höchster Vollendung besitzen." Obgleich schon in reiferem Alter schwärmte er wie ein verliebter Jüngling: „Meine göttliche Gräfin ... Sie sind ein unschätzbares Kleinod, in Ihrem Besitze besteht das Glück und jede denkbare Freude." Mit sorgfältiger Detailtreue und „mit großem Zartgefühl" beschrieb er ihren „Reichtum körperlicher Reize", ihren Wuchs, der „anmutig ausgezeichnete Hoheit verrät", ihre Figur, weder zu stark noch zu schlank in einem „Ebenmaß, welches vollkommen zu Ihrer Größe stimmt", ihre Gesichtsfarbe, die „beständige Jugendblüte" zeigt und sie viel jünger erscheinen lässt als sie tatsächlich ist, ihre Haare „von ungewöhnlicher Fülle und Schwärze", das runde Antlitz, die offene, erhabene Stirn, die Augenbrauen als „Liebesbogen, nahe den Augen, welche Pfeile auf die widerspenstigen Herzen senden", ihre großen, dunklen, feuervollen Augen „voll wunderreichen Glanzes", ihre Lippen „von Natur gefärbt, immer blutrot", und ihre Zähne „in höchster Vollkommenheit".

Diese ästhetische Vollkommenheit wurde in seinen Augen noch überboten von ihren Geistesgaben. „Niemand in der Welt hat mehr Geist als Sie und zwar einen Geist, der immer erheitert. Sie gehören nicht zu den Schönheiten, welche nur für den ersten Anblick überraschen, sondern zu denen, von welchen man um so mehr bezaubert wird, je länger man sie bewundert." Seine Liebe, so schließt er, ging von der „Bewunderung unwandelbarer Eigenschaften aus"; er sei schon früher von dem Ruf und Glanz ihres Geistes mehr bezaubert gewesen als von ihrer Schönheit, die dem Wechsel unterworfen sei.[25]

Auch aus dem unparteiischen Mund Dritter wird uns die zeitlose Schönheit Maria Auroras bestätigt. So berichtet ein Carl Gustav Creutz im Oktober 1706 in einem privaten Schreiben an seine Frau von einer Visite der Gräfin Königsmarck, die auf dem Weg nach Leipzig ihn aufsuchte und deren Besuch er in der Messestadt erwiderte: „Sie (Maria Aurora) ist ein artiger und heiterer Mensch und ergeht es ihr recht gut und sieht sie wohl noch so gut aus wie früher."[26] Gleiches beobachtete auch der schwedische Generalleutnant Graf Magnus Stenbock, ebenfalls in Leipzig: „Mari Orore ... ist etwas dick geworden, sieht aber nicht übel aus, sie lebt en princesse."[27]

Jeder ihrer ausnahmslos adeligen Verehrer äußerte als höchsten seiner Wünsche, ihr persönlich zu begegnen und sich in ihrer Nähe aufhalten zu dürfen. Von ihrer charismatischen Erscheinung muss eine magische Anziehungskraft ausgegangen sein, die so manchen Herrn von Stand um den Verstand gebracht hat. In ihrem 47. Lebensjahr himmelte sie Herr von Glasenapp aus Dresden mit den Worten an: „Alle Erdenseligkeit, und ich glaube auch die des Paradieses liegt in dem einzigen Glücke, Sie zu sehen ... Jeder meiner Blutstropfen steht Ihren Winken zu Gebote ... Könnte ich doch wenigstens die Stelle des Stuhles vertreten, der des Abends zur Erholung von der Tageshitze dient!"[28]

Der Hauslehrer ihres Sohnes Moritz, ein Herr de Stötteroggen, bombardierte Maria Aurora monatelang mit verliebten Briefen, folgte ihr von Ort zu Ort, bettelte um ein Porträt und machte ihr Geschenke, auserlesene Essenzen aus Italien, eine Büchse Celle'schen Balsam und zwei Flaschen englisches Salz – „Letzteres ist gut gegen Kopfschmerzen."[29] „Da die Natur so verschwenderisch war bei Ihrer Ausstattung", schmeichelte er, „so treibt mich ein unbekanntes Etwas, Sie zu bewundern."[30] Schließlich sandte er ihr sogar einen Chiffrenschlüssel, damit sie seine verschlüsselten Botschaften lesen konnte, die aber nichts anderes beinhalteten als stets gleiche Liebesschwüre. Diese Form der Vertraulichkeit ging der Gräfin schließlich zu weit. Verärgert verbat sie sich derartige Freiheiten. Stötteroggen lenkte ein und versprach „für die Zukunft, Ihnen nichts zu berichten, als was meine Pflicht mir auferlegt"[31], d.h. Informationen über die Fortschritte des Sohnes Moritz.

Maria Auroras gefälliges, charmantes Wesen trug ihr sogar die Herzen derer zu, die eigentlich dem gegnerischen Lager zuzurechnen waren. So versäumten der Bruder sowie der Neffe der bösartigen Schwarzburg-Schwestern aus Quedlinburg keine Gelegenheit, der Gräfin Königsmarck ihre Reverenz zu erweisen. Gerade aus der Phase der strittigen Äbtissinnen-Wahl 1710 belegen mehrere Briefe ein vertrautes Freundschaftsverhältnis und häufige Besuche der beiden Herren bei der Pröpstin, die mit ihrer Schwester und deren Tochter in der Stiftsabtei Hof hielt und „Lustpartien" veranstaltete.[32]

Der „geistliche Stand" der Gräfin wurde von ihren Verehrern allem Anschein nach nicht gebührend ernst genommen. Er spielte in ihren gesellschaftlichen Kontakten keine Rolle. Der einflussreiche sächsische Minister, Leiter der kurfürstlichen Bauaufsicht, Graf Christoph August von Wackerbarth (1662–1734), nannte sie scherzhaft: „Unvergleichliche, doch für mich zu fromme Koadjutorin"[33] und bemerkte ironisch: „Der Ton Ihres Briefes ist so fromm, dass man Häuser darauf bauen könnte."[34] Ein anderer Kavalier meinte süffisant: „Wenn Sie einige Zeit das Los der Geistlichen versucht haben, so wird Sie, Madam, nun die gemachte Reise wieder auf den rechten Weg bringen und Sie werden weltlicher als je heimkehren."[35]

In späteren Jahren gesellte sich zum Reigen der Kavaliere ein sächsischer Adeliger, Graf Friese[36], der die schöne Schwedin in zahlreichen schwärmerischen Briefen zu überzeugen suchte, „dass ich Sie bis zur Raserei liebe". Der Graf zählte die Zeitabschnitte „nur nach Lebensfreuden. Das erste, zweite, dritte, vierte Mal, wo ich das Glück hatte, bei Ihnen zu sein, sind vier Jahrläufe, die meine Aufmerksamkeit festhalten. Meine Wünsche streben dem fünften Male entgegen."[37]

Maria Aurora verhielt sich reserviert. Das Übermaß an Komplimenten, mit dem sie während der vergangenen Jahre und Jahrzehnte überschüttet worden war, hatte sie misstrauisch gemacht, vielleicht sogar abgestumpft. Vom schönen Klang hohler Worte ließ sie sich nicht mehr beeindrucken. Ebenso wenig wie sie auf Schmeicheleien hörte, war sie auch zu Gefälligkeiten bereit. Gedichte des Grafen Friese kritisierte sie unbarmherzig. „Es macht mir Unruhe, dass die Verse, welche ich Ihnen sandte, keinen günstigen Eindruck verursachten", versicherte dieser bekümmert.[38]

Jedermann suchte, sich in der Gunst dieser Frau von Welt zu sonnen. Ihr legendärer Ruf reichte so weit, dass ein junger Leutnant im brandenburgischen Heer sich als ihr unehelicher Sohn ausgab, um sich durch die Verwandtschaft mit der galanten Gräfin Vorteile zu verschaffen. Nachdem diese die Unrichtigkeit seiner Behauptung bestätigt hatte, wurde ihm die Führung des Namens Königsmarck untersagt.[39]

Claes Gustav Horns letzter Versuch

In dem Kreis ihrer Verehrer tauchte zu allem Überfluss auch jener unglückselige Claes Gustav Graf Horn wieder auf, dem Maria Aurora doch schon vor Jahren den Laufpass gegeben hatte. Sofort versuchte sie, jegliche Initiative ihrerseits zu dementieren: „Was man Ihnen gesagt hat", schreibt sie an ihren Schwager, „ich sei von neuem und schriftlich in Verbindung getreten mit Herrn von H. ist nicht wahr. … und dass durchaus keine starke Zuneigung meinerseits für ihn spricht." Vielmehr taxierte sie seine neuerlichen Avancen mit kühler Berechnung: „Ich habe ihm bei seiner Abreise gesagt, dass, solange er nicht besser stände und nicht in einer Lage sei, wo alle Welt einen solchen Schritt billigen müsste, er sich nicht die entfernteste Hoffnung machen dürfe."[40]

Dennoch gab es in den folgenden Jahren unfreiwillige Kontakte zu Horn: Auf der Leipziger Frühjahrsmesse des Jahres 1708 sprach ein suspekt erscheinendes Individuum bei der Gräfin vor und wollte einen Brief abgeben. Er wurde jedoch wegen seines heruntergekommenen Erscheinungsbildes von der Dienerschaft nicht vorgelassen und erst recht zurückgewiesen, als man bemerkte, dass er Schwede war. Kurz darauf offenbarte sich Horn in einem Brief, den er an die Gräfin richtete: „Mit Schrecken und Abscheu erfahre ich von dem Betragen einiger Eurer Landsleute. Als ich mir die Freiheit nahm, einen Brief in Eurer Wohnung in Leipzig persönlich abzugeben, um Euch darin von meiner bedrückten Lage zu benachrichtigen, ließ man mich verstehen, dass man meinen Brief nicht zu empfangen wage, da Eure Excellence so häufig von gewissen Schweden belästigt worden wäre, die ohne Rücksicht und schuldige Ehrerbietung Euch schrieben und Euer Wohlwollen schmählich belohnten, dass Ihr Euch veranlasst gefunden hättet, den Empfang von Besuchen und Briefen zu verweigern… Doch muss Eure Excellence mir die Gerechtigkeit wiederfahren lassen, mich nicht zu solchen Leuten zu zählen." Im Gegensatz zu anderen schwedischen Bittstellern hatte er das Glück, von ihr noch ein letztes Mal erhört zu werden. Im gleichen Brief bedankte er sich für die Gewährung von vierzig Talern, „um welche ich Sie zu ersuchen wagte", und versprach, „sogleich nach dem Empfang derselben werde ich abreisen".[41] Ob er die geliehene Summe, wie er versprach, im nächsten Sommer zurückbezahlte, wissen wir nicht. Es ist kein weiteres Lebenszeichen von ihm überliefert. Angeblich kam er bei einem Duell auf der Flucht ums Leben.[42]

Bis in ihr fortgeschrittenes Alter blieb Maria Aurora das glühend bewunderte und angebetete Objekt männlicher Begehrlichkeit. Galante Briefe eines jungen Schweden Graf Axel Cronhielm belegen, dass auch die betagte Gräfin noch Eroberungen machte. 1727, als sie 65 Jahre zählte, beschwor Cronhielm, der auf dem Weg nach Kurland bei ihr Station machte, „die Reize Quedlinburgs“ und gestand, „meine süßesten Stunden sind die, welche mir die Freuden, die ich in der Probstey genoss, vergegenwärtigen“[43].

Aus den spärlichen und lückenhaften Überresten, die auf uns gekommen sind, dürfen wir schließen, dass die Zahl der Verehrer Maria Auroras in Wirklichkeit noch viel größer gewesen sein muss, als wir in dieser knappen Aufstellung präsentieren konnten. Doch keinem ihrer bekannten und unbekannten Liebhaber ist es gelungen, ihre Gunst auf Dauer zu erobern. Heiratsabsichten zerschlugen sich, wie die Verbindung mit dem Herzog Christian Ulrich von Württemberg. Die Behauptung des Grafen Friese,„dass Sie allein imstande sind, den unbeständigsten Mann zu fixieren“[44], entsprach nicht den wahren Verhältnissen. Maria Aurora konnte zwar Leidenschaft entfachen und Sehnsüchte wecken, aber kein Gefühl bewahren. Da ihre eigenen Empfindungen – mit der einzigen Ausnahme ihrer Jugendliebe Horn – stets flüchtig und oberflächlich waren, blieben alle ihre Kontakte, alle Begegnungen unverbindlich. Sie wollte oder konnte die ihr dargebrachten Gefühle nicht in Treue erwidern. Die unsentimentale, gemütlose Haltung, die sie in allen Beziehungen offenbarte, bescherte der Abenteurerin großen Stils für die letzten Jahren ihres Lebens zunehmende Einsamkeit.

In diplomatischer Mission im Nordischen Krieg

Maria Aurora stand zwar als Pröpstin von Quedlinburg auf eigenen Beinen und erfreute sich finanzieller Unabhängigkeit. Das Schicksal ihrer Schwester und deren Familie ließ sie jedoch nicht unberührt. Ja, gerade durch ihre sichere Lebensstellung wurde sie für alle Verwandten zur Hoffnungsträgerin, zur zentralen Person innerhalb der Familie, von der man sich Ehre und materiellen Profit erhoffte.

Von daher lässt sich erklären, warum Graf Löwenhaupt so sehr daran interessiert war, Maria Aurora an der Spitze des Quedlinburger Damenstifts zu wissen. Er verhehlte nicht seine berechnenden Hintergedanken und erklärte offen: „Ich werde mein Möglichstes tun, sie zu vertreten und ihre Wünsche in Betreff der Abtei zu unterstützen. Mir wäre es sehr erwünscht, wenn sie die Stelle erhielte, sowohl für ihre eigene Ehre, als für die ihrer Familie."[1]

Das Engagement Löwenhaupts war also von einer gehörigen Portion Eigennutz getragen. In dem Maße wie die finanzielle Not der Familie zunahm, stiegen die Erwartungen und der Druck auf die Gräfin. Gutmütig wie sie war, ließ sie sich in die familiäre Pflicht nehmen. Als die Situation eskalierte, sprang sie beherzt in die Bresche und setzte in einem tollkühnen Unternehmen ihren guten Namen, vielleicht sogar ihr Leben aufs Spiel.

Schauen wir, wie es dazu kam.

Die Familien Königsmarck und Löwenhaupt ließen sich als wahre Europäer keiner Nation ausschließlich zuordnen. Sie standen quasi mit einem Fuß in ihrem Ursprungsland Schweden und mit dem anderen in ihrer Wahlheimat Sachsen beziehungsweise Polen und versuchten, den Spagat zwischen beiden auf Dauer zu halten. An Schweden fühlten sie sich gebunden durch familiäre Beziehungen und durch die Güter, die sie nach wie vor in dem nordischen Land besaßen. Nach Sachsen-Polen gab es Verbindungen durch das militärische Dienstverhältnis Löwenhaupts zu August dem Starken sowie durch die Liaison Maria Auroras mit dem Monarchen, die in ihrem gemeinsamen Sohn Moritz lebendig blieb.

Im Oktober 1697, nach dem Thronwechsel in Schweden, reiste Löwenhaupt über Dänemark in seine skandinavische Heimat, um sich dort der Immobilienangelegenheiten der Familie anzunehmen. „Mit Ungeduld" sah seine in Dresden verbliebene Gattin „der Nachricht entgegen, wie Du das Vaterland wiederfindest; ob schlechter oder besser"[2], und musste nach seinen ersten Briefen betrübt zur Kenntnis nehmen, „dass ich Schweden nicht wieder erkennen würde, wenn ich dort wäre; aber umso schlimmer, da die Veränderung uns nicht vorteilhaft ist".[3] So unterstützte sie berufliche Überlegungen des Grafen, die darauf hinausliefen, „den Dienst des Königs von Polen beizubehalten und fernerhin nicht an eine Rückkehr nach Schweden zu denken".[4] Es schien auch vorteilhafter, den Aufträgen Augusts in Polen als in Sachsen nachzukommen. „Ich stimme Dir bei, lieber Graf", schrieb sie, „dass uns Polen heilbringender und unendlich erfreulicher sein wird, als das Sachsenland, wo es während der Abwesenheit des Herrn und bei deren Folgen unerträglich ist."[5] Aus vielen Briefen gewinnen wir den Eindruck, dass Löwenhaupt sich in der Entourage des polnischen Königs gut aufgehoben fühlte, dass er das Vertrauen Augusts genoss, der häufig bezeugte, wie zufrieden er mit ihm war.

Aus Schweden zurückberufen, setzte sich Löwenhaupt mit voller Kraft für die Sache Augusts ein und warb für ihn auf eigene Kosten ein Korps von Musketieren an, die er nach Warschau führte. Diese stolze Aktion brachte ihm zwar das Wohlwollen des Königs ein, zehrte aber empfindlich an seinen finanziellen Rücklagen. Als 1700 der große nordische Krieg ausbrach, konnte die Familie Löwenhaupt nicht mehr auf ihre Güter, die auf schwedischem Territorium lagen, zugreifen. Sämtliche schwedischen Einkünfte fielen weg, und die Situation spitzte sich zu. „Nicht einen Heller Geld habe ich jetzt zu meinem Unterhalte", klagte die Gräfin Löwenhaupt. „Wäre ich nicht hier bei meiner Schwester, so wüsste ich nicht, was ich anfangen sollte."[6] Ihr Mann appellierte an ihr Durchhaltevermögen. „Ich arbeite nach Möglichkeit, um die Geldvorschüsse ... zu erhalten. Bis dahin hoffe ich, wird Dir die Schwägerin beistehen. ... Bis dahin bin ich bei ihrer Liebe für Dich gewiss, dass sie Dich aller Verlegenheit entziehen wird."[7]

Auf Maria Aurora, die Hoffnungsträgerin, richteten sich die Hilfe suchenden Blicke der Angehörigen, als der Nordische Krieg ausbrach, der die Länder und die Personen unserer Geschichte in seinen verhängnisvollen Sog zog.

Der Nordische Krieg bricht aus

Erinnern wir uns: August der Starke hatte, kaum dass er sich den sächsischen Kurfürstenhut seines verstorbenen Bruders aufs Haupt gesetzt hatte, seine begehrlichen Blicke auf das benachbarte Königreich Polen geworfen, dessen Thron seit dem Tod von Johannes III. Sobieski vakant war. Die Erringung der polnischen Krone hatte ihn nicht nur horrende Summen gekostet, sein Stammland Sachsen ausgeblutet und ihn dazu gezwungen, die Schutzherrschaft über Quedlinburg zu verkaufen; vielmehr hatten ihm die polnischen Adeligen im Vorfeld Zugeständnisse abgerungen, die ihn später teuer zu stehen kamen. Neben der erzwungenen Konversion zum Katholizismus hatte er eine Wahlkapitulation unterschreiben müssen, durch die er sich verpflichtete, mit eigenen, d. h. sächsischen Mitteln, den Polen früher entrissene Gebiete, wie das an Schweden verloren gegangene Livland, zurückzuerobern.

Die Gelegenheit, dieses Versprechen zu erfüllen, bot sich rascher als erwartet, als 1697 der schwedische König Karl XI. starb und das Großreich an seinen 15-jährigen Sohn überging, der als Karl XII. (1682–1718) im gleichen Jahr den Thron bestieg.

Karl XI. hatte aus Schweden einen militärisch starken und finanziell gesunden, absolutistischen Großmachtstaat gemacht, Letzteres kraft seiner rücksichtslosen Reduktionspolitik, durch die er den schwedischen Adel, darunter auch die Familie Königsmarck, entmachtet hatte. Nicht nur im Innern, sondern auch in seinen weiteren Provinzen hatte der Schwedenkönig seine absolutistischen Machtansprüche auf Kosten althergebrachter Rechte und Privilegien durchgesetzt. In der baltischen Provinz Livland, die 1660 im Frieden von Oliva von Polen unter der Bedingung an Schweden abgetreten worden war, dass die livländischen Landesfreiheiten gewahrt blieben, rief diese Politik heftigen Protest hervor. Teile des livländischen Adels scharten sich hinter ihren Wortführer Johann Reinhold von Patkul (1660–1707) und organisierten den Widerstand. Patkul gelang es, König August von Polen für das Vorhaben zu gewinnen, Livland vom schwedischen Joch zu befreien. Diesem war die Verletzung der livländischen Landesprivilegien durch Schweden ein willkommener Vorwand, seine Wahlversprechungen einzulösen und zugleich seine Stellung als König in Polen zu stärken.

Vor diesem Hintergrund fand sich eine Koalition zusammen, die glaubte, den Thronwechsel in Schweden ausnützen und die nordische Großmacht in ihrer vermeintlich schwachen aktuellen Situation in die Grenzen des frühen 17. Jahrhunderts zurückzudrängen zu können. König Friedrich IV. von Dänemark, König August der Starke von Sachsen-Polen und Zar Peter der Große vereinbarten einen gemeinsamen militärischen Überraschungsschlag gegen Schweden. In ersten Vorstößen fielen sächsische Truppen in Livland und dänische in dem mit Schweden verbündeten Holstein ein.

Niemand erwartete vom jungen schwedischen König ernsthaften Widerstand. Doch durch die Art und Weise, wie er mit unverbrauchter Kraft und kühner Tapferkeit die Herausforderung der kontinentalen Mächte annahm und auf die unerwarteten Aggressionen an mehreren Fronten antwortete, verblüffte er die etablierten Monarchen und lehrte sie das Fürchten.

Karl XII. war sorgfältig auf sein hohes Amt vorbereitet und von seinem Vater früh mit dem Kriegswesen vertraut gemacht worden. Im Jahr des Kriegsausbruchs soll er im schwedischen Staatsrat das Gelübde abgelegt haben, er wolle niemals einen ungerechten Krieg beginnen, aber keinen rechtmäßigen anders als mit völliger Demütigung seiner Feinde beenden.[8] Diesen Vorsatz auf dem Banner, reagierte er spontan, ohne viel Zeit zu verlieren. Er zwang Dänemark schon im Jahr 1700 unter das Friedensdiktat von Travendal, womit es vorerst aus dem Kriegsgeschehen ausschied. Anschließend überquerte er das Baltische Meer und fügte im November des gleichen Jahres bei Narwa mit seinem kleinen, zahlenmäßig unterlegenen Heer dem russischen Zaren Peter dem Großen eine beschämende Niederlage zu. Unweit von Riga ging er über die Düna und vertrieb im Juli 1701 die sächsischen Truppen Augusts des Starken. Nach diesem Sieg fiel der Schwede in Kurland ein. Der Weg nach Warschau und Krakau, ins Herz der polnischen Monarchie, stand ihm offen.[9]

Die Situation König Augusts spitzte sich dramatisch zu. Denn nicht nur der Schwede rückte näher, auch im Inneren Polens wurden Stimmen laut, die sich einen anderen König wünschten. Man sah dort das livländische Abenteuer Augusts als eine rein sächsische Unternehmung an, in die Polen nicht hineingezogen werden wollte. Die polnischen Reichsstände bereiteten ihrerseits separate Friedensbotschaften an den schwedischen König vor.

In dieser bedrohlichen Situation erschien Maria Aurora Gräfin von Königsmarck in den letzten Tagen des Jahres 1701 am polnischen Königshof und bat um Audienz.

Familiäre Sorgen hatten sie nach Warschau geführt. Neben der verschärften pekuniären Notlage, gab es eine neue, noch gravierendere Sorge: Graf Löwenhaupt befand sich in existenzieller Gefahr. Der schwedische König Karl XII. hatte die im Ausland lebenden oder gar in fremden Kriegsdiensten stehenden Schweden zurückgerufen und bei Nichtbefolgen den Verlust aller Rechte und Besitzungen in der Heimat angedroht. Löwenhaupt hatte diesem Aufruf keine Folge geleistet. Als bekannt wurde, dass er stattdessen für den polnischen König Truppen ausgehoben und diese nach Warschau geführt hatte – wovon er in vielen Briefen so stolz berichtete –, klagte man ihn in Schweden des Landesverrats an. Dieser Prozess brachte sein Leben und seinen Besitz in höchste Gefahr.

Maria Aurora ließ das Schicksal ihrer Angehörigen nicht unberührt. Sie fasste den Entschluss, den König, den sie noch als kleines Kind in Schweden in Erinnerung hatte, aufzusuchen, um ihm persönlich die Anliegen der Häuser Königsmarck und Löwenhaupt vorzutragen. Am Jahresende 1701 brach sie von ihrem Gut Wilxen bei Breslau, wo sie sich seit dem Herbst aufgehalten hatte, nach Warschau auf. Ihrem Schwager Löwenhaupt teilte sie ihre baldige Ankunft und ihre Absicht, ins Schwedenlager weiterzureisen, unter dem Siegel größter Verschwiegenheit mit.

Es zeugt von dem unbegrenzten Vertrauen, das Löwenhaupt in die Fähigkeiten seiner Schwägerin hatte, dass er ihr ohne Zögern die Wahrnehmung der familiären Geschäfte überließ. Erleichtert wandte er sich an seine Gemahlin, die zunächst nicht informiert und dann eigentlich gegen die Pläne eingestellt war: „Ich weiß nicht, ob Dir die Gräfin Aurora geschrieben hat, dass sie aus Freundschaft für uns und auch in ihren eigenen Angelegenheiten eine Reise zum König von Schweden machen will. Noch ist mir ungewiss, ob der unserige (König) damit zufrieden ist; doch wenn er seine Einstimmung gibt, habe ich große Erwartung von ihrem Geschick, dass sie uns einen guten Ausweg aus unserer großen Verlegenheit schafft."[10]

Als Maria Aurora am zweiten Weihnachtsfeiertag in der polnischen Hauptstadt eintraf und verlangte, zum König vorgelassen zu werden, zeigte sich Löwenhaupt jedoch merkwürdig verzagt und wagte nicht, sie bei Hofe zu melden. Erst der ehemaligen Ziehtochter, der Türkin Fatima, der inzwischen einflussreichen Gefährtin des Königs, gelang es, eine Audienz zu ermöglichen.[11]

König August der Starke empfing seine ehemalige Mätresse voller Wohlwollen. Er stimmte ihrem Plan, ins Schwedenlager zu reisen, umso bereitwilliger zu, als er die Chance erkannte, der Gräfin einen Auftrag in eigener Sache mitgeben zu können. Sie sollte den Schwedenkönig um Frieden in dem Krieg bitten und die Wege für eine künftige freundschaftliche Begegnung ebnen. Obgleich es nicht dem Geschmack Augusts entsprach, mit einer Frau politische Geschäfte zu verhandeln, schien ihm niemand geeigneter, diese heikle Mission zu meistern, als die unwiderstehliche, charmante, kluge und im diplomatischen Umgang geschickte Gräfin Königsmarck. Sie war ebenso gut Deutsche wie Schwedin und in ihren beiderseitigen Bindungen die ideale Vermittlerin. Sie kannte die Gepflogenheiten des nordischen Hofes, sprach die gleiche Muttersprache wie Karl XII. und konnte folglich bei dem Schweden einen Vertrauensvorschuss beanspruchen wie niemand anders. Sie hatte den königlichen Knaben sogar schon dichterisch besungen, hatte die Götter der griechisch-römischen Mythologie seine Tugenden rühmen lassen und ihren Lobgesang mit den Worten beschlossen:

> „Seinen Ruhm kündeten der Unsterblichen Heere,
> Schenkten im Tempel des Nachruhms dem Lebenden Ehre,
> Aber Venus und Bacchus schwiegen vereint!"[12]

Die Gräfin Königsmarck kannte den Menschen Karl offensichtlich gut, wusste um seine Stärken und Schwächen und traute sich zu, ihn anzusprechen und für ihre Sache zu gewinnen.

Ein weiterer Beweggrund für August, sich der Reisepläne Maria Auroras zu bedienen, war die Chance der Geheimhaltung. Von seinen Friedensabsichten sollte niemand erfahren, weder die Polen, die ihrerseits um Vermittlung bemüht waren, noch der verbündete russische Zar. Die Gräfin, die bekanntermaßen in privaten Familienangelegenheiten zu Karl XII. reiste, würde unverfänglich und ohne Aufhebens die Aufträge Augusts durchführen können.

Der König stattete sie mit eigenhändig geschriebenen Briefen und Beglaubigungsschreiben an König Karl XII. und seinen ersten Minister Graf Karl Piper (1647–1716) aus. Gegenüber Piper begründete er den Auftrag seiner Unterhändlerin: „Die Gräfin Königsmarck besucht den Hof des Königs, Ihres Herrn, in Privatangelegenheiten; ich benutze so günstige Veranlassung, Sie von meiner Hochachtung für diesen Fürsten zu benachrichtigen. Nichts wünsche ich eifriger, als mit ihm in gutem Einverständnis zu leben, da ich jetzt befreit bin von Verpflichtungen, welche mich bisher zum Kriege wider ihn zwangen. Lassen Sie uns das gute Einverständnis wieder herstellen; lassen Sie es uns vervollständigen durch neue Bündnisse, welche ich nach der nahen Verwandtschaft[13] und nach der so entschiedenen Zuneigung, welche ich für den König, Ihren Herrn habe, eifrig suche. Ich bitte Sie, allen Zusicherungen, welche Ihnen die Gräfin Königsmarck in meinem Namen macht, Vertrauen zu schenken. Ich verlange nur nach der Freundschaft des Königs zu meiner eigenen Genugtuung wie zur Vermehrung seines Ruhmes."[14]

König August versah Maria Aurora also nicht nur mit ausgedehnten Vollmachten, sondern räumte ihr einen Handlungsspielraum ein, den sie nach eigenem Ermessen ausnützen sollte. Konnte er einen größeren Beweis seiner Wertschätzung und seines Zutrauens in die Talente Maria Auroras erbringen, als sie mit einer politischen Mission zu beauftragen, die von größter Tragweite für den Bestand seiner Monarchie und für die Zukunft seiner polnischen und sächsischen Länder war?

Mit einer gut gefüllten Reisekasse versehen – Maria Aurora bestätigte am 27. 12. 1701: „Vier Tausend Reichsthaler Species seindt Mier auf aller Gnädigsten Königl. Polnisch und Churf. Dl. zu Sachsen Befehl ... zu gewisser Angelegenheit richtig und wohl ausgezahlt worden"[15] – schickte August sie auf den Weg durch das winterlich verschneite Polen über Königsberg direkt ins Hauptquartier des schwedischen Monarchen. Ihre Begleitung bestand aus einer Kammerzofe, einem Diener namens Rudolph, der im Dienste ihres Schwagers Löwenhaupt stand, und weiteren Lakaien, „welche alle bewaffnet sind", wie ihr Schwager beruhigend mitteilte, „so dass ich glauben darf, sie sei auf der Reise vor einem Angriff von Gesindel sichergestellt".[16]

Große Hoffnungen und die besten Wünsche begleiteten Maria Aurora bei dem riskanten Unternehmen, das sie mit Elan und Abenteuerlust auf sich nahm. „Morgen will die Gräfin abreisen", kündigte Löwenhaupt am 28. Dezember 1701 seiner Gemahlin an, „Gott gebe ihr gute Verrichtung, dann können wir auch für uns auf glückliche Ereignisse hoffen".[17]

Voller Ungeduld wartete man auf erste Nachrichten. Als nach vierzehn Tagen der Postillon, der sie nach Königsberg bringen sollte, noch nicht zurückgekehrt war, begann Graf Löwenhaupt, sich Sorgen zu machen und alle denkbaren Ursachen für das beunruhigende Ausbleiben von Lebenszeichen zu erwägen, so z. B. die, „ob ihre ersten Briefe nicht abgefangen sind, um den eigentlichen Zweck ihrer Reise zu erfahren". Auch musste er sich nun gegenüber den Vorwürfen seiner Gemahlin verteidigen, die sich in tausend Ängsten um die Schwester verzehrte. „Du kannst, meine Teure", versicherte er ihr, „überzeugt sein, dass ich allein unserer Angelegenheiten wegen die Gräfin nie einer solchen Reise würde ausgesetzt haben ... Übrigens sehe ich nicht ab, dass sie etwas dabei wagt, da sie eine bevorrechtigte Geistliche ist und den Schutz des Reiches genießt."[18] Ob allerdings in diesen Kriegszeiten ihre Stellung als Pröpstin des Reichsstifts Quedlinburg einen wirksamen Schutz bot, darf man bezweifeln. Das Argument sollte wohl vorrangig dazu dienen, die Gräfin Löwenhaupt zu beschwichtigen.

Am 18. Tag trafen endlich zwei Briefe aus Königsberg ein, einer überbracht von dem Postillon, der andere durch die brandenburgische Post. Darin teilte die Gräfin Königsmarck mit, dass sie sich wohl befände und ihre Reise nach Kurland fortsetze, wo sich auf Kreuzburg die Kanzlei des Königs von Schweden sowie Graf Piper befinden sollten. Den Aufenthaltsort des Königs habe sie noch nicht in Erfahrung bringen können. Sie vermutete ihn zu Dünamünde oder Riga.[19] Mit wachsender Unruhe verfolgte man in Warschau jeden weiteren Schritt der Gräfin. „Von Königsberg bis zum Lager oder bis zu den Quartieren der Schweden hat sie nichts zu fürchten", glaubte Löwenhaupt zu wissen, „denn sie berührt keine Gegenden, wo sie auf polnische oder lithauische Truppen, die ich mehr als alle fürchte, treffen könnte."[20]

Wann würde sie endlich ins Zentrum der schwedischen Macht vorstoßen, und wie würde man ihr dort begegnen? Tausenderlei Fragen trieben den Schwager in Warschau um. Er hatte von dem bizarren Wesen des jungen schwedischen Königs gehört und von seinem unnahbaren und unmenschlich asketischen Charakter. Das ließ ihn skeptisch werden und im Innersten am Sinn der Sendung zweifeln. „Der Himmel wolle ihr am schwedischen Hofe günstig sein und verhüten, dass ihr der gewöhnliche sonderbare Eigensinn (bizarrerie) dieses Hofes keinen Kummer verursache"[21], wünschte er in ungewohnter Beklemmung und hoffte, „sie wird dort bald anlangen und wohl aufgenommen werden, ohne persönliche Kränkungen zu fürchten zu haben vom Könige von Schweden, der sie von seiner Kindheit her kennt".[22]

Im Hauptquartier des schwedischen Königs Karl XII.

Schließlich gelang es Maria Aurora, ins Hauptquartier Karl XII. vorzudringen, welches sich in Kurland, in Würgen, in der Nähe von Mitau befand. Hier lag zu Füßen des Schlosses das schwedische Feldlager. Auch der König selbst wohnte in einem Zelt.[23] Man wies der Gräfin eine angenehme Unterkunft zu und bot ihr alle im Lager zur Verfügung stehenden Bequemlichkeiten und Abwechslungen. Die schöne Maria Aurora war eine exotische Erscheinung innerhalb der Gemeinschaft roher Soldaten, die nach monatelangem Kriegseinsatz eines gepflegten gesellschaftlichen Umgangs völlig entwöhnt waren. Sie kam aus einer anderen Welt, verlockend und sinnenfroh, und begehrte Einlass in die spartanisch strengen, kargen Zirkel des schwedischen Feldherrn. Welch ein Kontrast! Wie erstrebenswert musste es für jeden sein, ihr nahe zu sein, mit ihr zu sprechen, um einen Hauch, eine Idee von dem fernen Luxus des polnisch-sächsischen Hofes zu spüren. Was hatte man nicht schon alles von der legendären Weltbürgerin gehört. Wie beneidete man den jungen König; denn nur seinetwegen war sie ja gekommen. Würde auch er ihren Reizen erliegen, wie einst sein politischer Kontrahent August der Starke? Wie spannend, wie aufregend würde das Zusammentreffen der beiden werden, die, so grundverschieden in ihrem Charakter und ihrer Lebensauffassung, doch viele Gemeinsamkeiten besaßen, die ihre Annäherung und ihr gegenseitiges Verständnis begünstigen könnten.

Maria Aurora trug den Wunsch vor, Karl XII. ihre Aufwartung machen zu dürfen. Graf Piper, der königliche Rat und Favorit des Schweden, nahm wohlwollend die Briefe Augusts des Starken entgegen und zeigte sich zuvorkommend und geneigt, ihr die gewünschte Privataudienz beim schwedischen König zu ermöglichen. Doch hatte er die Rechnung ohne den Wirt gemacht. Karl XII. lehnte die Bitte rundweg ab. Er weigerte sich glatt, seine berühmte Landsmännin zu empfangen. Er hatte keinerlei Interesse daran, sie zu sehen und sich persönlich von den Qualitäten zu überzeugen, von denen alle Welt schwärmte.

Sämtliche Bemühungen Maria Auroras, vom Monarchen empfangen zu werden, misslangen. So versuchte sie, auf andere Weise ans Ziel zu gelangen. Sie schrieb an Ort und Stelle eine Reihe von Briefen, in denen sie ihre Anliegen einzeln erläuterte. Zu den Friedensbedingungen König Augusts erklärte sie: „Der König von Schweden kann durch den Friedensschluss erlangen, was er durch den Krieg zu erreichen sucht. Wenn sich die beiden Könige sähen, würde sich ihr Hass in enge Freundschaft, welche ganz Europa erzittern machte, verwandeln." Die Gräfin beschwor den Schweden, „vorteilhaften

Frieden dem immer zweifelhaften Erfolge des Krieges vorzuziehen" und sich ja nicht von den trügerischen Vorspielungen der Gegenpartei des polnischen Königs verleiten zu lassen, die ihn nur nach Polen locken wollte. Die Polen seien verräterisch und falsch.[24]

Die sorgfältig ausgebreiteten Argumente der Gräfin beeindruckten Karl XII. nicht, der August dem Starken zutiefst misstraute. In seinen Augen war *er* der Verräter, der Falschspieler.[25] Das Äußerste, wozu der Schwede sich bereit fand, war, ihre Bittschrift wegen der Familienangelegenheiten, also bezüglich des Prozesses gegen ihren Schwager und der fiskalischen Auflagen in Schweden, in Empfang zu nehmen. Seine Antwort konnte allerdings nicht knapper und abweisender ausfallen: „Alsda diese Sachen von einer Beschaffenheit befunden worden sind, dass sie teils vor dem Königl. Hofgericht bereits anhängig gemacht worden, zum Teil dorthin gehören; also will S. Königl. Maij:t den Supplicant hiermit dorthin remittiert haben, allda vor der zuständigen Behörde es ihr unbenommen ist, ihre vermeintlichen Gründe anzuführen. Wurgen den 7. Januar Ao 1702 Carolus."[26]

Karl ließ seine Landsmännin, die die Strapazen und Wagnisse einer mehrtägigen Kutschfahrt durch das winterliche Polen nach Norden auf sich genommen hatte, um ihm in direkter Gegenüberstellung, Auge in Auge, die existenziellen Anliegen ihrer Familie und die geheime Friedensofferte des Polenkönigs vorzutragen, kaltherzig vor der Türe stehen und schließlich unverrichteter Dinge wieder von dannen ziehen. Diese Mission, die zum größten Triumph im Leben der Maria Aurora hätte werden können, die sie als Friedensstifterin in die Geschichte hätte eingehen lassen, schlug vollkommen fehl. Voltaire schildert die Episode in seiner „Histoire de Charles XII":

„August nahm lieber von seinem Besieger als von seinen Untertanen harte Bedingungen entgegen und beschloss, den Schwedenkönig um Frieden zu bitten und einen Geheimvertrag mit ihm abzuschließen … Er vertraute sich der Gräfin Königsmarck an, einer Schwedin aus vornehmer Familie, die ihm damals sehr nahe stand … Diese Frau, durch Geist und

Schönheit weltbekannt, schien besser als jeder Minister geeignet, die Unterhandlungen zu führen. Da ihre Besitzungen in Schweden lagen und sie auch länger dort bei Hofe geweilt hatte, ergab sich ohne weiteres ein Vorwand, Karl XII. aufzusuchen. So erschien sie im schwedischen Lager in Litauen und wandte sich zunächst an den Grafen Piper, der ihr, etwas übereilt, gleich eine Audienz beim König versprach ... Jedoch so viel Geist und so viel Anmut waren bei einem Manne wie dem König von Schweden verschwendet. Er weigerte sich beharrlich, die Gräfin Königsmarck zu sehen. Schließlich versuchte sie, ihn auf einem seiner häufigen Spazierritte zu treffen. Tatsächlich gelang es ihr, ihm eines Tages auf einem sehr schmalen Weg zu begegnen, und sie stieg aus dem Wagen, sobald sie seiner gewahr wurde. Der König aber grüßte, ohne ein Wort zu sagen, wandte sein Pferd und kehrte auf der Stelle um. – So brachte die Gräfin von ihrer Reise kein anderes Ergebnis mit als den Glauben, sie sei der einzige Mensch, vor dem der König sich fürchte."[27]

Mit dieser charmanten Deutung kaschierte Voltaire das vollständige Scheitern der Friedensgesandtschaft der Gräfin Königsmarck. Enttäuschender hätte die Mission nämlich nicht verlaufen können. Die Missachtung der Person Maria Auroras war ein unfassbarer Affront des königlichen Jünglings gegenüber der wesentlich älteren adeligen Repräsentantin der angesehenen Familie Königsmarck, der Schweden so viel zu verdanken hatte, und gegenüber dem polnischen König, dessen dargereichte Hand er wegstieß, um ihn gegen seinen Willen wieder auf das Schlachtfeld zu ziehen.

Auf das Scheitern folgt der Spott

Als Karl sein Hauptquartier nach Litauen verlegte, konnte sich Maria Aurora nicht länger bei den Schweden halten. Unter Hinterlegung eines Miniaturporträts von sich[28] – um dem schnöden Schwedenkönig zu zeigen, was er versäumt hatte –, zog sie sich auf preußisches Gebiet zurück, in erreichbare Entfernung, um sofort zur Stelle zu sein, wenn sich die

Haltung des Königs ändern sollte. Hier traf sie mit dem sächsischen Kammerherrn und Stallmeister Herrn von Vitzthum zusammen, der ebenfalls mit Friedensgesuchen Augusts für den Schwedenkönig unterwegs war. Er hatte die Anordnung bekommen, sich mit der Gräfin Königsmarck abzustimmen und sein weiteres Vorgehen nach dem aktuellen Stand der Dinge auszurichten. Maria Aurora riet ihm, die Reise fortzusetzen und gab ihm ein für Graf Piper bestimmtes Empfehlungsschreiben mit, in welchem sie das Ansuchen ihres polnischen Auftraggebers und ihre eigene Vermittlungsbereitschaft noch einmal aufgriff: „Ich scheue weder die Reise noch die Mühe ... es gibt nichts, das ich nicht täte, um mich meiner Aufträge zu entledigen ... so versichere ich Sie, dass der geheime Vorschlag, mit dem man mich betraut hat, ruhmreich und nutzbringend und nach meiner Ansicht für unsern guten und großen Monarchen etwas ganz Besonderes war ... Wenn ich die Gnade hätte erlangen können, mit dem König zu sprechen, sei es im Geheimen oder auf eine Art, die mir zu gewähren, Seiner Majestät gefallen hätte, ich hätte mich für die Glücklichste auf der Welt gehalten; denn ich habe ihm etwas von äußerster Wichtigkeit zu sagen, das einem andern zu entdecken mir nicht erlaubt ist. Ich bin in großer Verzweiflung, dass ich mit einem so großen Geheimnis zurückkehren muss."[29]

Die Antwort auf dieses Schreiben blieb aus. Der Schwedenkönig war nicht neugierig auf das Geheimnis der Gräfin Königsmarck. Die Reise Vitzthums verlief noch viel ungünstiger als die Maria Auroras. Karl XII., aufgebracht darüber, dass ein Untertan eines feindlichen Regenten ohne Anmeldung und ohne seine Erlaubnis in seinem Kriegslager erschien, ließ ihn verhaften und seine Ausweispapiere einziehen. Auch Vitzthum kehrte später, nachdem er wieder freigelassen wurde, unverrichteter Dinge nach Warschau zurück.[30]

Die Gräfin Königsmarck wollte sich lange Zeit nicht eingestehen, dass ihre hochtrabenden Pläne fehlgeschlagen waren. In den Briefen, die sie an ihre Angehörigen sandte, suchte sie zunächst noch den Eindruck zu erwecken, als verliefe ihr

Aufenthalt wunschgemäß und als machte die Erfüllung ihrer Aufträge gute Fortschritte. Graf Löwenhaupt sonnte sich bereits in der Vorfreude des Erfolgs und lobte seine Schwägerin mit den Worten: „Sie hat mehrere Gefahren bestanden, welche sie zu den Heroinnen des Jahrhunderts erheben. Sie hat in wenigen Wochen mehr ausgerichtet, als die fremden Minister, die am Frieden arbeiten, seit acht Monaten ... Nur Sie hat es verstanden, sich zu halten und die Vergünstigung genossen, frei ihre Meinung zu sagen, welcher sie sich auch sehr gut bedient hat."[31]

Welch naive Einbildung! Peu à peu sickerte die Wahrheit über das vollständige Scheitern der Königsmarck'schen Gesandtschaft durch. Gerüchte jagten, von süffisanten Kommentaren begleitet, wie Lauffeuer durch die europäischen Höfe und Salons. Mit hämischer Schadenfreude verbreitete man die Kunde, dass die berühmte nordische Gräfin, vor deren Schönheit und Geist die Männerwelt bislang einmütig die Waffen gestreckt hatte, an dem spröden schwedischen Kriegerkönig abgeblitzt sei.

Hohn und Spott ergossen sich in ungerechter Weise auf das Haupt Maria Auroras, die, wenn ihr Auftrag geglückt wäre, als Heldin gefeiert worden wäre. Stattdessen machte man sich mit einer Gedenkmünze über sie lustig, auf welcher in beziehungsvoller Allegorie die entzückende Delila abgebildet war, wie sie schön geschmückt, in verführerischer Pose vergeblich versucht, den grimmig abweisenden Simson zu reizen.[32]

Dieses Thema ihrer angeblich nachlassenden Wirkung auf Männer, die in der Reaktion Karls XII. offenkundig geworden schien, zog sich auch durch zahlreiche Spottgedichte, an denen sich missgünstige Zeitgenossen ergötzten. Zwei Auszüge mögen als Beispiel dienen:

„Fort, fort Aurora fort, hier kannst du nichts erreichen!
Was hast du dich nach tapfern Helden umzusehn?
Mars lässt sich nicht durch deinen Mund erweichen;
Dein Liebespförtlein mag umsonst nun offen stehn!"[33]

„Die Gräfin räume nur das Feld; –
Doch kommt die rechte Göttin süßer Liebe
und klopfet an – O Mars, du starker Held,
wer weiß, ob deine Tür verschlossen bliebe?“[34]

Maria Aurora war in den Augen ihrer Mitmenschen zu weit gegangen. Sie hatte sich auf ein Terrain gewagt, das zu glatt für sie war, das ihr nicht zustand. Ein schwedischer Zeitgenosse schrieb in diesem Sinn: „Fräulein Maria Aurora ist zu allgemeiner Belustigung mit einem großen Gefolge von Frauenzimmern in Libau in Churland gewesen und hat Audience bei unserem Königl. Herrn begehrt. Doch musste sie mit Schmach und Schande, ohne mit ihm sprechen zu dürfen, von dannen reisen. Ihr Auftrag war, Friede zu machen, welches ... nicht Frauenhandwerk und Beschäftigung ist ... Gott weiß, wie Leute sich also prostituieren können.“[35]

Der Misserfolg ging nicht spurlos an der Gräfin vorüber. Als sie sich ihrer beschämenden Niederlage bewusst wurde, zog sie es vor, sich nicht am Hofe Augusts des Starken blicken zu lassen. „Sie hat wohl getan“, meinte auch Löwenhaupt, „zurück nach Leipzig zu gehen; in der Tat, ich fürchtete für sie, denn hier am Hofe will man ihr nicht wohl.“[36] Ihre Schwester Amalie von Löwenhaupt war ohnehin mit dem Unternehmen nie einverstanden gewesen. Im Nachhinein nannte sie es eine „Torheit“ und sprach davon, wie die Briefe ihrer Schwester missbraucht worden seien.[37] Sie zitterte, dass Maria Aurora auf die Idee kommen könnte, den Versuch zu wiederholen und „noch einmal Behufs ihrer Gesuche zu dem Grafen Piper nach Polen zu gehen“.[38]

Sie kannte ihre Schwester! Aufzugeben, war nicht der Stil der Gräfin. Von Breslau aus sandte sie Anfang Dezember 1702, also fast ein Jahr nach dem hoffnungsvollen Start ihrer Mission, erneut einen Appell an Graf Piper, allerdings in völlig veränderter Diktion: „Ich bitte Euer Excellenz sehen diesen Brief nicht mit vorigen Augen an; ich bin nicht mehr dieselbe, die ich vordem bei Ihnen war, weil ich keine widerliche Kommission mehr habe, sondern mich bloß als eine Dienerin und getreue Compatriotin bei Ihnen jetzt anmelde, welches ich zwar auch alle Zeit gewesen bin."[39]

Maria Aurora distanzierte sich deutlich von dem königlichen Auftrag, dieser „widerlichen Kommission", die ihren guten Ruf zerstört und sie vor aller Welt lächerlich gemacht hatte. Wie sehr bereute sie nun, dass sie sich hergegeben hatte für ein Projekt ihres ehemaligen Gönners, das ihr nicht wirklich wichtig war.

Graf Löwenhaupts Tod

Was ihr nach wie vor am Herzen lag, war das ungeklärte Geschick ihrer Angehörigen. Als das Unglück Schlag auf Schlag über sie hereinbrach, nahm sie zuverlässig und treu ihren Platz in der Mitte der Familie ein.

Es hatte sie sehr getroffen, dass sie für ihren Schwager überhaupt nichts hatte erreichen können. Die schwedischen Güter der Familie waren inzwischen allesamt beschlagnahmt. Löwenhaupt sah sich gezwungen, den Dienst beim polnischen König zu quittieren, seine Offiziersstelle sowie das „Kommando der Mousquetirs, mit denen ich nicht zu Stande kommen konnte", aufzugeben, Sachsen den Rücken zu kehren und sich ins neutrale Hamburg zurückzuziehen. Doch auch dort glaubte seine Frau ihn nicht in Sicherheit: „Ich bitte Dich, baldigst Hamburg zu verlassen. Du bist besser aufgehoben bei meiner Schwester, welche für Deine Erheiterung und für Deine Gesundheit Sorgen tragen wird."[40] Maria Aurora warnte ihn ihrerseits davor, sich in Sachsen sehen zu lassen. Löwenhaupt, dessen Handlungsspielraum kümmerlich zusammengeschmolzen war, der friedlos, geächtet, jeglichen Schutzes bloß, seine Haut zu retten suchte, beugte sich bereitwillig ihrer Anweisung: „Sie haben sehr Recht, Madam! Ich darf die Reise nach Leipzig nicht machen, ohne unsern häuslichen Angelegenheiten bedeutenden Schaden zuzufügen; jene sind doch immer das Wichtigste und die zuverlässigste Grundlage unseres Vorteils."[41]

Unterdessen nahmen die Schwestern Maria Aurora und

Amalie die Dinge tatkräftig in die Hand. Sie beschlossen, dass die Gräfin Löwenhaupt zur Wahrnehmung der Königsmarck-Löwenhaupt'schen Interessen nach Schweden reisen und dass Maria Aurora nach Hamburg gehen sollte, um dort ihrem Schwager Gesellschaft zu leisten.

„Trage ja Sorge für Deine Gesundheit, die mir Unruhe macht", ermahnte ihn seine Gattin, „besonders, weil meine Schwester längere Zeit abwesend ist und Du in der verhassten Einsamkeit in Hamburg verlassen dastehst. Ich kenne das Unwohlsein, was Dir daraus erwächst."[42] Die Befürchtungen um die Gesundheit des Grafen war schon seit Jahren ein beherrschendes Thema ihrer Korrespondenz gewesen. Löwenhaupt frönte, wie wir aus den Briefen seiner Ehefrau erfahren, einigen gesundheitsschädigenden Lastern, die ihr großen Kummer bereiteten. Immer wieder erinnerte sie ihn, „keinen Tabak mehr zu nehmen ... wenn Du nicht willst, dass ich in beständiger Unruhe leben soll, so beschwöre ich Dich, ihn aus Liebe für mich aufzugeben".[43] Auch seinen Alkoholkonsum, dessen Versuchungen er in Polen, in der Umgebung des Königs, besonders ausgesetzt war, sollte er zügeln: „Ich erfahre, dass man Dich mehr zu trinken veranlasst, als Du vertragen kannst", hielt sie ihm vor, „und dass Du hierdurch einmal in Gefahr gekommen bist, vom Pferde geschlagen zu werden. Ich beschwöre Dich, bei aller Liebe für mich und bei dem, was Du unseren Kindern hinsichtlich Deiner Erhaltung schuldig bist, Dich zu mäßigen. Du weißt außerdem, dass Deine Konstitution solche Ausschweifungen nicht verträgt, und ich bin sicher, dass der König Dir zu günstig ist, als dass er Dich zu dergleichen nötigte." Größte, „ja unerhörte Furcht" hatte sie in dieser Hinsicht vor Litauen, wohin sich August der Starke mit seinen Truppen wenden wollte, „da ich von der dortigen Trinkweise in Krakau eine Probe gesehen habe".[44]

In ängstlicher Besorgnis um den Gesundheitszustand ihres geliebten Gatten trennte sich Amalie von ihm und reiste im Oktober 1702 nach Schweden, um dessen Begnadigung, die Rückgabe der beschlagnahmten Güter und die Schlichtung verworrener Erbschaftsangelegenheiten innerhalb der Familie zu erreichen. Sie fand das Land durch den Krieg erschreckend verändert vor: „Kein Mensch von Stand ist mehr in der Stadt zu sehen; die Männer sind in den Krieg und die Frauen leben in großer Armut auf den Dörfern. Die Wenigen, so nicht dem Kriege haben folgen können, verkriechen sich wie die Maulwürfe." Der Königshof, in dessen prunkvollem Rahmen sie aufgewachsen war, machte ihr den Eindruck eines Karthäuserklosters.[46]

Mit Vehemenz stürzte sich die Gräfin in die laufenden Verfahren. Sie bat ihren Ehemann, Unterlagen beizubringen, die vor Gericht als Beweismittel für seine Unschuld dienen konnten, und setzte alles in Bewegung, um eine Aufhebung des Prozesses zu erreichen. Sie bemühte sich auch, in den noch immer schwelenden Erbauseinandersetzungen mit den schwedischen Verwandten Anteile für sich und ihre Schwester sicher zu stellen. Währenddessen verschlechterte sich der Gesundheitszustand ihres Ehegatten dramatisch. Graf Löwenhaupt hatte offensichtlich die Ermahnungen Amalies nicht ausreichend befolgt. Im März 1703 brach er zusammen und verfiel in kürzester Zeit. „Kaum kann ich diese Zeilen schreiben", klagte er seiner Schwägerin, „wenn ich mich bis zu Ihrer Überkunft nicht erhole, so werden Sie nur den Schatten des Grafen Löwenhaupt wiedersehen."[45] Maria Aurora kam gerade rechtzeitig nach Hamburg, um ihm die Augen zuzudrücken.

Der Tod Löwenhaupts stellte die Situation der Königsmarck-Schwestern wie auch ihre Anstrengungen in Schweden auf eine völlig neue Grundlage. Zum ersten Mal waren Maria Aurora und Amalie allein auf sich gestellt, ohne männlichen Beistand. In der anfänglichen Bestürzung machte Amalie, der ein Reisepass verweigert worden war, sodass sie nicht mehr rechtzeitig an das Sterbebett ihres Gatten hatte gelangen können, ihrer Schwester bittere Vorwürfe, sie hätte durch ihr Zögern sein Ableben beschleunigt: „Gott gebe, Ihr hättet Euch eher bei ihm einfinden können, so wäre es vielleicht zu solcher Extremität nicht gekommen."[47] Die friedfertige Maria Aurora wusste, dass nur Verzweiflung ihrer Schwester die Feder geführt hatte, und tat alles, um sie zu trösten und zu besänftigen. Mit Selbstverständlichkeit sorgte sie für die Beisetzung des Schwagers, verfasste im Namen der Schwester, die als Witwe wieder ihren Geburtsnamen Königsmarck annahm, die Benachrichtigungen, die nach Sachsen, Polen und an gute Freunde zu schicken waren, und kümmerte sich um seine persönliche Hinterlassenschaft. Amalie, nur allzu froh, von diesen traurigen Verrichtungen entbunden zu sein, ließ ihr freie Hand: „Ma chère Soeur! Ich überlasse Eurer Liebe, das Übrige so anzustellen, wie Ihr es werdet nützlich finden ... Ihr werdet schon disponieren, was mit seinen Sachen soll gemacht werden."[48] Maria Aurora fühlte sich auch für die unmündigen Kinder ihrer Schwester verantwortlich. Sie übermittelte Amalie die Anteilnahme der Äbtissin von Quedlinburg, „sie fragt oft nach Ulriken (Tochter der Amalie) und sagt, sie müsste hier im Stift versorgt werden".[49]

Die endgültige Beisetzung des Grafen fand erst im Juli des darauf folgenden Jahres statt, als die Witwe wieder nach Hamburg zurückgekehrt war und an dem „traurigen Aktus der Einsenkung meines seligen Herrn werter Leiche in den kupfernen Sarg" in der Familiengruft der Königsmarcks in Stade teilnehmen konnte.[50]

Die Gräfin Amalie hatte Schweden umso lieber den Rücken gekehrt, als im April 1703 ein niederschmetterndes Urteil des königlichen Hofgerichts in der gegen Graf Löwenhaupt anhängigen Hochverratsklage ergangen war. Er wurde posthum zum Tode verurteilte, da er gegen seinen eigenen König und sein Vaterland feindliche Waffen geführt habe, und mit dem Verlust seiner Ehre als auch seines Eigentum bestraft. Doch dieser Richterspruch berührte die Witwe kaum noch. „Seid nicht mehr um meinethalben besorgt, ma chère Soeur", schrieb sie im Juni an Maria Aurora, „Gott hat mir ja die Gnade getan, das Allerschwerste, so mir begegnen kann, zu überstehen; das andere empfinde ich wenig gegen dieses." Die Vermögensfragen standen jedoch nach wie vor ungeklärt im Raum. Amalie hielt es in dieser Situation für klüger, vorsichtig abzuwarten, anstatt mit weiteren Forderungen vorzupreschen. Entsprechend bat sie ihre Schwester: „Was Ihr an den König und Grafen Piper geschrieben habt, ma chère Soeur, ist alles sehr wohl – nur jetzt nichts mehr, damit man keinen

Überdruss mache und auch nicht ohne Not eine allzu große Furcht zeige. Lasset uns nun stille sein und warten auf die versprochene Gnade."[51]

Um nicht ganz mit leeren Händen aus Schweden zurückzukehren, brachte Amalie von Löwenhaupt ein Porträt ihrer Schwester mit, das von David Klöcker Ehrenstrahl begonnen und von einem seiner Schüler vollendet worden war. Es ähnelte, so schreibt sie, „unerhört" dem Vorbild der schönen Gräfin und sollte eine „Aurora" darstellen. Es war ihr zufällig in die Hände gefallen, bevor es auf einer Auktion veräußert werden konnte.[52]

Johann Reinhold von Patkul: Sachsens Verräter?

Der Nordische Krieg war in der Zwischenzeit vorangeschritten. Nachdem sich Karl XII. geweigert hatte, auf die Friedensangebote des polnischen Königs einzugehen, rückte er unaufhaltsam gegen Polen vor. Das Land, das sich bislang am Krieg seines Herrschers nicht beteiligt hatte, versuchte ebenfalls vergeblich, Karl auf diplomatischem Wege von seinen Annektionsabsichten abzubringen. Doch nahm der siegreiche Schwede im Mai 1702 Warschau ein, vernichtete die polnisch-sächsische Hauptarmee Anfang Juli bei Klissow und besetzte Ende des Monats Krakau. Nach weiteren Siegen im folgenden Jahr, konnte Karl 1704 die polnischen Magnaten zum Sturz Augusts des Starken und zur Wahl von Stanislaus Leszcynski zum neuen König von Polen bewegen. Das nächste Ziel des Schweden war Sachsen, um dort den Nachschub Augusts auszuschalten. 1706 schlug er bei Fraustadt ein sächsisch-russisches Heer unter General Schulenburg (1661–1747) und verfolgte den Polenkönig bis ins Herz seiner sächsischen Heimat.[53] In der Zwischenzeit hatte Peter der Große, ziemlich unbehelligt von den Schweden, sich des Baltikums bemächtigen können und Livland und Kurland unter seine Kontrolle gebracht.

Auf tragische Weise verwoben in die politisch-militärischen

Verwicklungen dieser Jahre war ein guter Bekannter Maria Auroras, der schon genannte Johann Reinhold von Patkul. Gebürtiger Schwede, jedoch von livländischer Abstammung, hatte er den baltischen Adel in Rechtsangelegenheiten vertreten und um seine Selbstständigkeit gegenüber der schwedischen Krone gekämpft. Aus diesem Grund war er in Schweden wegen Hochverrats angeklagt und zum Tode verurteilt worden. Er hatte sich jedoch nach Sachsen flüchten können, wo er seit 1698 Berater Augusts des Starken war. Patkul hatte die Allianz mit dem russischen Zaren Peter dem Großen zustande gebracht und somit eine Schlüsselrolle beim Ausbruch des Nordischen Krieges gespielt. Seit 1703 stand er in russischen Diensten und wirkte als Gesandter des Zaren und als Befehlshaber der russischen Hilfstruppen in Sachsen. In den ersten Monaten des Jahres 1705 beauftragte August der Starke ihn, eine objektive Darstellung der politischen Lage zu erstellen und Vorschläge zu unterbreiten, wie man Sachsen vor der drohenden Invasion der Schweden schützen könnte. Die Denkschrift, die Patkul in schonungsloser, zuweilen brüskierender Offenheit über die mangelhaften inneren und äußeren Verhältnisse Sachsens ausarbeitete, trug die Überschrift: „Des Generals Patkul Bedenken, übergeben an Ihro K. M. von Polen in Dresden, den 8. März 1705".[54] Verhängnisvollerweise diente die Schrift nicht dazu, dem König die Augen zu öffnen. Er nahm die Ratschläge und Empfehlungen nicht an, sondern folgte stattdessen üblen Einflüsterungen, die Patkul als gefährlichen Feind Sachsens und als Verräter verunglimpften. Im Dezember 1705 warf August den treuen Anhänger auf den Königstein, das berüchtigte sächsische Staatsgefängnis. Im Frieden von Altranstädt opferte er den russischen Diplomaten Patkul unter Missachtung des Völkerrechts und lieferte ihn nach Schweden aus, wo das Todesurteil des königlichen Hofgerichts grausam an ihm vollstreckt wurde.

Maria Aurora hatte mit Patkul in landsmännisch-freundschaftlicher Verbundenheit gestanden, obgleich sie beide politisch entgegengesetzte Standpunkte vertraten: Maria Aurora riet zum Frieden mit Schweden, Patkul zum Kampf. Wie vertraulich ihr persönlicher Kontakt, wie hoch in jenen Jahren auch noch die Anwesenheit der Gräfin Königsmarck in Dresden geschätzt wurde, offenbart ein Brief, der von Patkul an die Gräfin überliefert ist. Darin schmeichelte er ihr: „Sehnsuchtsvoll hoffe ich Eure Excellenz bald in Leipzig wiederzusehen, zu einiger Entschädigung für den durch Ihre Abreise erlittenen Verlust. Nie waren wir zusammen, ohne Ihre Entfernung zu beklagen und ohne uns zu erwägen, dass Dresden einen für uns unersetzlichen Verlust erlitt." Einige Zeilen weiter kommt Patkul auf eine seltsame Begebenheit zu sprechen: Seine Papiere seien während seiner Abwesenheit von Unbekannten durchwühlt worden, offensichtlich auf der Suche nach der oben genannten Denkschrift, die eigentlich geheim bleiben sollte. Abschriften seien in fremde Hände, sogar an auswärtige Höfe gelangt, auch ihr, der Gräfin Königsmarck sei bei ihrem jüngsten Aufenthalt in Dresden ein Exemplar heimlich übergeben worden. Patkul vermutete, ja war sich fast sicher, dass Maria Aurora die Hintermänner jener Veruntreuung kannte. Er flehte sie an, „mir darüber Auskunft zu erteilen. Ich gebe Ihnen als Ehrenmann das Versprechen, von solcher Mitteilung nur den von Ihnen verstatteten Gebrauch zu machen ... Es kommt nur darauf an, jenem Beginnen auf den Grund zu kommen. So hoffe ich, Eure Excellenz werden dem heilsamen Unternehmen, sich für die Zukunft gegen Spione und Verräter zu sichern, den Beistand nicht versagen und für das Wohl Seiner Majestät so viel Rücksicht haben, mir im Vertrauen denjenigen zu nennen, welcher Ihnen die erwähnte Schrift, die eine Beurteilung der Lage des Königs und der gegenwärtigen Zeitläufe enthält, mitteilte".[55]

Patkul wusste nur zu gut, welchen Gefahren er ausgesetzt wäre, wenn das Memorandum in die falschen Hände geriete.

Wir kennen die Antwort der Gräfin nicht, können aber vermuten, dass die widerrechtliche Hausdurchsuchung von höchster Stelle angeordnet worden war, um Beweismittel sicherzustellen, die Patkuls Inhaftierung und Auslieferung rechtfertigen sollten.

„Kriegsgott“ Karl XII. in Sachsen

Im September 1706 wurde Patkuls Prophezeiung wahr. Karl XII. überzog das Sachsenland mit seinen Truppen. Allein die befestigten Garnisonsplätze Dresden, Königstein, Sonnenstein und Stolpen konnten sich halten. Im Friedensvertrag von Altranstädt, wo Karl XII. sein Hauptquartier hatte, musste August am 24. September 1706 auf die polnische Krone verzichten – nur den Titel durfte er behalten –, Stanislaus Leszcynski als rechtmäßigen König von Polen anerkennen und alle Allianzverbindungen gegen Schweden aufkündigen. Die feindlichen Truppen schickten sich an, in seinem Land zu überwintern. Ein Jahr blieben sie in Sachsen, erholten sich von den Strapazen des langen Krieges, verköstigten und bereicherten sich und zogen im September 1707 neuen, weniger glücklichen Kriegsabenteuern entgegen.

So sehr die schwedischen Einquartierungen das Land ausbluteten, so bescherten sie ihm doch auch eine neue Attraktivität und Anziehungskraft, wie man sie seit dem Umzug des Hofes nach Warschau nicht mehr gekannt hatte. Von überall strömten Fremde dem schwedischen Hauptquartier in Sachsen zu, um den jungen, schon jetzt legendären Kriegsgott zu sehen, vor dem die etablierten Mächte erzitterten. Der inzwischen 24-jährige Karl XII. stellte in seiner asketisch nüchternen Einfachheit einen merkwürdigen Kontrast dar zur unmäßigen, dem Genuss und Luxus verfallenen aristokratischen Gesellschaft in Dresden und Leipzig. Den Schweden seiner Umgebung diente sein Vorbild jedoch nicht unbedingt als Maßstab, sie machten es lieber den Sachsen gleich und übertrafen sich gegenseitig an Glanz und Prunk ihrer ausschweifenden Gelage. Unter ihnen ragte Graf Piper hervor, der, besonders als seine Gemahlin mit einem Gefolge schwedischer Damen in Leipzig eintraf, ein Fest dem anderen folgen ließ.

Der Höhepunkt der gesellschaftlichen Ereignisse wurde erreicht, als eine Schwester der Gräfin Piper, Fräulein Anna Maria Törnflycht, sich mit dem General Freiherr Johann August Meyerfeld vermählte. Die Hochzeit wurde Ende Mai

1707 in Leipzig gefeiert, wo auch die Gräfin Königsmarck zugegen war. Eine Anekdote erzählt, dass einige Tage vor der Hochzeit Maria Aurora den Grafen Piper bei einer gemeinsamen Mittagsmahlzeit um die Ehre gebeten habe, zu dem Fest eingeladen zu werden. Piper holte vorsorglich die Einwilligung seines Königs ein. Karl XII. hatte nichts gegen ihre Teilnahme einzuwenden. Als es jedoch um die Platzordnung an der Tafel ging und der Ehrenplatz der Gräfin mit den Ranganspruchen der übrigen Damen abgestimmt werden musste, wies Karl die Bedenken seines Ministers schroff zurück: „Wie kann sie auf Rang Anspruch machen, sie ist eine Hure!" Diese Provokation entschlüpfte dem König nicht unbeabsichtigt. Denn als Piper beschwichtigend ins Feld führte, dass Maria Aurora einer alten, illustren Familie entstammte und, wenn sie auch auf moralischen Abwegen gewandelt, so dieses doch mit einem König geschehen sei, soll Karl zornig erwidert haben: „Ei was! König oder gemeiner Mann! Sie ist und bleibt eine Hure und hat keinen Rang. So kann sie wegbleiben."[56]

Mögen die Worte Karls XII. so oder anders geklungen haben, sie enthalten in jedem Fall als Körnchen Wahrheit das Urteil des Monarchen über die schwedische Gräfin. Sie entlarvten zugleich aber auch seinen vollständigen Mangel an guten Manieren; denn er musste wissen, dass die Gräfin Königsmarck auf Grund ihrer Stellung als Pröpstin von Quedlinburg einen reichsfürstlichen Rang beanspruchen konnte.

Maria Aurora focht diese Einstellung des Schwedenkönigs nicht an. Sie ließ sich weder verunsichern noch zurückweisen. Wie sollte die Meinung eines jungen Mannes, den sie als Kind gekannt hatte, sie treffen können. Derartige Unhöflichkeiten hatte sie schon immer eher als Herausforderung verstanden denn als Hindernis. So setzte sie sich über die Unfreundlichkeit Karls hinweg und scheute sich nicht, in einer breit angelegten Aktion noch einmal die Familienangelegenheiten der Königsmarcks und Löwenhaupts auf die Tagesordnung zu setzen und posthum um eine Amnestie für ihren Schwager zu bitten. Nachdem sie im Winterlager Karls 1702 nicht zum Zuge gekommen war, nachdem ihre Schwester vergebliche Unterhandlungen in Stockholm geführt hatte, nachdem ihr Schwager über all dem Unglück gestorben und die Verhältnisse immer aussichtsloser geworden waren, schien die Gelegenheit, etwas zu erreichen, nun besser denn je. Karl XII. befand sich in greifbarer Nähe. Es gab genügend Zeit und Muße, die Anliegen zu diskutieren. Man konnte sogar hoffen, dass Karl wegen des Altranstädter Friedensschlusses gnädiger gestimmt war als sonst.

Mit akribischer Präzision und ausgefeilter Formulierkunst entwarf Maria Aurora eigenhändig mehrere schriftliche Gesuche an den König und Graf Piper, in denen sie in erster Linie darum bettelte, die Königsmarck'schen Erbgüter von den fiskalischen Auflagen der schwedischen Steuerbehörden zu befreien und die Familie wieder in den rechtmäßigen Besitz ihrer Güter zu restituieren.[57] Die vermeintlich günstige Gelegenheit erwies sich jedoch als Fiktion. Die Worte und Bitten der Gräfin prallten, wie schon früher, an einer Mauer des Schweigens ab.

Doch das schwedische Theater war noch nicht aus. Der letzte Akt des Stückes sollte einen Höhepunkt bringen, den sich die Schwestern am allerwenigsten hatten träumen lassen; denn jetzt wurde auch noch gegen sie beide vor dem schwedischen Hofgericht ein Strafverfahren eingeleitet. Die Anklage gegen Maria Aurora hatte zum Inhalt, „dass sie nicht allein in Sachsen und Polen vor und während des ganzen Krieges sich aufgehalten, sondern auch dem Hofe und den Staatsaffären so nahe gestanden hat, dass keiner daran zweifeln kann, dass sie von allem, was zum Untergange und Ruin ihres Vaterlandes ausgeheckt und geplant worden, so zeitig und so genau Nachricht wie nur irgendein Minister dort im Lande, gehabt haben müsse; welches schon daraus hervorgeht, dass sie inmitten der stärksten Kriegsflamme sich von dem König August wie eine Ambassatrice an unseren Allergnädigsten König, als er sich in Curland aufhielt, habe verwenden lassen." Ja, sie habe sogar die vermeintlich staatsverräterischen Aktionen ihres Schwagers Löwenhaupt verteidigt und habe sich unterstanden, „vor Seiner Maij:ts gnädigen Augen zu treten, und ohne Scham zu verlangen, es möge das gegen eine so grob criminelle Person höchst gerecht decretierte Urteil des Staatsanwalts gänzlich suspendiert und aufgehoben werden".[58]

Man vermag es nicht zu fassen: Nun wurden alle Zwecke, alle Argumente, für die sich die Gräfin Maria Aurora jahrelang gutgläubig eingesetzt hatte, gegen sie verwandt. Sie, die strahlende Repräsentantin des vornehmen Geschlechts derer von Königsmarck, die sich zugetraut hatte, nicht nur ihre Familie aus dem Unglück zu führen, sondern verfeindete Völker zu versöhnen, wurde jetzt, als wenn in dem Scheitern an sich nicht schon genug Unheil gelegen hätte, zutiefst gedemütigt und wie eine Verbrecherin an den Pranger gestellt. Erst Monate später, nachdem Petitionen der Gräfin und Gutachten zwischen dem Hofgericht in Stockholm und der schwedischen Feldkanzlei in Altranstädt hin und her gegangen waren, wurde das Verfahren im Mai 1707 mangels Beweisen eingestellt. Die Unschuld der Gräfin Maria Aurora sah das Gericht darin begründet, dass „ihr Aufenthalt an dem Polnischen und Chursächsischen Hofe während vergangener Kriegszeit sie nicht so schuldig machen zu können scheint, ... weil es nicht zu beweisen ist, ob sie von König Augusti Staatsaffären und Intriguen Kenntnisse gehabt".[59]

Man kann sich fragen, wie weit die Toleranz und die Belastbarkeit der Gräfin Königsmarck noch gereicht hätten; denn sie ging aus all den Demütigungen, Niederlagen und Anschuldigungen der vergangenen Jahre, soweit wir es ermessen können, im Großen und Ganzen unversehrt hervor. Die Ereignisse, die Personen hatten sie nicht zerstören können. Ja, in ihrer über alle Maßen verbindlichen Art, die jeder Konfrontation auswich und auch Boshaftigkeiten positiv zu deuten bereit war, hatte sie sich sogar Bewunderung für den Schwedenkönig bewahrt. Als sie im August 1707 die Nachricht vom bevorstehenden Aufbruch des schwedischen Lagers erhielt, bedauerte sie aufrichtig, niemals in die Nähe des Monarchen vorgelassen worden zu sein. Diese verpasste Chance empfand sie als „ein Unglück, das mich mein Leben lang betrüben muss".[60]

Als Zeichen der Verehrung für den Monarchen, der vielleicht ihr größter Gegner war, den sie jedoch allen Fehlern zum Trotz als Freund sehen wollte, stellte sie von dieser Zeit an sein Bild in ihren Gemächern auf.[61] Es war dies die letzte allmählich verblassende Erinnerung an den schwedischen Aspekt in ihrem Leben.

Moritz von Sachsen – Sohn berühmter Eltern

Wenn wir das Leben der Gräfin Maria Aurora, so wie wir es bisher kennen gelernt haben, Revue passieren lassen, können wir uns kaum vorstellen, dass sie neben ihren vielfältigen Verpflichtungen, Beziehungen und Engagements auch noch Mutter war. Darum schließen wir uns neugierig der Frage ihrer Schwester an, die sich im Januar 1703 aus Stockholm erkundigte: „Was macht denn Graf Moritz?"[1]

Moritz – ein programmatischer Name

Wir wissen, dass Moritz im Oktober 1696 als kurfürstlicher Bastard in Goslar geboren wurde. Das in den Taufregistern angegebene Geburtsdatum ist umstritten. Da Moritz selbst jedoch den 28. Oktober als seinen Geburtstag ansah, schließen wir uns dieser Version an.[2] Warum Maria Aurora Goslar als Ort der Niederkunft gewählt hatte, ist nicht bekannt. Sie hielt sich im Herbst 1696 in Quedlinburg, nur wenige Reisestunden von Goslar entfernt, auf. Im Reichsstift konnte sie ihr Kind auf keinen Fall zur Welt bringen. Ob die Kapitelschwestern überhaupt etwas von der Schwangerschaft bemerkten, ist fraglich; denn sie nahmen später nie darauf Bezug, auch nicht in den Phasen heftigster Auseinandersetzung.

Goslar war am Ende des 17. Jahrhunderts eine zum niedersächsischen Reichskreis gehörige, politisch und wirtschaftlich unbedeutende Stadt, die von der Erinnerung an ihre große mittelalterliche Vergangenheit zehrte. Doch empfahl sie sich als Ort, an dem der protestantische Glaube vorherrschte. Dies mag für Maria Aurora ein Grund gewesen sein, zur Geburt nach Goslar zu gehen. Vielleicht befand sie sich aber auch gerade auf dem Weg nach Hamburg, um dort, in heimatlichen Gefilden, der Niederkunft entgegenzusehen und kehrte in Goslar ein, als überraschend die Geburt einsetzte. Maria Aurora hielt sich inkognito in der Stadt auf. In den Pfarrbüchern wird nur von einer vornehmen Dame gesprochen. Der Knabe wurde zwei Tage nach der Geburt auf den Doppelnamen Hermann-Moritz getauft. Er führte zeitlebens nur den zweiten.

Mit der Wahl der Vornamen stellte Maria Aurora ihren Sohn in die familiäre Tradition auf mütterlicher wie auf väterlicher Seite. Hermann war der Vorname ihres Großvaters, des berühmten schwedischen Generalfeldmarschalls Hermann von Wrangel, dessen Tochter Christine ihre Mutter war. Moritz bedeutete die schöne Erinnerung an Moritzburg und kann als Anspielung darauf verstanden werden, dass das Kind dort gezeugt worden ist. Der Name Moritz war aber auch von programmatischer Bedeutung, denn so hieß der große erste sächsische Kurfürst aus der Albertinischen Linie der Wettiner (1521–1553). Maria Aurora stellte mit dieser Namenswahl also ganz bewusst eine Beziehung zum Vater und zum sächsischen Kurfürstenhaus her, die dem letzten Zweifler die Augen öffnen musste.

Aus beiden Familien trafen in Moritz dominierende Charakterzüge zusammen. Von den Wettinern erbte er die Statur und die Körperkraft, die brutale Sinnlichkeit, den Geschmack an galanten Abenteuern und die Neigung zu Exzessen. Als Nachkomme der Königsmarcks hingegen wurden ihm die Begeisterung für Kampf und Krieg, Freude an Waffen, Mut, Kühnheit und eine unglaubliche Flexibilität und Mobilität in die Wiege gelegt.

Diese genetische Mischung brachte einen Kriegshelden par excellence hervor, wie er für dieses galante Zeitalter typisch war: maßlos, wollüstig und edelmütig, eher ein Weltbürger denn ein sächsischer Prinz.

„Un joli poupon"

Der Säugling Moritz wurde, kaum abgenabelt, nach Hamburg gebracht. Ein zeitgenössischer Bericht deutet die Szene mit beziehungsreichen Anspielungen: „Un joli poupon, jeune aventurier – Ein niedlicher Bengel, ein 14 Tage alter Abenteurer hat seine Abenteuer begonnen, indem er in einer Wiege in einer Staatskutsche mit seiner Amme von Goslar nach Hamburg fuhr. Man sagt, dass er einen Roman beginnen will, um dem seiner Mutter, die ihn nicht nährt, ein Ende zu machen ... Das ist ein nettes Ende einer Familie, die in der Welt so hoch angesehen gewesen ist."[3]

So wie Moritz seinen Lebensweg quasi in der Kutsche begann, sollte sein ganzes Dasein eine einzige Reise werden. Aufgewachsen in den Wirren zweier großer Kriege, unstet und heimatlos, trieb es ihn in seinen späteren Jahren quer durch Europa, von Kurland im Osten bis nach Frankreich im Westen auf der verzweifelten Suche nach seinen Wurzeln. Er musste lernen, sich nicht durch eine einzige nationale beziehungsweise regionale Zugehörigkeit zu definieren. Seine Bestimmung wurde, wie schon die seiner Mutter, jedoch noch ausgeprägter, ein Europäer zu sein, kosmopolitisch und international in seinem Selbstverständnis.

Hamburg wurde also die erste Station seines Lebens. Davon, dass seine Mutter ihn dorthin begleitet hätte, wissen wir nichts. Sie trennte sich von ihrem neugeborenen Säugling und ließ ihn fortbringen, da sie auf keinen Fall mit ihm in der Öffentlichkeit in Verbindung gebracht werden wollte. Ein Kind gehörte nicht in ihre Lebensplanung. Es hatte keinen Platz in ihrem noch unsteten, unsicheren Dasein. Die Bekanntgabe ihrer ungesetzlichen Mutterschaft hätte ihre Hoffnungen auf eine Position im Quedlinburger Stift abrupt zunichte machen können. Diese Aussichten auf Karriere, auf Sicherheit und Wohlstand wollte sie auf keinen Fall gefährden. Diskretion wurde folglich für sie zur wichtigsten Devise der kommenden Jahre.

Hamburg, mit den Familienstätten Stade und Agathenburg in unmittelbarer Nähe, war für die Königsmarcks damals und auch später ein Hort der Sicherheit und der Zuflucht, wo immer eine Tür für sie offen stand, wo Frieden und Wohlstand herrschten. Auch der kleine Moritz würde dort sicher und geborgen sein. Doch schon 1698 siedelte er mit seiner Amme nach Berlin über, wo er in die Obhut eines französischen Kammerdieners von hugenottischer Herkunft mit Namen Rousseau übergeben wurde. Der Verkauf der Schutzherrschaft über Quedlinburg an Brandenburg und die dadurch häufig bedingten Aufenthalte Maria Auroras in Berlin mögen die Ursache für den Umzug gewesen sein. So war es der Gräfin möglich, ihren Sohn wenigstens von Zeit zu Zeit zu sehen.

Noch als Kleinkind wurde Moritz dann nach Warschau gebracht und dort höchstwahrscheinlich seinem Vater vorgestellt. Von August dem Starken gibt es aus der damaligen Zeit einen Brief an die Gräfin Königsmarck, in dem er die Existenz des Kindes Moritz eingesteht. Darin führt er zunächst „ununterbrochene Geschäfte" an, die ihn daran gehindert hätten, früher ihre Briefe zu beantworten und erwähnt dann, ohne nähere Erläuterung, dass „alle Vorsichtsmaßregeln, welche wir in Moritzens Angelegenheit trafen, nichts fruchteten". Um welche Angelegenheiten es sich handelte, bleibt leider offen. Auf der Rückseite des Schreibens vermerkte Maria Aurora mit eigener Hand die Worte: „de Cracovie"[4] – von Krakau.

Aus Warschau gibt es den ersten erhaltenen Brief des kleinen Moritz an seine Mutter in Wilxen, die er mit „Ma très chère Cadan", einer kindlichen Koseform von Madame oder Maman, titulierte.[5] Später adressierte er seine Schreiben an *„A madame, Madame la comtesse de Königsmarck, ma très chère mama"*.[6] Er schrieb stets auf Französisch, extrem fehlerhaft und in phonetischer Schreibweise und deshalb nicht leicht zu lesen. Doch schon in diesem zarten Alter brachte Klein-Moritz klar seine Wünsche und Ansprüche zum Ausdruck: ein schönes Pferd, eine Pferdedecke und Pistolen, die ihm angeblich seine Mutter in Aussicht gestellt hatte, damit er ihr seinen Mut beweisen könne.[7]

Man kann davon ausgehen, dass das Kind während seiner ersten Lebensjahre sich stets in der Nähe seiner Mutter aufhielt und auch deren unruhige Wohnortwechsel mitmachte. Als Nächstes schickte man Moritz nach Breslau, in dessen Umkreis Maria Aurora das Gut Wilxen besaß. Ende 1803, der Knabe war nun sieben Jahre alt, wurde Leipzig zum Ort seiner Erziehung gewählt. Es wurde höchste Zeit, seine Ausbildung in die Hände erfahrener Lehrer zu legen. Nachdem sie die Zustimmung des Königs eingeholt hatte, wählte die Gräfin Königsmarck den Erzieher, Gouverneur genannt, aus, einen lutherischen Sachsen von französischer Abstammung mit Namen Delorme, sowie einen Untergouverneur, Jean d'Alençon, der, ebenfalls hugenottischer Herkunft, Zuflucht in Sachsen gefunden hatte. Die frühe Erziehung Moritzens war somit französisch geprägt. Zu d'Alençon blieb Moritz sein ganzes Leben hindurch in Kontakt. Die Wahl der Erzieher erwies sich allerdings als verfehlt; denn die beiden Hauslehrer waren pädagogisch ungeschickt und bekriegten sich in kleinlichem Gezänk und gegenseitigen Schuldzuweisungen.[8]

„Ich war so zerstreut, dass es unmöglich war, mich etwas zu lehren“

Aus allen Briefen geht hervor, dass Maria Aurora die Fäden der Betreuung ihres Sohnes in der Hand hielt. Sie gab klare Anweisungen, die aber stets mit dem König abgesprochen waren. Berichte über die Fortschritte des Kindes waren an beide Elternteile zu richten.[9] Doch scheint der sich demütig und fromm gebende Delorme versucht zu haben, Mutter und Vater des Knaben gegeneinander auszuspielen und das Joch der mütterlichen Aufsicht abzuschütteln, indem er behauptete, vom König mit unbegrenzten Vollmachten ausgestattet und nur diesem, der allerdings fern und mit anderen Sorgen belastet war, verantwortlich zu sein.[10]

Um über die Erziehungserfolge „Ihrer Excellenz der Gräfin und dem Könige Rechenschaft" abzulegen, entwarf Delorme in einem ersten Bericht vom September 1703 ein außergewöhnlich optimistisches Bild vom Entwicklungsstand seines Zöglings: Der „teure kleine Graf" sei seit der Abreise seiner Mutter mindestens vier Zoll gewachsen. Bei seiner äußeren Erscheinungsform falle lediglich ein leicht schwankender Gang auf, den Delorme für ein „Erbstück vom Könige, dem er übrigens sehr gleicht", hält.

Die Aufzählung seiner Beschäftigungen bietet Einblicke in Unterrichtsformen und Ausbildungsinhalte im frühen 18. Jahrhundert, freilich auf einer gehobenen gesellschaftlichen Ebene. Der Schüler befand sich grundsätzlich in Gesellschaft, war nie allein, sodass kindliche Unarten, wie „auf Sesseln reiten" oder kleine Zornausbrüche (ces petites fureurs), wie sie Maria Aurora offensichtlich von ihrem Sohn kannte, im Zaum gehalten wurden. Moritz beherrschte im Alter von sieben Jahren bereits eine große Anzahl Fabeln und räsonnierte über deren Moral, kannte Passagen und Rollen aus Dramen von Racine, lernte die allgemeine Länderkunde, die Namen der Hauptstädte und der wichtigsten Regenten Europas. Seine Mutter solle sich nicht über die „Reinlichkeit seiner Briefe beschweren", denn er schreibe „gar niedlich". Bei Tisch esse er alles, was man ihm vorsetzt, gewöhnlich Brot und Suppe. Er verlasse jedoch nie die Tafel, „ohne auf das Wohl des Königs und auf das Glück seiner Waffen zu trinken; dann folgt das Ihrige, worauf er mich bittet, mit ihm anzustoßen"[11], erfahren wir von dem Erzieher.

Die Vaterschaft Augusts des Starken war im Umkreis des kleinen Grafen kein Geheimnis, wo man ganz offen darum bemüht war, „der Sorge für den Königssohn (wenngleich incognito) zu genügen".[12] Auch Moritz selbst muss gewusst haben, wer seine Eltern waren. In einem Brief vom April 1707 schrieb er an seine Mutter: „Ich tue mein Mögliches, um Ihre und des Königs Zufriedenheit zu erlangen."[13]

August der Starke griff jetzt auch zunehmend in die Erziehung seines natürlichen Sohnes ein. 1704 kam der 8-jährige Knabe zur weiteren Ausbildung nach Utrecht in Holland. Man wollte das Kind wohl aus Sachsen entfernen, bevor der schwedische König in das Land einfiel und dem Jungen, der ja auch eine schwedische Herkunft hatte, gefährlich werden konnte. In einem Schreiben des Hauslehrers an König August gab Delorme allerdings folgende, recht diffuse Begründung für den neuerlichen Wechsel: „Die Gräfin (Königsmarck) hat Ihnen, Sire, zu Gefallen, sich von allem zu trennen gewünscht, was sie nach Ihnen Teuerstes auf der Welt hat. Ihr glühendster Wunsch ist in der Tat zu sehen, dass dieses liebe Kind eines Tages im Stande ist, sein Leben dem Dienst Eurer Majestät zu opfern."[14] Moritz selbst stellte später die Umstände noch anders, aber sicherlich realistischer dar: „Ich war so zerstreut, dass es unmöglich war, mich etwas zu lehren; man glaubte, dass, wenn das Klima und die Lebensweise geändert würde, mon génie se changeroit (sich auch mein Geist ändern würde) und sandte mich mit dem Gouverneur Delorme und dem Untergouverneur D'Alençon nebst einem Kammerdiener nach Holland."[15]

In der Tat wurde es immer schwieriger, den Knaben für den Unterricht zu erwärmen. Er war nun von einer Vielzahl an Lehrern für die verschiedenen neuen Unterrichtsfächer umgeben, so für Religion, Italienisch, Erdbeschreibung, Geschichte, Unterhaltung, Tanzen, Fechten und Befestigungskunst. Diese gaben sich redliche Mühe, „ihn von der Notwendigkeit zu überzeugen, das für seinen Stand Erforderliche zu lernen".[16] Über den Erfolg gibt wiederum Moritz selbst retrospektive Auskunft: „In Haag gab man sich vergeblich alle Mühe mich zu unterrichten, ich entsinne mich, dass meine Lehrer es unternahmen, eine Eisenmaschine an mir anzubringen, um meinen angeblich offen klaffenden Schädel enger zu zurren. Manches lernte ich schnell, wie Exercis und Mathematik, das Lesen musste man aufgeben, denn wenn ich ein Buch studierte, und man mich fragte, wo ich war und was ich gelesen hätte, wusste ich nicht eine Silbe; mit Arithmetik war es nicht besser bestellt ... Ich war ganz wie *le diable, qui fait ce qu'on ne lui demande pas* (wie der Teufel, der tut, was man nicht von ihm verlangt) und ohne Unterricht lernte ich in weniger denn sechs Monaten vollständig Holländisch."[17]

Für die Erziehung seines Sohnes in Utrecht gewährte August anfänglich eine Unterhaltspauschale von 2000 Talern. 1707 wurde sie auf 750 Taler im Quartal, also 3000 Taler jährlich erhöht, wovon die Gehälter der Gouverneure und der Lehrer, sowie der Unterhalt des Hauses bezahlt werden mussten.[18] Moritz erhielt 8 Heller Taschengeld pro Woche. Delorme war darauf bedacht, einen noblen Schein in der Lebensführung des jungen Grafen zu wahren: „Der Ruhm des Königs verlangt, dass seinem Sohne im Auslande die erforderliche Hilfe geleistet werde."[19]

1704 geriet August der Starke in die schwerste Krise seiner Laufbahn. Die niederschmetternden Nachrichten vom Verlust der polnischen Königskrone erreichten auch den kleinen Moritz im fernen Holland und machten ihn sehr betroffen. Der Achtjährige ließ sich von seinem Hauslehrer ermutigen, seinem Vater vier Zeilen zu schreiben, um ihm seine Teilnahme auszudrücken.[20]

Die nächste Lebensstation Moritzens nach Utrecht war Den Haag, wo auch ein Gouverneurswechsel stattfand. Der Holländer Stötteroggen, Offizier in der sächsischen Armee, wurde sein neuer Erzieher. Er ist uns schon begegnet als einer der hartnäckigsten Verehrer der Gräfin Königsmarck. Seine Zuneigung zur gräflichen Mutter übertrug er auch auf den Sohn, den er in seinen Briefen beziehungsvoll „das liebe Geheimnis" nannte. Er war strenger als sein Vorgänger, sorgte für einen straffen Stundenplan, überwachte den Umgang und die Zerstreuungen des kleinen Grafen und bemühte sich um Geduld und Verständnis. Der Gräfin Königsmarck versicherte er jedoch: „Glauben Sie nicht, dass um Ihnen den Hof zu machen, dieses geschieht."[21]

Als es darum ging, in Den Haag „eine dem Herrn Grafen anständige Wohnung zu finden", mietete Stötteroggen, da das Hotel Marschall Turenne unerschwinglich teuer war, die kleine Gesellschaft am 18. September 1705 bei einer alten Französin ein, die für Tisch und Zimmer monatlich nur 196 Pfund verlangte. Dafür erhielten sie mittags vier, abends drei gute Schüsseln mit Speisen, täglich reines Gedeck sowie Frühstück „und Anbiss für den Herrn Grafen".[22] Bedenken der Gräfin Königsmarck wegen dieser unstandesgemäßen Behausung widerlegte Stötteroggen: „Der Herr Graf kann nicht besser aufgehoben sein als hier in dem ruhigsten und friedlichsten Gasthause im ganzen Haag. – Wäre der Herr Graf in dem Alter, in Gasthäusern an der Tafel, wo man Leute hohen

Standes findet, zu essen, so würde ich Sie bitten, uns eine Privatwohnung beziehen zu lassen, um speisen zu können, wo wir Lust haben."[23]

Moritz zählte ja erst neun Jahre. Für dieses Alter war er jedoch außerordentlich erfindungsreich und pfiffig, wenn er von seinem Meister etwas erreichen wollte. Da er „durch die Aussicht auf Vergnügungen mehr zum Fleiße gebracht wurde als durch alles andere", belohnte ihn Stötteroggen wöchentlich mit einem Gulden zu seiner freien Verfügung. Als Moritz sah, wie er seinen Erzieher erweichen konnte, erbot er sich, künftig mit ihm drei statt zwei Seiten zu lesen, wenn er dafür zusätzlich einen Schilling bekäme.[24]

Sämtliche Berichte des Hofmeisters sind von der Klage durchdrungen, dass Moritz für theoretischen Wissensstoff nicht zu begeistern war, selbst wenn ihm dieser spielerisch beigebracht wurde. Der Untergouverneur musste der Gräfin Königsmarck sogar eingestehen, dass „ich mit dem Lateinischen nicht zum Ziele gekommen bin, ob ich gleich Alles, was ich nur konnte, aufbot und ... nur darauf hinarbeitete, dem jungen Herrn eine oberflächliche Kenntnis jener Sprache zu verschaffen."[25]

Der kleine Graf glänzte jedoch schon in jungen Jahren mit praktischen Fertigkeiten, vor allem im Gebrauch der Waffen. Als bei einer Gesellschaft des Prinzen von Kulmbach auf dem Land in der Nähe von Utrecht ein Fechtwettkampf stattfand und Graf Moritz, gerade elfjährig, sich besser schlug als alle anderen, hieß es, man dürfe sich nicht wundern, er sei ja der Sohn Augusts.[26] Im April 1707 bat er seine Mutter, nach Amsterdam reisen zu dürfen, um dort die holländische Kriegsflotte zu besichtigen, die im Begriff stand, in See zu stechen.[27]

Maria Aurora konnte im Laufe der Zeit nicht mehr die Augen davor verschließen, dass „ihn sein Geist mehr zum Kriege als zum Studium treibt", obgleich sie tief betrübt war, „dass er so wenig Neigung für die Studien zeigte".[28] Sie akzeptierte schweren Herzens seine einseitige Begabung und stellte sich ihm nicht in den Weg, als er, noch ein Kind, seine Bestimmung suchte.

Moritz' zwölfter Geburtstag markiert die erste große Wende in seinem Leben. „Voilà, d'où je compte le commencement de ma vie", schreibt er selbst, „von wo aus ich den Beginn meines Lebens zähle";[29] denn zu diesem Zeitpunkt rief König August ihn nach Dresden zurück.

Die schwedische Gefahr schien gebannt und eine günstigere politische Entwicklung zeichnete sich ab. Das Heer Karls XII. war durch den harten Winter 1708/09 schwer angeschlagen und sah seiner vernichtenden Niederlage bei Poltawa entgegen. August erneuerte sein Bündnis mit Peter dem Großen, kehrte nach Warschau zurück und nahm das polnische Königreich wieder in Besitz.

Moritz beschreibt in seinen Memoiren den erhebenden Augenblick, als am 5. Januar 1709 Herr von Schulenburg in sein Zimmer kam und ihm im Namen des Königs eröffnete, dass dieser ihn zum Soldaten bestimmt hätte.[30] Moritz war außer sich vor Freude und ließ sich voller Stolz ausstaffieren mit einer Uniform, großem Säbelgehänge, einem langen Haudegen und Gamaschen à la Saxonne. Anschließend wurde er dem König vorgeführt, durfte mit ihm speisen und „kräftig auf sein Wohl trinken". Der König gab jedoch Anweisung, dass der Knabe kurz gehalten und ja nicht verzärtelt werde: „Nehmt ihn nur tüchtig ran, wie es sich gehört und ohne Schonung, das wird ihn abhärten. Lasst ihn bereits von Anfang an zu Fuß nach Flandern marschieren", befahl er Schulenburg. „Ich will ganz und gar nicht, dass er auf dem Marsche davon verschont wird, Waffen zu tragen … und vor allem erlaube ich nicht, dass er sich von den Waffen loskauft." Moritz erinnerte sich später: „Ich spitzte die Ohren und fand, dass der König, der mich gewöhnlich so wohlwollend behandelte, heute wie ein Türke spräche, doch … ich hielt mich für den Glücklichsten der Sterblichen."

Von König August reich ausgestattet mit vier Pferden, einem Wagen und 12 Mauleseln samt einem Gefolge von Dienern, einem Stallmeister und einem neuen Gouverneur zog Moritz in seinen ersten Feldzug. Er war einem ausgezeichneten, von hohen moralischen Werten geleiteten General der sächsisch-polnischen Armee anvertraut worden, Johann Mathias Graf von der Schulenburg (1661–1747). Bei der Niederlage der sächsischen Armee bei Fraustadt, 1706, ist Schulenburg uns bereits begegnet. Der Spross eines altmärkischen Adelsgeschlechts hatte in Frankreich studiert, hatte den Häusern Braunschweig-Wolfenbüttel und Savoyen gedient und stand seit 1702 als Heerführer im Dienste Augusts des Starken. Im Nordischen Krieg wurde er 1704 zum General ernannt. Seit 1708 nahm er am Spanischen Erbfolgekrieg teil und wechselte nach dessen Ende unter die venezianische Flagge, wo er 1734 die Würde eines Feldmarschalls erhielt. Er verfasste zahlreiche Schriften über Theorie und Geschichte der Kriegswissenschaft.

Aus Schulenbergs Lebenserinnerungen erfahren wir von seinem Verhältnis zu seinem Zögling und dessen Mutter. Obgleich Schulenburg vom König ausgewählt und ernannt worden war, pflegte er auch zu Maria Aurora einen vertrauensvollen Kontakt. Diese, seit dem Tod ihres Schwagers auf sich selbst gestellt, offerierte ihm die Stellung eines familiären Schirmherrn: „Nehmen Sie es nicht übel auf, Monsieur", schrieb sie ihm am 27. Februar 1709, „dass ich an Stelle der Königsmarck, die nicht mehr sind, Sie zum Beschützer meiner Familie nehme; wir zwei Schwestern sind ohne Verwandten und ohne Schutz, und ohne die Unterstützung einiger Freunde Ihres Verdienstes könnten wir uns nichts von jener Gunst versprechen, die wir früher fanden."[31] Dankbar und beruhigt wusste sie ihren Sohn unter den Fittichen dieses zuverlässigen Mentors, der „die Güte" besaß, den Knaben „aus seiner zu großen négligence (Sorglosigkeit) aufzurütteln" und sich bereit hielt, „ihn in der fortification und allem, was auf diese Kunst Bezug haben kann, zu unterrichten".[32]

Die ersten Lektionen gab es auf dem Feldzug nach Flandern, wo Moritz dem sächsischen Kontingent angehörte, mit dem August der Starke das Heer der Verbündeten gegen Frankreich verstärkte. Man befand sich mitten im Spanischen Erbfolgekrieg. Die Lage der Franzosen sah nicht gut aus. Die Allianz zwischen Großbritannien und dem Reich hatte sich bewährt, seit Marlborough und Prinz Eugen 1704 den Sieg bei Höchstädt errungen hatten und eine Serie an Erfolgen verbuchen konnten. In Flandern stand die Entscheidung des Konflikts um die Niederlande bevor.

Moritz marschierte, dem Willen seines Vaters gemäß, den weiten Weg zu Fuß. In Wolfenbüttel machte er Station und speiste mit dem langjährigen Freund der Gräfin Königsmarck, dem alten Herzog Anton Ulrich. Der Marsch führte weiter über Hannover, wo, wie sich Moritz später erinnerte, „ich trotz der Geschichte meines Onkels (des Bruders meiner Mutter) sehr gut empfangen wurde: bereits am Tage meiner Ankunft ward ich von dem Kurfürst zum Souper geladen".[33] Die familiären Skandalgeschichten waren demnach schon dem zwölfjährigen Kind zur Kenntnis gebracht worden.

Die Feuertaufe erhielt der Knabe Moritz im Juli 1709 bei der Belagerung von Tournai, einem der eindrucksvollsten Bollwerke des berühmten französischen Festungsbaumeisters Vauban. Von dem sich anschließenden blutigen Schlachtgemetzel bei Malplaquet wurde er jedoch, um ihn zu schützen, ausgeschlossen. Maria Aurora bezeugte dem fürsorglichen Mentor mütterliche Dankbarkeit: „Ich schätze den kleinen Liebling für sehr glücklich, dass er seine Lehrzeit unter Ihren Auspizien beginnen konnte und danke Ihnen, Monsieur für die Sorge, die Sie sich seinetwegen haben machen wollen, denn ich sehe sehr wohl, dass Sie an seine Rettung gedacht haben, da Sie ihn nicht in die Schlacht haben führen lassen wollen."[34]

Der verlustreiche Sieg der Alliierten bei Malplaquet und die vorhergegangenen Operationen rund um Tournai übten einen unauslöschlichen Eindruck auf den jungen Moritz aus. Die strategischen Vorgänge beschäftigten ihn noch jahrelang und kamen Jahrzehnte später in seinen eigenen militärischen Unternehmungen wieder zum Tragen.

Während der folgenden Monate hielt sich Moritz in Brüssel und Utrecht auf. Er gibt aus dieser Zeit ein Porträt, das einer seiner Erzieher im Auftrag des Grafen von der Schulenburg über den „anstrengendsten Schüler Europas“ verfasste. Er zeichnet das Bild eines frühreifen 14-jährigen Jünglings, der gänzlich von seinen spielerischen Trieben beherrscht, sich unzugänglich zeigte für jeglichen vernünftigen Gedanken, für Beschäftigungen, die Nachdenken erforderlich machten, sowie für geistige Anstrengungen jeglicher Art. „In seinem Alter weder lesen noch schreiben zu können, ist ein recht bedenkliches Faktum und mit der Sinnesart, die er seit mehreren Jahren gezeigt hat, dürfte er es schwerlich bald dazu bringen“, gab sein Hofmeister zu bedenken und beobachtete weiter, dass „seine Lebhaftigkeit, sein Feuer, sein Brillant ... ihm zu Gute kommt, sobald es Vergnügungen gilt, dass sie aber totaliter erlöschen, wenn er sich ernsthaften Dingen zuwenden soll“. Moritz besaß eine Passion für rätselhafte Vorgänge, für gefährliche Waffen, für Kampfszenen zwischen wilden Tieren und zeigte sonderbares Interesse für medizinische Themen, für Verletzungen und Kadaver. „Nur mit Mühe kann man ihn von Verwundeten fortziehen.“ Als Gipfel aller Unarten beherrschte er die Kunst „seine eigene Zeit wie die seiner Lehrer zu zerstören, hierin ist er unvergleichlich“. Viele Lehrer kapitulierten nach der ersten Unterrichtsstunde.

Um diesem Übel nachhaltig abzuhelfen entwarf der strapazierte Hofmeister ein „Reglement für die Art, in der Monsieur le Comte sich betragen soll, sowohl hinsichtlich seiner Studien wie auch seiner Exercitien unter meiner Direktion“. Von den vierzehn penibel genau aufgeführten Anweisungen bezieht sich Punkt IX auf den Umgang mit der Zeit: „Alle Arbeit sitzender Art muss verrichtet werden, während eine Sanduhr auf dem Tisch steht, damit die Zeit nicht unnütz vergeudet werde.“[35]

Diese ernsthaften Vorhaltungen berührten wohl weniger das Gemüt des jungen Grafen als das seiner Mutter, die kummervoll den Werdegang ihres einzigen Kindes beobachtete und beteuerte, „dass ich bettelarm sein möchte, wenn nur mein Sohn eines Tages gut erzogen ist".[36] Der Erzieher des Knaben ersparte ihr jedoch indirekt nicht den Vorwurf, selbst zu seiner nachteiligen Entwicklung beigetragen zu haben: „Wenn die Eltern ihre Kinder verwöhnen, sei es durch Worte oder durch Briefe, handeln sie gegen ihr Gewissen und sind vor Gott hierfür verantwortlich. Denn dadurch öffnen sie der Falschheit und dem Ungehorsam die Tore, sodass sie mit der Zeit unverbesserlich werden."[37]

In der Tat war Maria Aurora nur allzu geneigt, die Unzulänglichkeiten ihres Sohnes mit dem Mantel mütterlicher Liebe zuzudecken. Wie viel angenehmer war es doch, den Rechtfertigungen des jungen Grafen Glauben zu schenken als den Beschwerden seiner Lehrer. „Ich sehe recht gut", schrieb Moritz, „dass Herr von Stötteroggen mich bei Ihnen anschwärzt, doch hoffe ich, an Ihnen eine vielgeliebte Mutter zu haben".[38] Die Schmeicheleien hatten einen handfesten Hintergrund, nämlich die Bitte um pekuniäre Zuwendungen; „denn acht Groschen wöchentlich sind zu kindisch".[39] In fast jedem Brief, den Moritz vom Feldzug nach Flandern an seine Mutter schrieb, wiederholte er seine Geldforderungen; mal handelt es sich um zwölf Dukaten oder hundert Taler, mal um sieben Pistolen, mal um einen Wechsel. Gegen Ende des Jahres 1709 bat er sie, „nicht zu vergessen, dass das Weihnachtsfest heranrückt. Ist es mir erlaubt, Ihnen ganz frei zu sagen, was ich dieses Mal von Ihnen haben möchte?" Er wünschte sich eine englische, goldene Taschenuhr, da diejenige, die er zuvor schon von ihr erhalten hatte, völlig verdorben und in der Reparatur teurer als sie wert sei. „Ich habe beschlossen, sie meinem Gouverneur zum heiligen Christ zu schenken; er trägt sie schon, da sie mir zuwider ist." Der verzogene Knabe war sich der Gutmütigkeit und Opferbereitschaft seiner Mutter schon damals allzu sicher. Er sollte sie später noch viel schamloser ausnützen. Die ewigen Geldverlegenheiten ihres Sohnes Moritz blieben eine immerwährende, quälende Begleiterscheinung ihres Lebens.

Dieser versuchte, dem nachteiligen Eindruck, den seine

Zeilen bezüglich der Uhr hervorrufen konnte, durch Artigkeiten zuvorzukommen: „Ich muss mich entschuldigen, meine liebste Madame, dass ich so offenherzig spreche, da ich wohl weiß, dass Sie niemand auf der Welt mehr als mich lieben, und deshalb glaube, sie werden mir eine so nützliche Sache nicht verweigern, da kein Mensch den Preis Ihrer Wohltaten höher schätzt als ich."[40] Diese Worte verfehlten nicht ihre Wirkung. Maria Aurora schickte ihrem Sohn nicht nur die gewünschte goldene Uhr zum Weihnachtsfest, die, wie er versicherte, „beständig auf meinem Tische liegt, um die Bestimmung meiner Stunden desto besser beachten zu können". Er bekam darüber hinaus noch einen Anzug, ein Nachtkleid, eine Mütze, einen Muff und einen goldenen Besatz.[41] Da Letzterer ihm nicht passte, ersuchte er sie, ihn im Tausch mit 114 Talern in Gold zurückzunehmen.[42] Von seinem königlichen Vater erwartete er als Geschenk zwei Pferde.[43]

Moritz zog 1710 noch einmal mit seinem Beschützer Schulenburg nach Flandern und nahm an den Belagerungen von Douai, Béthune und Aire teil. Eine Anekdote erzählt, dass bei dieser Gelegenheit Prinz Eugen (1663–1736) den Jüngling sich einer Gefahr aussetzen sah und ihm zurief: „Jeune homme, apprenez à ne pas confondre la témérité avec la valeur" [44] – „Junger Mann, lernen Sie, die Verwegenheit nicht mit der Tapferkeit zu verwechseln." Der kaiserliche Feldherr wurde das große Vorbild für Moritz. Auch er hatte eine Abenteurerin zur Mutter, Olympia Mancini, die Nichte des Kardinals Mazarin.

Moritz wird von seinem Vater anerkannt

Nach diesen kriegerischen Unternehmungen wurde Moritz am 3. Dezember 1710 durch ein königliches Reskript seines Vaters nach Sachsen zurückgerufen. Ende Januar 1711 konnte die Gräfin Königsmarck in Leipzig ihren Sohn, erleichtert über seine gesunde Rückkehr, wieder in die Arme schließen. „Ich kann nie die großen Verpflichtungen vergessen, welche mir besonders obliegen, für die liebevolle Sorgfalt, welche Sie ihm, während er mit Ihnen im Felde war, bewiesen", schrieb sie voller Dankbarkeit an den Grafen Schulenburg.[45]

Stolz begleitete sie ihren Sohn nach Dresden, wo sie von König August überaus freundlich empfangen wurden. Nun endlich gab er ihren ständigen Bitten nach, er möge Moritz legitimieren. Im Mai 1711 erkannte August der Starke ihn förmlich als Sohn an und verlieh ihm das Rittergut Schkölen bei Eisenberg mit 10000 Talern Einkünften.[46] Er änderte das Wappen „unseres natürlichen und legitimierten Sohnes Morizens von Sachsen"[47], erhob ihn in den Rang eines Grafen von Sachsen und ließ in seinen Kanzleien einen amtlichen Erlass mit der Bekanntmachung zirkulieren. Unter der französischen Form seines neuen Titels „Comte de Saxe" sollte Moritz später berühmt werden.

„Denken Sie", schrieb Maria Aurora voller Freude an Schulenburg, „wie viel Glück mir diesmal meine Reise nach Dresden gebracht hat".[48] Dies war einer der wenigen Höhepunkte in ihrem Leben, wo sie völlig eins war mit ihrem Schicksal. Die Demütigungen und Selbstbezichtigungen wegen der illegitimen Geburt ihres Kindes, die sie jahrelang mit sich ausgetragen hatte, waren vergessen, hoben sich auf in der großmütigen Geste seines königlichen Vaters. „Sie haben die feindseligen Bande gelöst", schrieb ihr ein Verehrer, „welche in diesen undankbaren Regionen auf Kindern der Liebe lasten; ja die Liebe ist es, welche Sie aus dem Norden herbeirief, um jene Rechte, hier wie anderwärts herzustellen. Versagen Sie, Madame, einer so schönen Stelle Ihrer Geschichte Ihren Beifall nicht!"[49]

Die Anerkennung eines natürlichen Kindes hing nicht unwesentlich vom Einfluss der Mutter ab. Nur diejenigen Abkömmlinge Augusts des Starken wurden offiziell anerkannt, deren Mütter einen besonderen Rang in der Reihe der Geliebten des Königs einnahmen. Nur diese Mütter konnten sich erfolgreich für ihre Kinder einsetzen; so wie Maria Aurora, die von 1712 an in einen intensiven Briefwechsel mit dem allmächtigen Minister Flemming eintrat, um auf diesem Wege ihrem Sohn zu nützen. In jedem ihrer Schreiben bat sie ihn um Förderung des Knaben und um Fürsprache beim König, dem er vorstellen sollte, „dass diese Art Kinder der Unterstützung und Förderung durch die Gunst der Großen besonders bedürfen“.[50]

Neben dem Kurprinzen Friedrich August, der für die Thronfolge erzogen und 1719 in vierwöchigen Festlichkeiten in Dresden mit der Erzherzogin Maria Josepha, der ältesten Tochter Kaiser Josephs I., vermählt wurde, besaß August von seinen Mätressen acht illegitime Sprösslinge, die er förmlich als seine Kinder anerkannte. Das Gerücht, er habe es zu einer Anzahl von 354 Kindern gebracht, ist maßlos übertrieben und allein auf die Unfreundlichkeit und Missgunst der Schwester Friedrichs des Großen, Wilhelmine von Brandenburg-Bayreuth, zurückzuführen.

Die Anerkennung durch den Vater war von größter Bedeutung, da die illegitimen Kinder weder der Familie der Mutter noch des Vaters automatisch angehörten. Sie hatten keinen Anspruch auf einen Namen beziehungsweise einen damit verbundenen Titel, was besonders die adeligen Bastarde berührte, sie waren vom Erbe ausgeschlossen und auch sonst gesellschaftlich benachteiligt. Durch die Legitimierung verbesserte sich ihre Position erheblich. Sie wurden von der väterlichen Familie anerkannt und erlangten damit eine Stellung am Hof und eine soziale Absicherung.

Die vier legitimierten Söhne Augusts des Starken erhielten alle eine militärische Ausbildung. Neben Moritz, dem Ältesten, wurde der Sohn Fatimas, alias Maria Aurora von Spiegel, Friedrich August (1702–1764), später zum Grafen von Rutowski erhoben und mit 26 Jahren in die brandenburgisch-preußische Armee gegeben. Der als „Chevalier de Saxe“ anerkannte Sohn der Gräfin Lubomirska, Johann Georg (1704–1774), übernahm nach seiner militärischen Lehrzeit 1724 ein in der Niederlausitz stationiertes Dragonerregiment und brachte es bis zum Generalfeldmarschall. Der schneidige Sohn der Gräfin Cosel, Friedrich August (1712–1770), wurde ebenfalls General und baute sich später ein prachtvolles Palais im Zentrum von Dresden, in der Nähe der Frauenkirche.

Von den Töchtern erfuhr die der Maria Aurora Spiegel, auch mit Namen Maria Aurora (1706–1746), die Erhebung zur Gräfin Rutowska. 1728 vermählte August sie mit dem polnischen Grafen Michael von Bielinski, dem Bruder seiner Mätresse, der Gräfin Dönhoff. Die Cosel-Töchter mussten unter dem Bruch Augusts mit ihrer Mutter nicht leiden. Auch sie wurden standesgemäß, in luxuriös ausgerichteten Hochzeitsfeiern verheiratet: Augusta Constantia (1708–1728) mit dem Grafen von Friesen, Friederike Alexandrine (1709–1784) mit dem polnischen Kronschatzmeister Anton Graf von Moschinski. Die Lieblingstochter seiner letzten Jahre wurde Anna Gräfin Orzelska (1707–1769), der der höfische Klatsch sogar eine amouröse Beziehung zu ihrem königlichen Vater nachsagte.

Welch ein Chance für Moritz! Seine Zukunft, wohl begründet auf der Gnade Augusts des Starken, zeichnete sich strahlender und vielversprechender ab als je zu erwarten gewesen war. Sein gesicherter Unterhalt würde ihn künftig, so konnte man hoffen, unabhängig machen von den dahinschrumpfenden Mitteln seiner Mutter. Der Landsitz zu Schkölen sagte ihm sehr zu. Er fand ihn angenehmer „als ich mir ihn vorstellte, besonders rücksichtlich der niederen Jagd", berichtete er seiner Mutter.[51] Der junge Herr, der sich immer mehr zum Ebenbild seines Vaters entwickelte, stand plötzlich im Mittelpunkt des gesellschaftlichen Interesses. „Alle Welt schickt sich an, ihm den Hof zu machen", hörte man aus Leipzig.[52]

Doch schon wieder führte ihn seine Bestimmung ins Feld, diesmal in den Norden, in die Scharmützel der zweiten Phase des großen Nordischen Krieges. Im Januar 1709 hatte sich das Ruhmesblatt Karls XII. gewendet. Vor der ukrainischen Stadt Poltawa wurden seine schwedischen Truppen in einer blutigen und historisch bedeutsamen Schlacht von der russischen Armee vollständig geschlagen. Karl flüchtete verwundet nach Süden in das von Türken besetzte Moldawien. August der Starke nützte die Schwäche seines Gegners und erklärte den demütigenden Vertrag von Altranstädt, der ihm von Karl drei Jahre vorher aufgezwungen worden war, für nichtig. Er stürzte den polnischen König Stanislaus Leszcynski vom polnischen Thron und nahm sein Königreich erneut in Besitz. Nachdem er in Warschau seine Position wieder gefestigt hatte, erneuerte er das Bündnis mit dem Zaren gegen Schweden und wandte sich nach Norden, um die nordische Macht endgültig zu vertreiben. An diesen zwei Jahre andauernden Kampfhandlungen in Pommern und Mecklenburg ließ August auch seinen Sohn Moritz teilnehmen. Das schwedische Einfallstor nach Deutschland war die stark befestigte Stadt Stralsund. Die Belagerung dieser strategisch bedeutsamen Festung wurde das wichtigste militärische Anliegen Augusts. Als Moritz 1712 zum Heimaturlaub nach Dresden zurückkehrte, erhielt er, wie er seiner Mutter stolz verkündete, als Zeichen der väterlichen Anerkennung sein erstes eigenes Regiment, eine neue Ausstattung und zwei sehr schöne Pferde.[53]

Der Jüngling wird verheiratet

Noch eine weitere Überraschung hielt August der Starke für seinen Sohn bereit. Er wollte ihn, ungeachtet der Tatsache, dass Moritz erst sechszehn Jahre alt war, verheiraten. Die Braut hatte er auch schon ausgewählt, ein junges, sehr reiches adeliges Fräulein, Johanna Victoria Tugendreich von Loeben, auf deren immenses Vermögen es zahlreiche Mitgiftjäger abgesehen hatten. Moritz interessierte sich überhaupt nicht für seine Zukünftige. Es wurde behauptet, dass allein der Name Victoria anziehend auf ihn gewirkt hätte. Wieder einmal trat Maria Aurora für ihn ein und kümmerte sich darum, dass es der jungen Braut nicht an Aufmerksamkeiten mangelte. Sie schickte ihr ein Halstuch und einen Ring, für die sich Moritz bedankte und meldete, „dass das Fr. v. L. sehr zufrieden damit war".[54] Der junge Bräutigam legte großen Wert auf die Fürsorge seiner Mutter und hoffte auf deren guten Einfluss, als sich während der Verlobungszeit herausstellte, dass sich „das Fräulein in einem Hause, wo es nur verderbt werden kann, aufhält und wo üble Gesellschaft an der Ordnung ist".[55] Der zweideutige Ruf der Braut sollte sich später unheilvoll bestätigen.

König August beschloss, die Hochzeit selbst auszurichten, was Moritz sehr recht war. Maria Aurora behielt sich jedoch vor, gute Ratschläge zu erteilen und für ihren Sohn ein Hochzeitsgewand zu besorgen. „Ich werde mich damit ganz nach Ihrem Geschmacke richten", versicherte er ihr.[56] Die Gräfin Königsmarck befand sich zu dem Zeitpunkt in Hamburg, wurde von Moritz aber dringend gebeten, nach Dresden zurückzukehren, da in Hamburg die Pest wütete. In dem einzigen erhaltenen Brief der Braut an die Gräfin Königsmarck griff diese die Besorgnisse ihres Bräutigams auf und schrieb: „Sie konnten mir keine erfreulichere Nachricht mitteilen als Ihre glückliche Rückkehr in Ihre Abtei; denn ich war sehr besorgt, dass Sie in Hamburg, wo die Pest von Tage zu Tage mehr um sich greift, eingeschlossen würden."[57]

Moritz stand zur Zeit seiner Eheschließung so hoch in der Gunst seines Vaters wie nie zuvor und niemals später. Er war der erklärte Lieblingssohn Augusts des Starken und konnte seine Mutter beruhigen: „Ich glaube nicht, dass Sie sich ferner über ihn beklagen; denn er überhäuft mich täglich mit Gnade und Wohltaten."[58]

Das Brautpaar wurde kraft eines königlichen Reskripts am 1. März 1714 für mündig erklärt und vierzehn Tage später in Moritzburg, dem Ort, der schon im Leben Augusts und Maria Auroras eine zentrale Rolle gespielt hatte, vermählt. Die Hochzeitsvorbereitungen brachten auch die frühere Mätresse wieder stärker ins Bewusstsein des Königs. August erkundigte sich bei seinem Sohn nach ihrem Aufenthaltsort und ihrem Befinden und trank, wie Moritz mitteilte, „abends bei der Gräfin Döhnhoff", seiner neuen Favoritin, „auf Ihre Gesundheit und war in heiterer Stimmung".[59]

Im Sumpf von Untätigkeit und Ausschweifung

Die junge Ehe ging nicht lange gut. Als sein neugeborener Sohn wenige Tage nach der Geburt starb, suchte Moritz erleichtert das Weite. Er ließ sich mit seinem Regiment wieder an die Ostsee verlegen, wo sich die Ereignisse dramatisch verändert hatten. Karl XII. war allein, in einem Gewaltmarsch, aus der Türkei zurückgekehrt und hatte sich nach Stralsund gewandt, um auf schwedischem Boden die Verteidigung seines

Heimatlandes wieder aufzunehmen. Es gelang ihm jedoch nicht, das Ruder herumzureißen und die Festung zu halten. Im Dezember 1715 musste er sie preisgeben, nachdem zuvor schon Usedom und Rügen gefallen waren. Mit seiner Flucht war der Nordische Krieg an dieser Front zu Ende. Karl lebte noch drei Jahre, bis er 1718 bei der Belagerung der kleinen Festung Frederikshall in Norwegen getötet wurde. Im Frieden von Nystadt, 1721, verlor Schweden fast alle territorialen Errungenschaften der letzten hundert Jahre, darunter Bremen und Verden an Hannover, Estland und Livland an Russland, und büßte auf Dauer seine Hegemonialstellung im Norden Europas ein. Russland ging als neue europäische Großmacht aus dem Ringen hervor.

Der schwedische Albtraum war vorüber. Was für den einen Segen bedeutete, war für den anderen Fluch. Moritz war, nach Dresden zurückgekehrt, unbeschäftigt, gelangweilt und mit der Friedenssituation mehr als unzufrieden. Das Geld zerrann ihm zwischen den Fingern, und seine Mutter musste den König mehr als einmal bitten, die Schulden des Sohnes zu begleichen. Wenn August den Hilfewünschen nicht entsprach, ärgerte sich Maria Aurora und schickte wütende Briefe an die königliche Adresse: „Ich habe mir, Sire, die Freiheit genommen, Ihnen früher in Versen den Namen Edler König, Anbetungswürdiger Vater, zu geben. Mit rührenderen Ausdrücken ist wohl nie jemand benannt worden. Sie würden mir heute nicht wieder in den Mund kommen."[60] Doch August der Starke blieb unerbittlich. Aufgrund von Einsparungen nahm er seinem Sohn das Regiment weg und verbot ihm ausdrücklich, den Hof zu verlassen und an die türkische Front zu gehen, wo wieder ein Krieg im Gange war. Es ist überliefert, dass Moritz sich in einer Auseinandersetzung mit dem König über seine weitere Verwendung so unbeherrscht und ausfallend benahm, dass dieser mit dem Königstein drohte.

Maria Aurora war verzweifelt über die erzwungene Passivität des jungen Mannes, die ihm gar nicht gut bekam. Voller Sorge beobachtete sie seinen liederlichen Lebenswandel und verteidigte gegenüber dem Vater die guten Seiten, die das Mutterherz in ihm erkennen wollte: „Seit der Kindheit des Grafen, in welcher schon ich mich bemüht habe, sein Herz zu erforschen, habe ich niemals eine schlechte Neigung an ihm wahrgenommen, noch bei meinem Leben bemerken müssen, dass er eine schlechte Handlung getan hätte. Das lässt mich doch noch hoffen, mich nicht in seinem Charakter getäuscht zu haben. Wenn ich mehreren Berichten von der Armee glauben soll, hat er seine Pflicht aufs Möglichste während dieses Feldzuges getan ... was mich unendlich zu trösten vermochte. Und das lässt mich Eure Majestät mit alleruntertäniger Ergebenheit bitten, den nachteiligen Ausstreuungen nicht leichtfertig Glauben zu schenken."[61]

Die Gräfin Königsmarck schaltete in ihrer Ratlosigkeit auch den mächtigen königlichen Minister Graf Flemming ein, nicht ahnend, dass er ihr und ihrem Sohn übel gesonnen war,[62] und klagte ihm: „Die Untätigkeit des Grafen von Sachsen ist ein Zustand, der seinem Ruf und seinen Sitten schädlich ist und es ist unmöglich, dass er so bleiben kann, ohne den Ruhm des Königs zu verletzen."[63] Sie zog alle Register, appellierte an die „mouvements Paternels dans le coeur du roy"[64] – die väterlichen Gefühle im Herzen des Königs, ja, sie befleißigte sich gegenüber August schließlich eines fast herrisch fordernden Tons: „Il est temps, Sire, que votre compassion se réveille ... dites, je le veux, et ce mot suffiera ... c'est la trace que vous demande, Sire, de Votre Majesté, la très humble servante..." – es ist Zeit, Sire, dass Euer Mitleid erwache ... sprecht, ich wünsche es, und dieses Wort wird genügen ... das ist die Richtung, die ich fordere.[65] Als sie kurz darauf Gelegenheit hatte, dem König zur Hochzeit des Thronfolgers mit der Erzherzogin Maria Josepha zu gratulieren, ließ sie dem Glückwunsch ihr Lamento folgen: "Wenn ich hiernach an die Lage des Grafen von Sachsen denke, so muss ich ihn für den Unglücklichsten auf der Welt halten, weil er nichts von alldem erhalten hat, was er von der Gnade Eurer Majestät erhoffte ... Ich umfasse Ihre Knie, Sire, als verzweifelte Mutter, die den sicheren Ruin ihres Sohnes vor Augen sieht, wenn Euer Majestät nicht Erbarmen mit ihm haben."[66]

August der Starke ließ sich erweichen. Er gestattete Moritz, am Feldzug des kaiserlichen Heeres unter der Führung des

Prinzen Eugen in Serbien teilzunehmen. Der Hintergrund dieser Auseinandersetzung war die Annexion der venezianischen Insel Morea 1715 durch die Türken, was den Widerstand der Republik Venedig und des Kaisers Karl VI. (1711–1740) herausforderte. Nach der Eroberung des Banats wandte sich Prinz Eugen gegen Belgrad und eroberte es am 18. August 1717. Moritz konnte diesen glänzendsten Sieg des großen Feldherrn persönlich miterleben.

1718 aus Serbien zurückgekehrt, versank Moritz erneut in dem Sumpf von Untätigkeit, Ausschweifung, Spiel und Schulden, bis ihm 1720 August der Starke erlaubte, nach Frankreich zu gehen. In Paris und am Hof von Versailles, wo der Name Königsmarck einen guten Klang hatte, reüssierte der junge Graf in kürzester Zeit. Er wurde zum „Maréchal de camp" mit einem Gehalt von 10 000 Livres ernannt und kaufte aus Mitteln der sächsischen Staatskasse und aus dem Verkauf eines Teils der restlichen Königsmarck'schen Güter ein französisches Regiment. Moritz nützte auch die Gelegenheit, die Pariser Damenwelt zu erobern, und lernte dabei die große Liebe seines Lebens kennen, die erste Schauspielerin Frankreichs: Adrienne Lecouvreur. In ihrem Salon begegnete er der geistigen Elite von Paris und ihrem Star, Voltaire. Obgleich Voltaire sein Nebenbuhler um die Gunst der umschwärmten Adrienne war, knüpften beide Männer lebenslange freundschaftliche Kontakte, die im Wesentlichen von der Bewunderung des Philosophen für den Kriegsstrategen getragen waren. Voltaire rühmte Moritz in seiner Versdichtung „Défense du mondain" nicht nur als „liebenswürdiges Weltkind, sondern auch als einen Philosophen des Krieges, der ebenso bereit ist, im Feldbett zu schlafen wie im prächtigen Bett seiner schönsten Mätresse; einen Mann, der einmal tafelt wie Lukullus, dann wieder mit den kargen Rationen eines Husaren vorlieb nimmt".[67]

In den Jahren 1723 und 1724 befand sich Moritz in geheimer diplomatischer Mission für seinen Vater in London.[68] Man weiß nicht, welchem Auftrag er nachging; doch gewiss ist, dass er von König Georg I. freundlich empfangen wurde, dem gleichen Georg, der im Verdacht stand, vor dreißig Jahren in

Hannover den Befehl zur Ermordung seines Onkels Philipp von Königsmarck gegeben zu haben. Doch die Angelegenheit schien verjährt, sie trübte nicht das gute Einvernehmen der beiden Herren, die vergnügt miteinander in Windsor zur Jagd gingen.

Ehescheidung

Währenddessen ging es mit seiner Ehe in Sachsen immer schlechter. Vergeblich versuchten beide Elternteile, eine Versöhnung des jungen Paares herbeizuführen. Moritz' häufige Abwesenheiten, seine zügellosen Exzesse, seine Verschwendungssucht, mit der er das Vermögen seiner Gattin durchbrachte, veranlassten die vielfach betrogene junge Gräfin, 1720 die Scheidung zu beantragen. Da Moritz vermeiden wollte, zur Herausgabe des in die Ehe eingebrachten Vermögens seiner Frau sowie zur Zahlung eines standesgemäßen Unterhalts für die Geschiedene verurteilt zu werden, bezichtigte er sie seinerseits ebenfalls der Untreue. Im Prozess ergingen sich beide Partner in gegenseitigen Schuldzuweisungen und unsauberen Vorwürfen. Auch Maria Aurora bezog Partei. Anfangs noch hatte sie zu ihrer Schwiegertochter gehalten, hatte ihr monatelangen Unterschlupf in der Quedlinburger Abtei geboten und dem König erklärt: „Ich schulde ihr zu viel Freundschaft, um nicht das Wenige, das ich besitze, mit ihr zu teilen."[69] Doch ihre Stimmung schlug ins Gegenteil um. Während des Scheidungsprozesses wusste sie zu den Zeugenaussagen beizutragen, dass Victoria sich anlässlich des Besuchs in Quedlinburg, quasi unter ihren Augen, unzüchtig aufgeführt und ihrem Gatten Grund zu Eifersucht gegeben habe.[70] Noch schlimmer war aber der Verdacht, den sie dem König gegenüber in einer Art Anklageschrift äußerte, dass ihre Schwiegertochter beabsichtigt habe, ihren Gatten, Moritz von Sachsen, sowie sie selbst, seine Mutter, zu vergiften. Der Anschlag sollte mittels eines präparierten Pulvers, das in den Kaffee gegeben werden sollte, ausgeführt werden. Innerhalb von vier Monaten hätte Moritz sein Leben ausgehaucht.

Anschließend wäre sie, die Gräfin Königsmarck, an die Reihe gekommen und alle Welt, auch sie selbst, hätte geglaubt, sie sei aus Kummer gestorben.[71]

Als am 28. März 1721 der gräfliche Anwalt die vollzogene Ehescheidung mitteilte, beglückwünschte Maria Aurora ihren Sohn zur Lösung der unerquicklichen Affäre: „Ihr könnt den Himmel preisen, von einer so wenig würdigen Bekanntschaft befreit zu sein", schrieb sie ihm aus Agathenburg, wo sie sich geschäftehalber für einige Zeit aufhielt.[72]

Moritz war Zeit seines Lebens zu keiner neuen Eheschließung zu bewegen, da er, wie er der Marquise de Pompadour einmal versicherte, wenige Frauen kenne, deren Ehemann, und wenig Kinder, deren Vater er sein wollte.[73] Als Adrienne Lecouvreur begann, Ansprüche an seine dauerhafte Treue zu stellen, als er sich in den intellektuellen Zirkeln ihres Salons in der Gesellschaft von Voltaire, Fontenelle und anderen Geistesgrößen zu sehr gefangen sah, brach er wieder aus und ließ Paris hinter sich, um neue Herausforderungen in Angriff zu nehmen.

Von seiner Mutter hatte er schon 1721 gehört, dass das Baltikum wieder in Bewegung kam, „dass die Livländer nicht unter dem Szepter des Zaren bleiben wollen und sich erbieten, sich unter den König von Polen zu stellen, wodurch auch die Kurlande beeinflusst werden sollen." Maria Aurora witterte Chancen für ihren Sohn und bat ihn, schleunigst nach Sachsen zurückzukehren. „Frankreich besitzt tausend Annehmlichkeiten, das ist wahr", räumte sie ein, „aber die Fortüne, die Sie dort machen können, wird niemals hinreichend zufriedenstellend sein".[74] Mit dieser Prognose sollte sich die Gräfin zwar gründlich täuschen, aber Moritz folgte vorerst dem Rat seiner Mutter. Er bewarb sich um die verwaiste Herzogskrone von Kurland.

Dieses letztlich erfolglose Intermezzo war kein Ruhmesblatt in der Biografie des Grafen von Sachsen. Es wird gerne vergessen, wenn von der späteren glorreichen Laufbahn des Marschalls von Frankreich die Rede ist. Dennoch bedeutete es ihm viel. Er klammerte sich noch viele Jahre an seinen vermeintlichen Anspruch auf die kurländische Krone und führte bis an sein Lebensende den Titel: „Erwählter Herzog von Kurland und Semigallia".

In seinem Bestreben wusste sich Moritz absolut einig mit seiner Mutter. Für die Gräfin Königsmarck bedeutete die kurländische Kandidatur ein letztes großes Projekt, in dem sich ihre bisher vergeblichen Träume von Größe und Unabhängigkeit, Macht und Fürstenglanz, Ehre und Einkommen in der Gestalt ihres Sohnes doch noch verwirklichen ließen. Die Herrschaft eines Königsmarck in Kurland wäre für sie zugleich ein ganz persönlicher, später Triumph über den längst verblichenen Schwedenkönig Karl XII. gewesen, der ihr in der Nähe der kurländischen Hauptstadt Mitau die größte Demütigung ihres Lebens zugefügt hatte. So sammelte sie in den letzten beiden Jahren ihres Lebens noch einmal alle ihre Energien, ihren Ehrgeiz und nicht zuletzt ihre pekuniären Reserven, um ihrem Sohn und sich selbst diesen Wunschtraum zu erfüllen.

Das Herzogtum Kurland erstreckte sich über einen schmalen Landstrich südlich der Rigaer Bucht. Im Westen lag die Ostsee, im Norden lagen Livland und Estland, im Osten Weißrussland und Litauen und im Süden Ostpreußen. Es war ein sehr kleines Gebiet, kahl und unfruchtbar, doch es eröffnete die Aussicht auf eine unabhängige Krone. Im Mittelalter ein Gebiet des Deutschen Ritterordens, war das Herzogtum Kurland mit seiner Hauptstadt Mitau seit 1561 ein Erbfürstentum in Lehensabhängigkeit von Polen. Nachdem das Land im Nordischen Krieg von den Schweden und den Russen besetzt und schrecklich verwüstet worden war, starb 1711 der Herzog von Kurland, Friedrich Wilhelm, ohne Nachkommen zu hinterlassen. Das Herrschaftsgebiet mit der verwitweten, erst achtzehnjährigen Herzogin Anna, einer Nichte Peters des Großen, mehr schlecht als recht verwaltet von einem betagten Onkel, dem Herzog Ferdinand, geriet wegen seiner Lage und der daraus folgenden strategischen Bedeutung zwischen die Interessensphären der umliegenden Reiche, der Polen, Russen und der Preußen.

Moritz erkannte die Chance seines Lebens. Die Krone von Kurland würde ihm, dem illegitimen Sohn des polnischen Königs, ungeahnte Privilegien verschaffen. Sie würde den Makel seiner Geburt ausgleichen und ihm einen Rang verleihen, der ihn fast auf die gleiche Stufe wie die Fürsten Europas stellte. Der Weg dorthin führte über die Herzoginwitwe, für die Moritz sogar seinen Vorsatz, nicht mehr zu heiraten, aufgeben wollte. Er hoffte, vom Streben der Kurländer nach Freiheit von der polnischen Oberherrschaft profitieren sowie mit der Unterstützung seines Vaters rechnen zu können.

Um die Reise nach Kurland möglichst unauffällig zu halten, bediente Moritz sich des Vorwandes, dass seine Mutter in den jüngst von Russland eroberten Ostseeprovinzen noch Güter besäße, die unter Karl XI. von Schweden eingezogen worden waren. Maria Aurora sandte ihrem Sohn eine Liste „über alle unsere Ansprüche und Länder in Livland und Estland", von denen die Insel Möhn am bedeutendsten war, die aufgrund der gültigen Rechtslage der Familie zurückgegeben werden müsste. Nicht für sich selbst verlangte sie die Rückgabe, allein für ihren Sohn hatte sie den „glühenden Wunsch, dass Sie der Besitzer dieser Insel werden, die mindestens 100 000 Taler wert ist".[75]

Im Mai 1726 zog Moritz mit großer Eskorte nach Mitau. Die Absicht des Grafen, sich um die Krone Kurlands und um die Hand seiner Herzogin zu bewerben, versprach eine bedeutende, aber auch kostspielige Zukunft. Die Damen, auf deren Unterstützung er immer zählen konnte, rafften ihre letzten Ersparnisse zusammen, um ihm zu helfen. Adrienne Lecouvreur schickte aus Paris alles, was sie besaß, insgesamt 40 000 Livres, und ruinierte sich beinahe damit. Maria Aurora kam ihm mit den Resten des Königsmarck'schen Vermögens zur Hilfe. Sie plante sogar einen Deal mit dem König. Sie bat ihn, drei kostbare riesige Perlen, einst aus dem Königsmarck'schen Fideicommiß, die sie bei dem Dresdner Hofjuwelier Döring versetzt hatte, einzulösen und ihr die Summe zu überlassen. Die Perlen sollte er behalten als wahrhaft seltene und majestätische Stücke, „plus convenable au Roy qu' à ma personne"[76] – „dem König viel angemessener als meiner Person". Außerdem waren nicht wenige Damen in Paris, Dresden, Warschau und Petersburg willig, für ihn ihre Geldbörsen zu öffnen.

Der junge strahlende Graf wurde in Kurland triumphal empfangen. Man feierte ihn als Beschützer und Befreier und offerierte ihm sogleich ein eigenes Regiment. Die Herzogin war entzückt von seiner Erscheinung und brauchte nicht lange von den Vorteilen einer Verbindung mit ihm überzeugt zu werden. Am 28. Juni 1726 wurde Moritz vom Landtag in Mitau einstimmig zum Prinzen von Kurland und zum Thronerben gewählt.

Doch der Traum vom Glück währte nur kurz. Einerseits verscherzte sich Moritz seine Aussichten bei der jungen Herzogin selbst durch unvorsichtige Liebschaften. Andererseits entstand im polnischen Reichstag eine oppositionelle Bewegung, die mit der Herzogswürde für den Wettiner Spross nicht einverstanden war und die Unabhängigkeit Kurlands unter Moritz befürchtete. Obgleich König August anfangs die Pläne seines Sohnes gefördert hatte, sah er sich nun in Polen massiv unter Druck gesetzt. Er musste schließlich, um seinen eigenen Thron zu retten, die Unterstützung des Grafen fallen lassen und ihn zum Verzicht auf die Krone Kurlands veranlassen. Er schrieb ihm am 11. Oktober 1726: „Wir befehlen Ihnen aufs Ernstlichste, das Gebiet Kurlands zu verlassen, um dieser Nation jede Aussicht zu benehmen, unter Ihrer Führung den Rechten Unserer Krone zuwider etwas zu unternehmen; ferner, die zu Ihren Gunsten, wegen der Nachfolge in der Regierung des Herzogtums ausgefertigte Urkunde und alle darauf Bezug habenden Akten an Uns zu schicken, jeder Wahlberechtigung und anderen Ansprüchen an das Herzogtum Kurland und Semgallen zu entsagen ... und die ganze Angelegenheit als ungeschehen zu betrachten. Überzeugt von Ihrer uns schuldigen Ergebenheit, glauben Wir nicht nötig zu haben, diesem Befehle, für den Fall des Ungehorsams, la peine de disgrace, die Strafandrohung Unserer Ungnade, hinzuzufügen."[77]

Moritz war aber ungehorsam. Er fühlte sich im Recht und reagierte nicht auf die Weisung Augusts, sich über Danzig nach Frankreich zurückzuziehen. Selbstbewusst gab er bekannt, „ich bin meinem Weg gefolgt und habe ihm geantwortet, dass ich nicht anders handeln könne ... ich streite für mich als einstimmig gewählt". Moritz wollte außerdem die Kurländer nicht im Stich lassen; denn „es sind brave Leute, welche mich sehr zu lieben scheinen". Er bat seine Mutter, für ihn beim König ein gutes Wort einzulegen: „Daher ersuche ich Sie, dem Könige zu schreiben, ihm die wenige Teilnahme für mich klagend ans Herz zu legen. Nicht einen Heller hat er mir zu dieser Unternehmung gegeben. Ich bat um einige Hilfsleistung und man hat sie mir am Hofe mit einer Härte, die mich empörte, versagt."[78] Der noch vor kurzem bewunderte königliche Vater stand nicht mehr hoch im Kurs. Moritz besann sich in dieser Situation lieber auf die großen familiären Vorbilder mütterlicherseits und versprach ihr, „bald ein würdiges Gegenbild des berühmten Otto Wilhelm zu zeigen".[79]

Den Brief, den Maria Aurora an August den Starken schrieb und ihrem Sohn in Abschrift zukommen ließ, fand dieser „fürtrefflich", doch er nützte nichts. Die Gräfin hatte schon längst keinen Einfluss mehr auf die Entscheidungen des Königs. Im November des Jahres 1726 wurde die Wahl Moritz' vom polnischen Reichstag für ungültig und er selbst für vogelfrei erklärt. Voller Empörung schleuderte er seiner Mutter entgegen: „Ich bin geopfert: wahrlich unerhört, denn ich bin weder angeklagt noch verurteilt. Doch der König hat unterschrieben, und meine Feinde können mich ungestraft morden lassen ... Ich werde zeigen, dass man mich nicht ungestraft auf diese Weise behandelt. Man zwingt mich, zu den Waffen zu greifen; ich nehme sie also auf; so lange meine Hände den Degen halten können, werde ich mich dessen bedienen, die mir zugefügte Schmach abzuwaschen. Lassen Sie mir, Madame, freie Hand, Sie sollen in Ihren Tagen und unter Ihren Augen den alten Königsmarck aufleben sehen, der Deutschland bekriegte."[80]

Maria Aurora war entsetzt, sie konnte das Unfassbare nicht glauben. Völlig verstört bat sie einen vertrauten Briefpartner, wahrscheinlich Graf Flemming, ihr zu versichern, dass das Gerücht wahr sei, „dass auf seinen Kopf ein Preis ausgesetzt sei", – ein Vorgang, der ihr völlig unglaubhaft erschien. „Es ist nötig, dass ich darüber aufgeklärt werde, so schmerzhaft diese Neuigkeit auch für mich ist"[81], forderte sie.

Im fernen Quedlinburg, Hunderte von Kilometern von ihrem Sohn getrennt, befand Maria Aurora sich ständig im Zentrum des Geschehens. Fast täglich wechselte sie Briefe mit Moritz, gab „weisen Rat", für den er sich bedankte und traf mit ihren Deutungen und Analysen stets sicher ins Schwarze: „Die von Ihnen aufgestellten Vermutungen sind alle vollkommen richtig", musste er zugeben.[82] Sie war seine wichtigste Kontaktperson, auch seine Mittlerin gegenüber dem König, eine schwierige, prekäre Aufgabe, jetzt, da das Verhältnis zwischen Vater und Sohn mehr und mehr in die Krise geriet. Seiner Mutter gegenüber ließ Moritz seiner Enttäuschung und Verbitterung freien Lauf: „Was den König betrifft, so ist er, als ob er von Stein wäre, noch nicht gewichen … Ich sage Ihnen, er macht es mit mir, wie mit einem Kinde, dem man mit der Stockspitze ein wenig Honig reicht. Es hilft nichts, dass er versichert, ich habe sein Herz."[83]

Moritz suchte Verbündete, um seine „ruhmvolle Unternehmung" zu verteidigen und bat seine Mutter, bei der schwedischen Verwandtschaft um Unterstützung anzufragen. Seinem Cousin Karl Emil von Löwenhaupt wollte er selbst schreiben und ihm anbieten, „wenn er sich in Schweden langweilt, mein Lieutnant zu werden … und mir alle Offiziere seiner Bekanntschaft, die Lust haben, zu senden".[84] Es kam ein junger schwedischer Graf Axel Cronhielm, der in die Dienste Moritzens trat. Er führte einen intensiven Briefwechsel mit der Gräfin Königsmarck, die er in Quedlinburg besucht hatte, bevor er sich nach Kurland aufmachte. In diesen Briefen entwarf er ein vernichtendes Bild der wahren Zustände im Lager ihres Sohnes, der sich noch immer seinen Traumgebilden hingab, in Wirklichkeit aber den größten Teil des Tages im Bett zubrachte und sich Don Quichotte vorlesen ließ.[85]

Obgleich der kurländische Landtag Anfang März 1727 beschloss, an der Wahl des Grafen von Sachsen festzuhalten, war die Angelegenheit faktisch entschieden.

In dieser aussichtslosen Situation brach Moritz auf, reiste durch halb Europa, um Geld und Soldaten einzutreiben und drohte, stärker denn je nach Kurland zurückzukehren: „die Polen mögen sich auf der Grenze des Herzogtums vor mir in Acht nehmen".[86] Am dringendsten brauchte er wieder einmal finanzielle Unterstützung. Aus Dresden appellierte er an seine Mutter, beim Hofjuden Lehmann, demselben, der einst den Verkauf der Quedlinburger Vogtei betrieben hatte, 20 000 Taler für das kurländische Vorhaben zu leihen. „Schenken Sie, Madame, dem Gelingen dieser Sache ja Ihre ganze Beredsamkeit!"[87] Die Gefälligkeiten Lehmanns und seine Freundschaft schätzte Moritz hoch ein: „Ich habe die Augen immer auf ihn gerichtet als auf einen Mann, der sich auf große Geschäfte versteht."[88] Tatsächlich schoss ihm Lehmann die gewünschte Summe vor gegen einen Schuldschein, in dem der Graf seine Pensionsansprüche an Sachsen verpfändete. König August dagegen erklärte seinem Sohn, er habe ihn für die Zukunft abgefunden und könne ihm nichts weiter geben. „Schreiben Sie ja nicht an den König, es wäre nutzlos", meldete Moritz resigniert nach Quedlinburg.[89]

Mit Beklemmung sah Moritz dem Wiedersehen mit seinem Vater entgegen. Er schwankte, wie er sein Verhalten beurteilen sollte. Immer wieder bat er seine Mutter, sich für ihn bei August zu verwenden, dann wiederum riet er ihr vom Schreiben ab; denn „tiefes Stillschweigen gilt mehr als Klagen, die ihn nicht rühren".[90] Doch die Begegnung verlief so „als wäre zwischen beiden gar nichts vorgefallen. Kurlands ist keine Erwähnung geschehen, als ob es nicht in der Welt wäre".[91]

Als Moritz im Hochsommer 1727 mit einem Häufchen Getreuer noch einmal nach Kurland zurückkehrte, diente sein Auftritt nur dazu, ihm sein endgültiges Scheitern unmissverständlich vor Augen zu führen. Von russischen und polnischen Truppen vertrieben, zog er wieder von dannen. Immer noch von dem kurländischen Traum besessen, irrte er die nächsten Monate ziellos und ruhelos durch Europa.

Während er sich im Februar 1728 gerade in Holland aufhielt, um dort neue Truppen anzuwerben, ereilte ihn die Nachricht vom Tod seiner Mutter. Maria Auroras letzte Lebensjahre waren von dem kurländischen Abenteuer ihres Sohnes überschattet gewesen. Die Aufregungen und Sorgen hatten den Verfall ihrer Kräfte herbeigeführt, sein Misserfolg ihr Ende beschleunigt. Sie selbst sprach von einem „chagrin mortel et nouveau qui m'accable" – „einem tödlichen und neuen Kummer, der mich zu Boden drückt".[92] Wegen Moritz hatte sie klaglos ungeheure Belastungen auf sich genommen, hatte mit allen Persönlichkeiten korrespondiert, die ihm hätten nützlich sein können, war trotz ihres fortgeschrittenen Alters umhergereist, um für ihn zu werben, und hatte ihre finanziellen Mittel bis auf den letzten Heller erschöpft. Und das alles für nichts, für eine hohle, vergebliche Chimäre. Es fiel ihr unendlich schwer, sich von der Vision zu verabschieden, ihren Sohn als Herzog, als Landesfürst, zu sehen. Es wäre der größte Wunsch ihres Alters gewesen, die Krönung ihres an Rückschlägen so reichen Lebens.

Endgültige Rückkehr nach Paris

Nach dem Ableben Maria Auroras hielt Moritz nichts mehr in Sachsen beziehungsweise Polen, obgleich das Verhältnis zu seinem Vater wieder an Wärme gewann. August kam ihm entgegen, schenkte ihm den schönen Landsitz Tautenburg mit reichen Einkünften, den er ihm schon 1719 versprochen hatte, und bot ihm den Oberbefehl über die sächsische Armee an. Doch Moritz ließ sich nicht mehr umstimmen; die Erlebnisse in Kurland hatte in ihm mehr zerstört als nur die Vision von einer fürstlichen Karriere.

Nun zog es ihn für immer in das Land, in dem er sich so wohl gefühlt hatte, dass es ihm zur eigentlichen Heimat geworden war, nach Frankreich. Hier trug ihm das kurländische Abenteuer weder Spott noch Rufmord ein. Im Gegenteil, es machte ihn nur noch interessanter und bereicherte die Legenden, die sich schon damals um seine charismatische Erscheinung rankten. Die Pariser Damenwelt riss sich um seine Gunst. Unter all den Verehrerinnen traf er auch Adrienne Lecouvreur wieder, die ihm während der Jahre seiner Abwesenheit die Treue gehalten hatte.

Moritz hatte seiner Mutter nie gestehen wollen, mit wem er seit Jahren liiert gewesen war, und hatte nur so viel verraten: „Die bewusste schöne Dame kann ich Ihnen im Vertrauen nicht nennen und Ihnen nichts Weiteres von ihr sagen, als dass sie unendlich liebenswürdig ist, angebetet von allen, die sie kennen, unendlich reich an Geiste und voller Empfindung."[93] Doch Maria Aurora war neugierig gewesen, wie alle Mütter, und hatte so lange nachgebohrt, bis er ihr schließlich ein Porträt der „geistvollen" Freundin geschickt hatte, versehen mit einer Beschreibung, in der er sie mit der Gräfin Cosel verglich.[94] Die Verehrung für dieses bewunderungswürdige Geschöpf war allerdings keine Garantie für Beständigkeit. Als die gefeierte Schauspielerin am 20. März 1730 nach langer Lungenkrankheit starb, gingen üble Gerüchte um, die behaupteten, sie sei mit Gift aus dem Weg geschafft worden.

Die Urenkelin George Sand

Von den zahlreichen amourösen Eroberungen des sächsischen Grafen sei nur noch diejenige genannt, die dafür sorgte, dass sein Name in der Geschichte weiterlebte. In fortgeschrittenem Alter nahm sich Moritz eine junge Pariser Schauspielerin, Mitglied der damals bekannten Truppe Favart, zur Mätresse, Marie Rinteau, die ihm das einzige Kind gebar, das bekanntermaßen aus seinen zahlreichen Liaisons hervorgegangen ist. Das Mädchen wurde im Oktober 1748 in Paris nach seiner berühmten Großmutter Maria Aurora von Königsmarck auf den Namen Marie-Aurore (1748–1821) getauft. Moritz erkannte seine Tochter nicht offiziell an. Als kleines Kind hatte sie jedoch das Glück, von ihrer königlichen Cousine, der Dauphine Maria Josepha, der polnisch-sächsischen

Gemahlin des französischen Thronfolgers adoptiert zu werden. Die Prinzessin kümmerte sich um ihre Erziehung und spätere Verehelichung mit einem Graf Horn, einem unehelichen Sohn Ludwigs XV. Marie-Aurore sollte die Großmutter der berühmten französischen Romanschriftstellerin George Sand werden, die 1804 als Aurore Dupin (1804–1876) auf die Welt kam. George Sand wiederum hielt die Königsmarck'sche Abstammung in hohen Ehren und nannte ihren Sohn Maurice, der seinerseits den Namen Aurore an eine seiner Töchter weitergab.

George Sand sprach voller Stolz von ihrem Urgroßvater Maurice de Saxe, dem Sieger von Fontenoy, der so gut und so tapfer wie sein königlicher Vater gewesen sei, nicht weniger ausschweifend, jedoch erfahrener in der Kriegskunst, darin auch glücklicher und besser gefördert. Moritz habe seinen Vater bei weitem an Noblesse übertroffen, obgleich er „nur" Marschall von Frankreich gewesen sei. George Sand hatte in ihrem Schlafzimmer ein Porträt ihres Vorfahren hängen, neben dem seiner Mutter, der Gräfin Königsmarck. Er ähnelte ihr darauf, doch war er blond und hatte eine feine Haut. Seine blauen Augen zeigten mehr Sanftmut und sein Lächeln mehr Offenheit. Sein schönes, strahlendes Gesicht schien immerfort ausrufen zu wollen: „en avant – vorwärts, mit Trommelschlägen und Kanonierlunte!"[95]

Maréchal de France – „La France, en ce moment, c'est lui"[96]

Moritz machte am Hofe König Ludwigs XV., der ihn „Mon Cousin" titulierte, eine glänzende Karriere. Nachdem er schon im polnischen Erbfolgekrieg 1733 bis 1735 auf französischer Seite solide militärische Fähigkeiten bewiesen hatte, erntete er im Österreichischen Erbfolgekrieg bei der Eroberung von Prag im November 1741 größten Ruhm. 90 Jahre nach seinem Urgroßvater Hans Christoph von Königsmarck stand Moritz vor Prag – wie sich die Bilder gleichen! Diese Erfolge brachten ihm 1744 den Titel „Marschall von Frankreich" und eine Jahrespension von 120 000 Livres ein. Jetzt hatte Moritz endlich gleichgezogen mit seinen berühmten Vorfahren, mit seinem Urgroßvater Hans Christoph und seinem Großonkel Otto Wilhelm von Königsmarck. Letzterer hatte seinerzeit schon ein französisches Regiment befehligt, Moritz würde in Kürze das Kommando über die gesamte französische Armee erhalten.

Im dritten Abschnitt des Österreichischen Erbfolgekrieges stand der französisch-britische Konflikt im Vordergrund. Als französischer Feldmarschall kommandierte „Maurice de Saxe", wie er genannt wurde, französische Truppen in Flandern, entschied 1745 die bereits verloren geglaubte Schlacht bei Fontenoy gegen die Engländer unter dem Herzog von Cumberland und besiegte 1746 bei Rocoux Karl von Lothringen (1712–1780). Der Sieg von Fontenoy machte Moritz zum französischen Nationalhelden. Voltaire feierte ihn in seinem „Poème de Fontenoy". Er wurde mit dem größten und pompösesten der Königsschlösser an der Loire, dem von Franz I. erbauten Schloss Chambord belohnt. Diese Geste bereitete Moritz besondere Befriedigung; denn in Chambord hatte bis vor kurzem der Schwiegervater Ludwigs XV., der von August dem Starken 1708 vertriebene polnische König Stanislaus Leszcynski gewohnt, bevor ihm das Herzogtum Lothringen abgetreten wurde und er sich in Nancy und Lunéville niederließ. Moritz fühlte sich außerordentlich geehrt und fast als Königliche Hoheit behandelt. Nun endlich konnte er wie ein Fürst leben.

Vollends in die inneren Zirkel der königlichen Macht drang er vor, als es ihm gelang, die Heirat seiner Nichte, der 15-jährigen Tochter des polnischen Königs Augusts III., mit Namen Maria Josepha, mit dem französischen Thronfolger zu vermitteln. Die Hochzeit am 9. Februar 1747 war einer der wenigen „zivilen" Höhepunkte seiner Karriere. Sie machte ihn zu einer Schlüsselfigur am Hofe. Maria Josepha wurde die Mutter dreier französischer Könige, Ludwigs XVI., Ludwigs XVIII. und Karls X.

Nun erhob Ludwig XV. seinen Günstling noch zum Maréchal-Général, zum ranghöchsten Feldmarschall des Königreichs. Diese Auszeichnung erregte unerhörtes Aufsehen, war Moritz doch ein Ausländer, dazu Protestant, erst 50 Jahre alt und noch nicht einmal seit zwei Jahren Marschall. Moritz selbst staunte über seinen Karrieresprung: „Auf der militärischen Stufenleiter kann ich nicht höher steigen, ohne zu fallen und mir den Hals zu brechen", scherzte er gegenüber dem sächsischen Minister Graf Brühl.[97]

Auch gesellschaftlich hatte er die Spitze erreicht. Die mächtige Mätresse des Königs, die Marquise de Pompadour, hatte eine Schwäche für den ritterlichen Kavalier und sah ihn gern in ihrem Salon. Man spöttelte in Paris über diese Beziehung, auf die später sogar Thomas Mann in seinen Buddenbrooks zurückgriff und mit folgendem Vierzeiler den Anstoß für allgemeines Gelächter gab:

„Als Sachsens Marschall einst die stolze Pompadour
Im goldnen Phaeton – vergnügt spazierenfuhr,
Sah Frelon dieses Paar – oh, rief er, seht sie beide!
Des Königs Schwert – und seine Scheide."[98]

Im Oktober 1747 wurde Moritz für circa ein Jahr Statthalter der neu gewonnenen Niederlande. Er schwamm auf der Welle des Erfolgs. Fast niemand kam ihm gleich an Zähigkeit, Energie und Gestaltungswillen, an Mut und Durchsetzungskraft. Was war nur aus dem einst ungelehrigen, unfolgsamen kleinen sächsischen Bastard geworden? Er, der letzte Erbe der großen schwedischen Familie der Königsmarcks und Spross des kurfürstlichen Hauses Wettin, war in seiner militärischen Laufbahn, solange er das Kommando führte, nie besiegt worden. Er hatte drei offene Feldschlachten gewonnen und zahllose Städte und Festungen erobert. Er war ein großer Kosmopolit, ein Vertreter des Internationalismus in der militärischen Welt Europas, einer der ersten Europäer.

Nach dem Frieden von Aachen, der 1748 den Österreichischen Erbfolgekrieg beendete, wurde Moritz arbeitslos. Er zog sich als Privatmann auf seinen fürstlichen Ruhesitz Chambord zurück.

1749 reiste er noch einmal nach Dresden. Es sollte sein letzter Besuch sein. Er war zwar erst 53 Jahre alt, aber von Krankheiten gezeichnet und vorzeitig gealtert. Sein Rückweg führte ihn über Berlin, wo er die Ehre hatte, drei Tage Gast Friedrichs des Großen in Schloss Sanssouci zu sein. Friedrich bewunderte ihn und nannte ihn seinen Freund. Seine Eindrücke von Moritz von Sachsen hielt er in einem Brief an Voltaire fest: „Ich hatte den Helden Frankreichs, den Turenne der Zeit Ludwigs XV. zu Gast. Ich habe aus meinen Unterhaltungen mit ihm viel Lehrreiches mitgenommen, nicht in französischer Konversation, sondern in der Kriegskunst. Dieser Marschall sollte Lehrmeister aller europäischen Generale sein."[99] Als Voltaire ein Jahr später selbst zu Gast in Sanssouci war und man ihm die Zimmer zuwies, in denen der Marschall von Sachsen gewohnt hatte, war er beschämt und fragte sich, „ob man einem schlichten Historiker das Gemach eines Helden geben sollte".[100]

Dieser Held beendete sein Leben am 30. November 1750 – nicht im Schachtengetümmel, sondern still und zurückgezogen in Schloss Chambord. Die Marquise de Pompadour brachte die Stimmung des gemeinen Volkes über seinen Tod zum Ausdruck: „Armer Saxe, ist in seinem Bett gestorben wie ein altes Weib, ohne Glauben und ohne Hoffnung."

Diese letzte Bemerkung war eine Anspielung darauf, dass Moritz, obgleich nie religiös, sich bis an sein Ende immer geweigert hatte, dem protestantischen Glauben abzuschwören und zum Katholizismus überzutreten. Dieses konfessionelle Bekenntnis, dem er treu geblieben war, bestimmte auch den Ort seiner Beisetzung. Eine Bestattung im katholischen Paris, wie sie ihm eigentlich zugestanden hätte, war nicht möglich. Ludwig XV. ordnete stattdessen ein Begräbnis nach lutherischem Ritus im protestantischen Straßburg, der Hauptstadt des Elsass, an. In der Straßburger Thomaskirche fand er seine letzte Ruhestätte in einem monumentalen Mausoleum, das Ludwig durch den berühmten Bildhauer Pigalle für seinen ersten Marschall errichten ließ. Das Denkmal ist durch einen Zufall vor den Bilderstürmern der Französischen Revolution gerettet worden, indem die Kirche als Strohspeicher diente und ein Vordringen bis zu dem Grabmal unmöglich war.

Sieben Jahre nach seinem Tod erschien das Buch, das Moritz als Dreißigjähriger verfasst hatte, „Mes Rêveries, ou réfléxions sur l'art de la guerre", die Frucht zehnjährigen Nachdenkens über militärische Fragen, über praktische und theoretische Reformideen, in dem er sich unter anderem gegen Söldnerheere und für die Dienstverpflichtung der Landesbewohner aussprach. Es wurde zu einem der großen Werke der Militärtheorie und hat bekanntermaßen auch Friedrich den Großen beeinflusst. Darüber hinaus schrieb Moritz allerdings nicht viel, außer Briefe in fehlerhaftem Französisch und in mangelhafter Orthografie.

Doch als Ratgeber war er gefragt. Voltaire bat ihn um Auskünfte – 1731 – bei der Abfassung seiner Biografie über den Schwedenkönig Karl XII., in welcher er einen umfangreichen Abschnitt der Mutter des Marschalls, Maria Aurora von Königsmarck, widmete. In diesem Buch setzte Voltaire auch seinem sächsischen Freund ein literarisches Denkmal, indem er ihn als „le plus grand général de nos jours" – „den größten General unserer Tage" – bezeichnete.[101]

Ärmlicher Ausklang eines reichen Lebens

Als Maria Aurora sich 1727 von ihrem Sohn trennte, spürte sie, dass es ein Abschied für immer war. Moritz suchte, fern von ihr, neue Herausforderungen und glücklichere Abenteuer. Sie blieb, kränkelnd und einsam, in Quedlinburg zurück.

In Dresden und Leipzig traf man die Gräfin Königsmarck in den letzten Jahren immer seltener an. Wenngleich man sie hofierte als Mutter des Lieblingssohnes des Königs, wurde sie in der Gesellschaft, in der eine neue Generation den Ton angab, immer fremder. Ihre reduzierten finanziellen Mittel sowie ihre körperliche Gebrechlichkeit taten ein Übriges, ihr die einst so geliebten Hoffeste und Reisen zu verleiden. Welchen Eindruck sie in vorgerückten Jahren in Dresden machte, schilderte Johann Michael Freiherr von Loen, als er im Jahr 1718 dem Dresdner Hof einen Besuch abstattete: „Ich habe alle berühmten Liebhaberinnen des Königs gesehen. Die Erstere war die Gräfin Königsmarck, die Mutter des berühmten Grafen von Sachsen. Sie und die Fürstin von Teschen hatten beide von der galanten Welt, in welcher sie eine kurze Zeit ihre Annehmlichkeiten hatten verehren sehen, ihren Abschied bekommen. Man sah kaum mehr auf ihren Stirnen noch Spuren der Möglichkeit, dass sie auf dem Schauplatze dieses galanten Hofes in einigen Auftritten die vornehmsten Spielerinnen gewesen waren. Sie erschienen jetzo nur noch als zwei philosophische Zuschauerinnen, denen die Höflichkeit, wegen des traurigen Verlusts ihrer vormaligen Annehmlichkeiten, noch mit ihrem Witze und ihrer starken Vernunft zu schmeicheln suchte."[1]

Von der Bühne höfischer Feste, deren umschwärmter Mittelpunkt Maria Aurora lange Zeit gewesen war, sah sie sich verdrängt auf die minderen Publikumsplätze, von wo man nur noch applaudieren, nicht aber mehr mitspielen durfte. In der Regie des aktuellen Geschehens gab es keine Rolle mehr für sie. Doch nun, in ihren fortgeschrittenen Jahren machte sich die exzellente Ausbildung bezahlt, die sie einst als junges Mädchen hatte genießen dürfen. Niemals hatte sich ihre Attraktivität allein in ihren weiblichen Reizen erschöpft. Mit „Witz und starker Vernunft" imponierte sie auch dann noch, als die Spuren ihrer einstigen Schönheit langsam verwischten. Den „philosophischen" Standpunkt, der ihr auf Grund ihres Alters, ihrer profunden Kenntnisse und ihrer langen Lebenserfahrung zugestanden wurde, füllte sie in ihren späten Quedlinburger Jahren mit schöngeistigen Beschäftigungen zumindest in dem Maße aus, dass ihr die fortdauernde Bewunderung ihrer Verehrer sicher war.

Schöngeistige Beschäftigungen – der Trost des Alters

Dabei nahm die Liebe zur Musik einen breiten Raum sein. Wir wissen bereits, dass Maria Aurora eine schöne Stimme hatte und verschiedene Instrumente nicht nur perfekt spielte, sondern sogar Melodien für sie komponierte. So verwundert es nicht, dass sich Musiker und Virtuosen in ihrer Gesellschaft tummelten. Der namhafteste unter ihnen war Johann Mattheson, der 1703 als zweiundzwanzigjähriger Diplomatenanwärter die schon über vierzigjährige Gräfin kennen lernte. Mattheson stand bei ihr in höchster Gunst und besuchte sie regelmäßig in Quedlinburg. Er übernahm Aufträge der Königsmarck-Schwestern zu Kompositionen, die dann auf Gütern der Familie zur Aufführung gelangten, zum Beispiel das Singspiel „Henrico IV", an dessen Text auch Maria Aurora mitarbeitete. Der vielseitig begabte junge Mann wies sich nicht nur als berühmter Künstler aus, sondern verstand es auch, als gebildeter Weltmann und vorzüglicher Gesellschafter die Freundschaft der Gräfin zu gewinnen.[2]

Auch die Freude an Dichtung und Literatur erhielt Maria Aurora sich ihr ganzes Leben hindurch und beglückte ihre Freunde mit poetischen Ergüssen. 1710 dankte ihr Prinz Günther von Schwarzburg-Sondershausen: „Unendlich verbunden bin ich Ihnen, Madame, für die mir übersandten Verse; ich erkenne aus dieser Probe, was Ihre Musen vermögen, und mit Ungeduld sehe ich dem verheißenen Stücke entgegen."[3] 1726 sandte sie Moritz zum Amusement ein kleines Gedicht in die kurländische Hauptstadt. Es erfüllte vollkommen seinen Zweck, ihn und seine Umgebung aufzuheitern. „Das Gedicht, welches Sie mir mitteilten, ist gar lustig", dankte er ihr „seit den zwei Tagen, dass wir es haben, singen wir es beständig und schon hundert Abschriften sind davon genommen. Alle Welt will es haben. Der Verfasser kennt sehr gut den Hof, den König, den Thron und Polen."[4]

Auch dem allmächtigen Minister des Königs, Graf Flemming, schrieb sie aus Spaß manchmal in Versform und regte ihn an, ihrem Vorbild nachzueifern: „Jetzt möchte ich auf Ihre Verse antworten", gestand er ihr, „aber wie soll ich das machen, ich, der ich nie auf dem Parnass gewesen bin ... Wenn nur Eifer, Achtung und Liebe nötig wären, würde meine kalte und rebellische Muse zweifellos einen schönen Schwung haben, aber als schüchterner Neuling fühle ich mich ganz bestürzt und mein kalter und stumpfer Geist bedarf des Ihren. Ja, Madame, Sie allein sollen mich inspirieren oder besser gesagt, schon der Wunsch, Ihnen zu gefallen, bringt mein Blut in Wallung und wenn dieser Wunsch es nicht tut, so tut es nichts auf der Welt."[5] Die französischen Verse, die Flemming seinen Präliminarien folgen ließ, können sich indes durchaus sehen lassen.

Maria Aurora durfte umso eher strenge Maßstäbe an die dichterischen Versuche anderer anlegen, als sie selbstkritisch ihre eigenen Werke prüfte und – wie wir aus Korrespondenzen mit einem Hamburger Briefpartner wissen – sich um ständige Verbesserungen bemühte. „Sie kennen die Eitelkeit der Dichter und wie sehr sie sich um die Richtigkeit Sorgen machen", gab sie als Begründung an.[6]

In ihrer Bibliothek konnte sie unter Autoren verschiedenster Sprachen wählen und Werke in französischer, deutscher, italienischer und schwedischer Sprache lesen. Diese literarische Beschäftigung war ihr ein Trost, als sich ihr Bewegungsradius immer weiter verringerte. In ihrem Nachlass fanden sich aber auch zahlreiche Rechnungen über Einkäufe, zum

Teil von Luxuswaren, Schmuck, Kleidung, Silbergeschirr oder Arzeneien[7] – ein Zeichen dafür, dass sie nie aufhörte, auch materiellen Genüssen zu frönen.

Krankheit und trauriges Ende der berühmten Gräfin

Maria Aurora hatte es verstanden, sich ihre Schönheit und Attraktivität lange zu erhalten, wobei sie, da die meisten ihrer Verehrer jünger waren als sie, grundsätzlich ihr wahres Alter verheimlichte. Doch in der letzten Zeit hatte sie deutlich an Leibesfülle zugenommen und dabei ihre physische Lebhaftigkeit sowie ihre jugendliche Heiterkeit eingebüßt. Körperliche Schwerfälligkeit und gesundheitliche Probleme folgten und gaben zunehmend Anlass zu Besorgnis. Im Oktober 1727 bestätigte der Geschäftsführer ihres Sohnes in einem Schreiben „die betrübte Nachricht von der Kränklichkeit Ihrer Exzellenz" und schloss mit der Hoffnung: „Der Himmel gebe, dass ich bald bessere Botschaft von Ihrer Gesundheit erhalte."[8] Sie erfüllte sich nicht. Vielmehr hinderte „eine bedeutende Unpässlichkeit" sie um den Jahreswechsel 1727/28 daran, die Redoute bei der befreundeten Herzogin von Braunschweig im benachbarten Blankenburg zu besuchen, obgleich diese mit ihren gut geheizten Räumen lockte.[9] Noch im Winter zuvor hatte sie mit großem Vergnügen am dortigen Karneval teilgenommen.

Konkrete Angaben über die Erkrankung Maria Auroras gibt es nicht, in einigen Briefen ist von Husten und Atemnot und dem Verdacht auf Schwindsucht die Rede. Die bewährten Mittelchen, mit denen sie bisher gelegentliches Unwohlsein selbst hatte beheben können, blieben erfolglos. Als ihr Leibarzt Dr. Kaulitz aus Quedlinburg sich nicht mehr zu helfen wusste, zog man als Kapazität Doktor Rössler aus Halberstadt zu Rate. Doch auch dieser musste letztlich seine Hilflosigkeit eingestehen.

Die Gräfin erkannte schließlich ihre Situation und begann, in ruhiger Besonnenheit, letztwillige Verfügungen zu treffen und ihr Erbe zu ordnen. Dieses war denkbar gering. Ihr Nachlass bestand aus Ansprüchen, die erst erstritten werden mussten, wenigen mobilen Gütern und einer Barschaft von gerade 52 Talern, 10 Kreutzern und 8 Pfennigen. Schulden gab es dagegen in reichlichem Maße. Trotzdem bedachte sie in seniler Verkennung ihrer Vermögenslage ihre Dienerschaft mit großzügigen Vermächtnissen.

Am 10. Februar 1728 verfasste Maria Aurora noch ein Kodizill mit Bestimmungen über ihren Haushalt und überreichte es eigenhändig am folgenden Tag der Äbtissin, die sie um einen Besuch gebeten hatte. Darin erwähnte sie auch die drei großen Perlen, die sie für die kurländische Kandidatur ihres Sohnes verpfändet und seitdem vergeblich versucht hatte, wieder einzulösen: „So besinnen wir uns auch, drei große Perlen in Dresden bei den Döringschen Erben annoch vor ein gewisses Anlehn stehen zu haben, und wollen hoffen, dass Ihre Königliche Majestät in Polen, als unser allergnädigster Herr, annoch diese und letzte Gnade uns erzeigen und diese Perlen mit der darauf stehenden Schuldpost befreien und selbiges Pfand unserm denominierten Generalerben freistellen und verabfolgen lassen werden."[10] Seit 1725 hatte es rege Schriftwechsel wegen dieser Perlen gegeben, die, wie eine Expertise des berühmten Goldschmieds Johann Melchior Dinglinger beweist, von einzigartiger Vollkommenheit und hohem Wert waren.[11]

Ein früheres Testament der Gräfin ist verschollen. Es wurde nach ihrem Tod in einer Kassette gefunden mit einer eigenhändigen Aufschrift, die besagte, dass Maria Aurora es der Äbtissin hatte überreichen wollen, mit der Bitte, es an den König von Polen weiterzuschicken.[12] Drei Monate nach dem Ableben Maria Auroras war das Testament verschwunden.[13] König August ließ sich jedoch detailliert informieren über die hinterlassenen Güter, Schulden und Dispositionen der Gräfin. Wenige Tage vor ihrem Tod hatte sie noch einen Brief an ihren alten Widersacher Graf Flemming geschrieben, um ihn noch ein letztes Mal zu bitten, sich für ihren Sohn in Dresden und Warschau einzusetzen. Doch dafür war es endgültig zu spät. Der alte Flemming starb wenige Wochen nach ihr, am 30. April 1728.[14]

In der Nacht vom 15. auf 16. Februar 1728 schloss die Gräfin Königsmarck ihre Augen für immer, allein in ihrer Stube in der Propstei zu Quedlinburg. Von ihren nahen Verwandten war niemand zugegen. Am 17. Februar begann ein vierwöchiges Trauergeläut von allen Kirchtürmen Quedlinburgs.

Zwei Tage nach ihrem Ableben meldete die Äbtissin den Todesfall der verwitweten Gräfin Löwenhaupt und schloss die Bitte an, ein Familienmitglied möge bei der feierlichen Beisetzung der Leiche anwesend sein und, wenn nicht persönlich, so durch einen Bevollmächtigten die Nachlassangelegenheiten regeln.[15] Erst im April erschien Sohn Moritz in Quedlinburg, reiste aber rasch wieder ab, als er erkannte, welch kümmerliches Erbe seiner harrte. Er ließ sich in den folgenden Erbauseinandersetzungen durch seinen Sekretär Johann Mussey als Bevollmächtigten vertreten. Die Erbstreitigkeiten zogen sich noch jahrelang hin, ein Ende war nicht auszumachen.

Nach Maria Auroras Tod ordnete Herzog Ludwig Rudolf von Braunschweig-Blankenburg an, ungefähr fünfzig Bände aus der Bibliothek der Gräfin aufzukaufen. Sie sind heute Bestandteil der Herzog-August-Bibliothek in Wolfenbüttel.[16]

Da die hinterlassenen Geldmittel für eine ordentliche Beisetzung nicht ausreichten, auch der Sohn offensichtlich nicht zur Übernahme der Kosten bereit war, bestattete man die Gräfin provisorisch in einem schäbigen Holzsarg. Erst im Februar 1729 bewilligte die amtierende Äbtissin, dass dieser in einen Parade-Sarg gehoben und beigesetzt werde. Aufgrund der Klimabedingungen in der Gruft der Quedlinburger Stiftskirche verweste der Leichnam Maria Auroras nicht, sondern trocknete mumienartig ein, sodass ihre Gesichtszüge gut erkennbar blieben. Als in der Mitte des 19. Jahrhunderts Grabungen in der Gruft durchgeführt wurden, entdeckte man den unversehrten Leichnam der Gräfin Königsmarck, in luxuriöse Kleider gehüllt. Diese Sensation wurde in der Presse publik gemacht und zog Schaulustige aus ganz Europa an. Es entstand bis ins frühe 20. Jahrhundert eine regelrechte Wallfahrt zum Grab der schönen Maria Aurora in Quedlinburg. Auch George Sand, die französische Nachfahrin, las die Neuigkeit in der Zeitung. Sie fühlte sich merkwürdig berührt, als sie feststellte, dass die Gräfin in ihrem Sarg mit dem gleichen goldenen, edelsteingeschmückten Brokatkleid und dem roten Samtmantel mit Zobelbesatz bekleidet war, die sie auf dem Gemälde trug, welches in ihrem Landhaus hing. Sie gestand, dass das Porträt ihr, seit der Geschichte der Exhumierung, Unbehagen einflößte und sogar ein wenig Angst machte.[17]

Epilog

So verging in trostloser Verlassenheit das Leben der schönen, berühmten Gräfin Königsmarck. Als sie aus der Distanz vieler Jahre auf ihren Werdegang zurückblickte, erkannte sie selbst in schonungsloser Aufrichtigkeit hinter der glänzenden Fassade die wahren Konstanten ihres Lebens:

„Mein Anfang war ein Anfang zum Beklagen.
Vom Frühling durft' ich nur die Dornen tragen.
Das Jahr der Lust – es band mir keinen Kranz.
Und Sorge hat verdunkelt meiner Jugend Glanz."[18]

Sie, die ihre Jugend in unbeschwerter und leichtsinniger Lebenslust genossen hatte, die auf einer Welle galanter Verehrung und devoter Bewunderung durch das Leben getragen wurde, musste sich nun eingestehen, dass dieses vermeintliche Glück eine Illusion war, dass ihr Dasein in Wirklichkeit von Sorgen durchzogen war und sich zusammensetzte aus permanenten Verletzungen ihres Selbstwertgefühls und ihrer Eitelkeit und den wiederholten Rückschlägen gescheiterter Hoffnungen.

Wie kommt diese Frau, die Voltaire als „berühmteste Frau zweier Jahrhunderte" verklärte, zu einer so pessimistischen Selbsteinschätzung? Nach der Aussage ihres philosophischen Zeitgenossen erfüllte sie nämlich alle Voraussetzungen, um diesem hohen Anspruch gerecht zu werden: Sie offerierte nicht nur strahlende Schönheit und begehrenswerte Weiblichkeit, sondern gleichermaßen Bildung und Verstand. Sie beeindruckte durch Eloquenz und gewandtes Auftreten, durch ihr einnehmendes Wesen und ihre charismatische Ausstrahlung. Mit ihrer verbindlichen, niemals verletzenden Art bewährte sie sich als geborene Diplomatin.

Diese hochbegabte, brillante Repräsentantin des illustren Hauses der Grafen Königsmarck entzog sich allen üblichen Maßstäben der Beurteilung von Frauen in dieser Zeit. Mit modern anmutenden, emanzipatorischen Überzeugungen wählte sie ihren Weg, unkonventionell, unangepasst. Ihr galt persönliches Glück mehr als die Befolgung gesellschaftlicher Normen. Sie beanspruchte die Anerkennung als Frau mit all ihren weiblichen Vorzügen, gleichberechtigt neben dem Mann. So zog sie nach längerem Schwanken eine unabhängige, selbstständige Existenz den Fesseln einer Eheverbindung vor. Da ihr diese unverheiratete Stellung keinen Rang in der Gesellschaft ermöglicht hätte, schlug sie den einzigen Weg ein, der unverheirateten Frauen in der damaligen Zeit gesellschaftliche Anerkennung und zugleich eine Führungsposition eröffnete. Sie versuchte, Äbtissin des reichsfreien Damenstifts Quedlinburg zu werden. Dass sie dieses geistliche Amt anstrebte, obwohl sie ein uneheliches Kind aus einer Beziehung hatte, die von manchen als skandalös verurteilt wurde, unterstreicht die Freiheit ihrer inneren Haltung.

Wenn ihre Anlagen, ihre geistige Verfassung zum Maßstab für das Gelingen ihres Lebensplanes gedient hätten, wäre die Charakteristik Voltaires umfassend bestätigt.

Doch ihr blieb das Glück versagt, ihre glänzenden Dispositionen in Erfolg umzumünzen. Einbußen, Misserfolge und Rückschläge machten die unbarmherzige Realität ihres Lebens aus. Schon ihre Jugend war geprägt durch eine Kette von Verlusten. Der frühe Ausfall aller männlichen Familienmitglieder, des Vaters und der beiden Brüder machte sie heimatlos und unstet, er trieb sie quer durch das nördliche Europa von Agathenburg über Hamburg nach Stockholm und wieder zurück nach Hamburg, nach Hannover und schließlich nach Dresden. Dabei war es in erster Linie das spurlose Verschwinden des jüngeren Bruders Philipp Christoph, das sie existenziell traf und sich nachhaltig auf ihre weitere Lebensgestaltung auswirkte. Ohne diesen tragischen Vorfall wäre sie vielleicht nie in näheren Kontakt zu August dem Starken gekommen. Diese Begegnung, so kurz und letztlich enttäuschend sie auch gewesen ist, war das Schlüsselereignis ihres

Lebens. Auch als die Liebesbeziehung längst beendet war, gab es in fast allen ihren späteren Unternehmungen mehr oder minder intensive Berührungen mit dem König. August war für sie immer präsent, wenngleich seine Existenz keineswegs zum Gelingen ihrer Pläne beitrug. Auch zeigte sich der König mit der Zeit immer kälter und desinteressierter an ihrem Schicksal und antwortete mit zunehmender Sachlichkeit und höflicher Zurückhaltung auf ihre Zuschriften.

Alle großen Projekte, die sie mit Engagement und Risikofreude aufgriff, waren letztlich zum Scheitern verurteilt. Sie erlangte weder das ihr versprochene Äbtissinnenamt, durch das sie zur Reichsfürstin aufgestiegen wäre, noch hatte ihr Bittgang zu Karl XII., der den Frieden zwischen Polen und Schweden herbeiführen sollte, das erhoffte Ergebnis. Nachdem sie schließlich ihre letzten Kräfte und finanziellen Reserven für die kurländische Thronkandidatur ihres Sohnes mobilisiert hatte, zerbrach auch dieses Traumbild an den unerbittlichen Realitäten der Staatsräson. Enttäuscht und auf sich selbst zurückgeworfen, musste sie sich den Misserfolg ihrer mutigen Initiativen eingestehen, die, wenn sie gelungen wären, sie sicherlich zu einer der größten Frauen ihrer Zeit gemacht hätten.

Doch was sie im Leben nicht erreichte, sollte hundert Jahre später zur Richtschnur für ihre Ururenkelin, die französische Romanschriftstellerin George Sand werden. In ihr lebten Vorstellungen wieder auf, die im Lebensplan der alten Gräfin Königsmarck angelegt gewesen waren. George Sand widersetzte sich, wie ihre Vorfahrin, dem gesellschaftlich sanktionierten Pflichtgefühl und brach eine Lanze für das individuelle Glücksstreben. Sie kämpfte, nicht nur in ihren Werken, sondern in ihrer persönlichen Lebensführung, für die Freiheit des Individuums und die Unabhängigkeit der Frau. Maria Aurora hätte vermutlich an ihren aufsässigen Gedanken und ihrem provokativen Auftreten ihre helle Freude gehabt.

George Sands literarisches Werk, das als Appell zur Emanzipation der Frau auf die europäische Literatur einwirken sollte, sehen wir als eine späte Hommage an ihre Ahnfrau.

In dieser geistigen Kontinuität wirkten längst vergessene

Vorstellungen fort und wurden durch die Generationen weitergegeben, bis sie nach Jahrzehnten, Jahrhunderten neu belebt und erfolgreicher wieder zutage traten und zu Programmpunkten der modernen Frauenbewegung wurden. Die Impulse, die Maria Aurora einst gegeben hatte, waren also, trotz all ihrer Missgeschicke, nicht vergebens.

Dieses Bewusstsein nimmt der Tragik im Leben der Maria Aurora von Königsmarck die Bitterkeit. Es tröstet über ihr trauriges Ende, um dessen Ambivalenz sie wusste und das sie in die lyrische Form fasste:

„Stunden
verwunden
die letzte tötet
und heilt."[19]

Anhang

Quellen- und Literaturverzeichnis

ALVENSLEBEN / KOENIGSWALD, Besuche vor dem Untergang. Adelssitze zwischen Altmark und Masuren, Frankfurt, Berlin, Wien 1978

ANONYM, Leben und Thaten des Generals von Königsmarck, aus geheimen Nachrichten gezogen, Berlin 1718

Ausstellungskatalog: Bilder aus drei Generationen Königsmarck, Stade 1991

AUST, Gerrit, Die schwedische Eroberung des Erzstifts Bremen 1645 in der Darstellung eines Königsmarck-Biographen. In: Die Schweden in Stade in Krieg und Frieden. Der Dreißigjährige Krieg und die Folgezeit 1618–1712, hg. v. J. BOHMBACH, Stade 1984 S. 71 ff.

BECKER-CANTARINO, Barbara, Die Frau von der Reformation zur Romantik. Die Situation der Frau vor dem Hintergrund der Literatur- und Sozialgeschichte, Bonn 1980

BECKMANN, Margareta, Aurora von Königsmarck. Svenska Bland Fältherrar i Stormaktstidens Europa, Stockholm 1998

BENGTSSON, Frans Gunnar, Karl XII., Stuttgart 1957

BÖHME, K.-R., Bremisch-Verdische Staatsfinanzen 1645–1676. Die schwedische Krone als deutsche Landesherrin, Uppsala 1967

BOHMBACH, Jürgen, Die Besitzungen Hans Christoph von Königsmarcks in den Herzogtümern Bremen und Verden. In: Beiträge zur niedersächsischen Landesgeschichte. Festschrift für Hans Patze zum 65. Geburtstag, hg. von Dieter BROSIUS und Martin LAST, Hildesheim 1984, S. 209–219

BOHMBACH, Jürgen, Die schwedische Herrschaft in Stade und den Herzogtümern Bremen und Verden. In: Die Schweden in Stade in Krieg und Frieden. Der Dreißigjährige Krieg und die Folgezeit 1618–1712, Stade 1984, S. 99 ff.

BOIS, Jean-Pierre, Maurice de Saxe, Fayard 1992

BURG, Paul, Die schöne Gräfin Königsmarck, Braunschweig 1920

CHAUNU, Pierre, Europäische Kultur im Zeitalter des Barock, aus dem Franz. übers., Frankfurt/Main, Wien, Zürich 1966

CRAMER, Friedrich, Denkwürdigkeiten der Gräfin Maria Aurora Königsmarck. Nach bisher unbekannten Quellen, Quedlinburg, Leipzig 1833.

CZOK, Karl, August der Starke und Kursachsen, 2. Aufl. Leipzig, München 1988

CZOK, Karl, Am Hofe Augusts des Starken, Leipzig 1989

CZOK, Karl, August der Starke und seine Zeit, 3. Aufl. Leipzig 1997

DAMMERT, Rudolf, Aurora von Königsmarck. Ein Frauenschicksal um August den Starken, Hamburg 1936

DELAU, Reinhard, Maria Aurora von Königsmarck. Mätresse und Diplomatin Augusts des Starken, Taucha 1997

DÜSTERWALD, Erich, Moritz von Sachsen, Marschall von Frankreich, St. Augustin 1972

EBERTI, Johann C., Eröffnetes Cabinet deß gelehrten Frauenzimmers, darinnen die berühmtesten dieses Geschlechts umbständlich vorgestellet werden, Frankfurt 1706

ELIAS, Norbert, Die höfische Gesellschaft. Untersuchungen zur Soziologie des Königtums und der höfischen Aristokratie, Neuwied a. Rh./ Berlin 1969

ELLENIUS, A., Die repräsentative Funktion der adligen Bauten und ihrer Ausstattung im schwedischen 17. Jahrhundert. In: Arte et Marte. Studien zur Adelskultur des Barockzeitalters in Schweden, Dänemark und Schleswig-Holstein, Hg. D. LOHMEIER, Neumünster 1978

ENGLUND, Peter, Die Verwüstung Deutschlands. Eine Geschichte des Dreißigjährigen Krieges. Aus dem Schwedischen von Wolfgang Butt, Stuttgart 1998

FIEDLER, Beate-Christine, Die Verwaltung der Herzogtümer Bremen und Verden in der Schwedenzeit 1652–1712. Organisation und Wesen der Verwaltung, Stade 1987

FIEDLER, Beate-Christine, Die Frauen der Agathenburg in der Schwedenzeit. In: Kulturelle Beziehungen zwischen Schweden und Deutschland im 17. und 18. Jahrhundert. Drittes Arbeitsgespräch schwedischer und deutscher Historiker in Stade am 6. und 7. Oktober 1989, Stade 1990, S. 35–51

FINDEISEN, Jörg-Peter, Christina von Schweden. Legende durch Jahrhunderte, Frankfurt/Main 1992

FINDEISEN, Jörg-Peter, Karl XII. von Schweden. Ein König, der zum Mythos wurde, Berlin 1992

FINDEISEN, Jörg-Peter, Das Ringen um die Ostseeherrschaft. Schwedens Könige der Großmachtzeit, Berlin 1992

FÖRSTER, Friedrich, Friedrich August II. „der Starke", Kurfürst von Sachsen und König von Polen, geschildert als Regent und Mensch, Leipzig o. J.

FRITZEL, Nils Werner, Der Stader Raum zur Schwedenzeit. Studien zur Kultur- und Geistesgeschichte, Stade 1976

FRITSCH, Johann Heinrich, Geschichte des vormaligen Reichsstifts und der Stadt Quedlinburg, Quedlinburg 1828

GILDE, Luise, Die Reichweite der Prinzessin von Celle. Ein Beitrag zu Schillers Interessensphäre, London 1966

GILDE, Luise, Briefe der Catharina Charlotte de la Gardie, verwitwete Königsmarckin. In: Stader Jahrbuch Bd. 57, Stade 1967

GUSTAFSON, Lars, Dienstadel, Tugendadel und Politesse mondaine. Aristokratische Bildungsideale in der schwedischen Großmachtzeit. In: Arte et Marte. Hg. D. LOHMEIER, Neumünster 1978, S. 109–127

HAAKE, Paul, August der Starke im Urteil seiner Zeit und der Nachwelt, Dresden 1922

HANKEL, Hans Peter, Die reichsunmittelbaren evangelischen Damenstifte im Alten Reich und ihr Ende, Frankfurt a. M. 1996

HANSTEIN, Adalbert von, die Frauen in der Geschichte des Deutschen Geisteslebens des 18. und 19. Jahrhunderts, Leipzig o. J. (1899)

HANTZSCH, Adolf, Hervorragende Persönlichkeiten in Dresden und ihre Wohnungen. In: Mitteilungen des Vereins für Geschichte Dresdens, Heft 25, Dresden 1918

HASE K., QUAST F.v., Die Gräber der Schloßkirche zu Quedlinburg, Quedlinburg 1877
HAZARD, Paul, La crise de la conscience européenne 1680–1715, Paris 1961
HATTON, Ragnhild, Georg I. Ein deutscher Kurfürst auf Englands Thron, Frankfurt a. M. 1982
HESEKIEL, George, Nachrichten z. Geschichte des Geschlechts der Grafen Königsmarck, Berlin 1854
HEYDEN – RYNSCH, Verena von der, Christina von Schweden. Die rätselhafte Monarchin, Weimar 2000
HEYDENREUTER, Reinhard, Kunstraub. Die Geschichte des Quedlinburger Stiftsschatzes, München 1993
HOFFMANN, Gabriele, Constantia von Cosel und August der Starke. Die Geschichte einer Mätresse, Bergisch Gladbach 1984
HUBATSCH, Walther, Das Zeitalter des Absolutismus 1600–1789, Braunschweig 1962
HULOT, Frédéric, Le Maréchal de Saxe, Paris 1989
JOBELMANN, H., Der bremische Zweig der Familie Königsmarck. In: Zeitschrift des historischen Vereins für Niedersachsen, Hannover 1876
KAMMANN, Christian, Die Agathenburg. Geschichte eines bremischen Herrenhauses und seiner Gärten, Stade 1988
KASTINGER RILEY, Helene M., Liebe in der Sicht der Frau des 17. Jahrhunderts. In: Daphnis 17, 1988, S. 441–456
KÖTZSCHKE, Rudolf, KRETZSCHMAR, Hellmut, Sächsische Geschichte, Augsburg 1995
LAPOUGE, Gilles, Les Folies Koenigsmark, Paris 1989
LEHMS, Georg Christian, Teutschlands galante Poetinnen mit ihren sinnreichen und netten Proben, Frankfurt/Main 1715
LEITNER, Thea, Skandal bei Hof, Wien 1993, S. 11–77
LEPORIN, Dorothea Christina, Gründliche Untersuchung der Ursachen, die das weibliche Geschlecht vom Studieren abhalten, Berlin 1742, Nachdruck Hildesheim/New York 1975
LOHMEIER, Dieter (Hg.), Arte et Marte. Studien zur Adelskultur des Barokkzeitalters in Schweden, Dänemark und Schleswig-Holstein, Neumünster 1978
LORENZ, Hermann, Maria Aurora Gräfin von Königsmarck. In: Mitteldeutsche Lebensbilder, Magdeburg 5, 1930
MASSIE, Robert, Peter der Große und seine Zeit, Königstein/Taunus 1982
MÖBIUS, Helga, Die Frau im Barock, Leipzig 1982
MÖBIUS, Helga, OLBRICH, Harald, Mit Tugend ist sie wohl geziert. Das Barock, Hamburg 1994
MÖRNER, Birger Graf, Maria Aurora von Königsmarck. En krönika. Stokkholm 1914, dt. Übers. München 1922
NADOLSKI, Dieter, Wahre Geschichten um August den Starken, Leipzig 1991
NADOLSKI, Dieter, Die Ehetragödie Augusts des Starken, Taucha 1996
NADOLSKI, Dieter, August der Starke. Sein Leben in Bildern, Taucha 1997
OLSSON, Bernt, Das Verhältnis des Adels zu den anderen Ständen in der Literatur der schwedischen Großmachtzeit. In: Arte et Marte, Neumünster 1978, S. 217–232

OSEN, Solveig, Aurora von Königsmarck's Singspiel: Die drey Töchter Cecrops. In: Daphnis 17, 1988, S. 467–480
OßWALD-BARGENDE, Sybille, Die Mätresse, der Fürst und die Macht, Frankfurt 2000
OTTO, Karl F., Die Frauen der Sprachgesellschaften. In: Europäische Hofkultur im 16. und 17. Jahrhundert, Vorträge des Barock-Kongresses Wolfenbüttel 1979, Sektion 6, Hamburg 1981, S. 497–505
PAULLINI, Christian F., Hoch- und wohl-gelahrtes Teutsches Frauenzimmer, Frankfurt und Leipzig 1712
PFISTER, Kurt, Königin Christine, Mensch, Staat und Kultur der Welt des Hochbarock, München 1949
PILTZ, Georg, August der Starke: Träume und Taten eines deutschen Fürsten, Berlin 1986
PÖLLNITZ, Karl Ludwig von, Das galante Sachsen, Nachdr. München 1992
PÖNICKE, Herbert, August der Starke – Ein Fürst des Barock. In: Persönlichkeit und Geschichte Bd. 71, Göttingen, Zürich, Frankfurt/Main 1972
PRESS, Volker, Kriege und Krisen. Deutschland 1600–1715, München 1991
Sächsisches Hauptstaatsarchiv Dresden, Akten der Bestände „Geheimes Kabinett", und „Genealogica"
SAND, George, Histoire de ma Vie. In: Œuvres autobiographiques, Paris 1970
SCHILKE. Iris, KOCH, Marlies, Frauen in Dresden 1994
SCHMIDT, Georg, Der Dreißigjährige Krieg, 4. Aufl. München 1999
SCHNATH, Georg, Der Königsmarck-Briefwechsel 1690–94. In: Quellen und Darstellungen zur Geschichte Niedersachsens Bd. 51, Hildesheim 1952
SCHNATH, Georg, Der Fall Königsmarck. In: Hannover'sche Geschichtsblätter, Neue Folge Bd. 6, H. 4, 1953
SCHNATH, Georg, Ausgewählte Beiträge zur Landesgeschichte Niedersachsens, Hildesheim 1968
SCHNATH, Georg, Sophie Dorothea und Königsmarck. Die Ehetragödie der Kurprinzessin von Hannover, Hildesheim 1979
SCHREIBER, Hermann, August der Starke, Kurfürst von Sachsen, König von Polen, 4. Aufl. München 1981
SCHREIBER, Hermann, Die ungekrönte Geliebte. Liebe und Leben der großen Mätressen, 2. Aufl. München 1992
SCHULENBURG, Johann Mathias Graf von der, Leben und Denkwürdigkeiten, Berlin 1834
SEELBACH, Karl Ulrich, Maria Aurora von Königsmarck's Stanzen über ihren Bruder Philipp Christoph. In: Daphnis 20, 1991, S. 403–422
STASZEWSKI, Jacek, August III. Kurfürst von Sachsen und König von Polen, aus dem Poln. übers., Berlin 1996
STERNBERG, A.v., Berühmte deutsche Frauen des 18. Jahrhunderts. Leipzig 1848
THIELE-DOHRMANN, Klaus, Hetären, Kurtisanen, Mätressen, München 1997
UECKER, Heiko, Schwedische Literatur deutsch. In: Kulturelle Beziehungen zwischen Schweden und Deutschland im 17. und 18. Jahrhundert, Stade 1990, S. 89–96
VEHSE, Eduard, Der Hof Augusts des Starken, München 1984
VOIGTLÄNDER, Klaus, Die Stiftskirche St. Servatii zu Quedlinburg, Berlin 1989

VOLTAIRE, Histoire de Charles XII, roi de Suède, Paris Ausgabe 1731 und 1968
VOLTAIRE, Geschichte Karls XII., Leipzig 1826
WARNSTEDT, Christopher, Frhr. von, Die von Königsmarck. In: Zeitschrift für niederdeutsche Familienkunde, Bd. 38, Hamburg 1963
WESTPHAL, Margarethe, Die Briefe der Liselotte, Elisabeth Charlotte von der Pfalz, Duchesse d'Orléans, Madame, Ebenhausen 1958
WHITE, Jon Manchip, Lorbeer und Rosen. Graf Moritz von Sachsen, Maréchal de France, aus dem Engl. übers., Tübingen 1962
WIEDEMANN, F. W., Schloß Agathenburg und Aurora von Königsmarck. In: „Niedersachsen", Illustrierte Halbmonatsschrift für Geschichte, Landes- und Volkskunde, Sprache, Kunst und Literatur Niedersachsens, Jg. 3, Bremen 1897/98
WOHLTMANN, Hans, Die Geschichte der Stadt Stade an der Niederelbe, Stade 1942
WOLFF, Hellmuth Christian, Die Barockoper in Hamburg (1678–1738), 2 Bde, Wolfenbüttel 1957
WOODS, Jean M., Aurora von Königsmarck; Epitome of a „Galante Poetin". In: Daphnis 17, 1988, S. 457–465
WOODS, Jean M., Nordischer Weyrauch. The Religious Lyrics of Aurora von Königsmarck and Her Circle. In: Daphnis 17, 1988, S. 267–326

Anmerkungen

Einleitung, S. 7–10

1 George Sand, Histoire de ma vie, in: Oeuvres biographiques 1re partie, chap. II, p. 29.
2 Ouevres biographiques, 1re partie, chapitre II, p. 29 ff.
3 Histoire de Charles XII. 1732, livre second p. 68.
4 Deutscher Taschenbuch Verlag 1996, 7. Kap., S. 44.

Eine Familie von europäischem Rang, S. 11–26

1 Der Stammsitz Königsmarck liegt im Kreis Osterburg, der Hauptteil ihres Besitzes rechtselbisch in der Prignitz. Zur Herkunft vgl. Neue Deutsche Biographie Bd.12, S. 359 ff.; G. Hesekiel, Nachrichten zur Geschichte des Geschlechts der Grafen Königsmarck.
2 Englund S. 439.
3 Englund S. 468 f., 498 f.
4 vgl. Verena von der Heyden-Rynsch, Christina von Schweden. Die rätselhafte Monarchin.
5 Zum schwedischen Adel vgl. Bernt Olsson, Das Verhältnis des Adels zu den anderen Ständen in der Literatur der schwedischen Großmachtzeit.
6 vgl. Jürgen Bohmbach, Die schwedische Herrschaft in Stade und den Herzogtümern Bremen und Verden; Hans Wohltmann, Die Geschichte der Stadt Stade an der Niederelbe; K. R. Böhme, Bremisch-Verdische Staatsfinanzen 1645–1676. Die schwedische Krone als deutsche Landesherrin; Beate-Christine Fiedler, Die Verwaltung der Herzogtümer Bremen und Verden in der Schwedenzeit 1652–1712.

7 vgl. V. Press, Kriege und Krisen Deutschlands 1600–1715.
8 vgl. K.-R. Böhme,Die Besitzungen Hans Christophs von Königsmarck in den Herzogtümern Bremen und Verden.
9 zum Vergleich beliefen sich die Jahreseinkünfte des Fürstentums Celle damals auf 235 000 Taler, s. Schnath, Ausgewählte Beiträge, S. 55.
10 Böhme, Bremisch-Verdische Staatsfinanzen 1645–1676, vgl. auch Jürgen Bohmbach, Die Besitzungen Hans Cristoph von Königsmarcks in den Herzogtümern Bremen und Verden.
11 Agathe von Lehsten, 1608–1671, stammte aus kleinem mecklenburgischem Adel und war Hoffräulein in Wolfenbüttel gewesen. Zur Agathenburg vgl. Christian Kammann, Die Agathenburg, Geschichte eines bremischen Herrenhauses und seiner Gärten; Beate-Christine Fiedler, Die Frauen der Agathenburg in der Schwedenzeit.
12 Das Stadthaus existiert heute nicht mehr, ist aber durch eine Gedenktafel belegt, s. Schnath, Ausgewählte Beiträge, S. 53/54.
13 Beate-Christine Fiedler, Die Verwaltung der Herzogtümer Bremen und Verden in der Schwedenzeit, S. 80 f.
14 Englund S. 582.
15 J. Lyser, Polygamia Triumphatrix, id est Discursus politicus de polygamia. 3. Aufl. Lund (fingiert für Amsterdam) 1682. Die ersten beiden Auflagen des Werkes ließ der König von Dänemark verbrennen. Hinweis auf den Grafen Königsmarck bei HAYN, Hugo und GOTENDORF, Alfred N., Bibliotheca Germanorum erotica et curiosa, Bd. VI, München 1914, S. 234.
16 Mörner S. 22.
17 Mörner S. 25 ff.
18 z. B. 1668, Gilde S. 15.
19 Mörner S. 28 ff.
20 Brief von unbekannter Hand an Marie Christine aus Hamburg vom 7. 6. 1680, Cramer S. 15 f.
21 s. o. Brief vom 7. 6. 1680.

Die Geschwister Maria Auroras, S. 27–43

1 von 1679, zit. Mörner S. 34 f.
2 R. A. Rydboholmssammlung, zit. nach Mörner S. 461 Anm. 39.
3 an die Raugräfin Louise, St. Cloud 27. 4. 1720, Menzel, Briefe der Prinzessin Elisabeth Charlotte von Orleans, S. 459.
4 sein Brief an Maria Aurora aus Paris vom 3. 3. 1685, zit. Mörner S. 142 f.
5 Mörner S. 140 ff. und Cramer S. 10.
6 aus London an Otto Wilhelm 22. 9. 1681, zit. Gilde S. 63.
7 25. 3. 1682, zit. Gilde S. 73.
8 St. Germain en Laye 16. 4. 1683, zit. Gilde S. 73.
9 an Otto Wilhelm 8. 7. 1682, zit. Gilde S. 74.
10 Mörner S. 144.
11 Philipp an Otto Wilhelm, 24. 11. 1681, zit. Gilde S. 81.
12 an Otto Wilhelm, London 26. 7. 1681, zit. Mörner S. 40 f.
13 Gilde S. 88.
14 Nachschrift zum Brief aus Hamburg vom 15. Mai 1684 an den Sekretär Rabel, Gilde S. 119.
15 an Monsieur Rabel in Stockholm, aus Hamburg 19. 10. 1688, Gilde S. 139 f.
16 Catharina Charlotte von Königsmarck an ihre Cousine Ebba Maria de la Gardie am 26. Juli 1694, zit. Gilde S. 163 und Mörner S. 244.
17 vgl. vor allem die Arbeiten von Georg Schnath.

18 dazu Thea Leitner, Skandal bei Hofe; Georg Schnath, Sophia Dorothea und Königsmarck; R. Hatton, Georg I.
19 Marly 16. 3. 1702 an Annelise, Menzel (Hg.), Briefe der Prinzessin Elisabeth Charlotte von Orleans an die Raugräfin Louise 1676–1722, S. 68. Vgl. Schnath, Sophie Dorothea und Königsmarck S. 130.
20 dazu Schnath, Der „Königsmarck-Briefwechsel – eine Fälschung?", Nieders. Jahrbuch für Landesgeschichte 7, 1930, S. 135–205 und in Quellen und Darstellungen zur Geschichte Niedersachsens 51, Hildesheim 1952, S. 1–23.
21 Nach dem Tod Maria Auroras kamen die Briefe in die Hände ihre Schwester Amalia. Bis ins 19. Jahrhundert blieben sie im Besitz der Familie Löwenhaupt in Schweden; dann wurden sie der Bibliothek der Universität Lund als Schenkung überlassen und der Wissenschaft zugänglich gemacht.
22 Podewils aus Stettin 27. 10. 1694, zit. Mörner Anm. 245 S. 482.
23 an Kurfürstin Sophie, Versailles 13. 2. 1695, Briefe der Liselotte S. 126.
24 Diest, 1. 6. 1694, zit. Cramer I S. 36.
25 dazu Hatton S. 48–71. Nach den Forschungen von Georg Schnath wurde er von vier Hofleuten ermordet. Den tödlichen Streich führte der italienische Geistliche Don Nicolò di Montalban aus, der dafür eine hohe Geldbelohnung erhielt.
26 Mörner S. 235.
27 19. 10. 1698, zit. Cramer I S. 222.
28 zit. Gilde S. 180f.
29 Seelbach, Maria Aurora von Königsmarck's Stanzen über ihren Bruder Philipp Christoph.
30 s. Gilde, Die Reichweite der Prinzessin von Celle.
31 s. Briefe Löwenhaupts an Amalie vom Mai bis Juni 1694, zit. Cramer I S. 35–41.
32 Burg, Die schöne Gräfin Königsmarck, S. 6f.
33 Dresden 9. 3. 1725, eigenh. Bemerkungen Flemmings zu einem Memoire de Grafen von Sachsen, franz. Sächs. HStA Dresden 10026 Geh. Kabinett Loc. 259/02 p. 385v.
34 z.B. bei Cramer I S. 39ff.
35 Maria Aurora, Quedlinburg 15. 6. 1699, zit. Cramer I. S. 178.
36 Hamburg 24. 9. 1704, zit. Cramer I S. 331.
37 Hamburg 7. 11. 1706, zit. Cramer I S. 336.

Jugendjahre in Schweden, S. 44–63

1 1655–1697, Sohn von Karl X. Gustav und der Hedwig Eleonora von Holstein-Gottorp.
2 Später lebten sie in dem Anwesen, das vormals Herzog Adolf Johann gehört hatte und, nachdem es durch verschiedene Hände gegangen war, der verwitweten Gräfin Königsmarck zuerkannt wurde.
3 Woods, Nordischer Weyrauch S. 274f.
4 An den Sekretär Rabel, Treviso 25. März 1689, ed. bei Luise Gilde, Briefe der Catharina Charlotte de la Gardie verwitwete Königsmarckin, in: Stader Jahrbuch 1967, S. 142.
5 Lars Gustafson, Dienstadel, Tugendadel und Politesse mondaine, S. 109–127.
6 Hanstein, Die Frauen in der Zeit des Aufschwunges des Deutschen Geisteslebens, S. 13. Fénelon der berühmte Erzieher am Hofe Ludwigs XIV.
7 „Teutschlands galante Poetinnen mit ihren sinnreichen und netten proben", Frankfurt/Main 1715.
8 Nachdruck Hildesheim, New York 1975.

9 1617 gegründet „zur Beförderung und Aufnahme der deutschen Sprache“. Mitte des 17. Jahrhunderts hatte sie ihren Höhepunkt, als ihr mehr als 800 Edelleute und zahllose Gelehrte, u. a. auch der schwedische König Karl Gustav, angehörten. Frauen waren nicht als Mitglieder vertreten; s. Karl F. Otto, Die Frauen der Sprachgesellschaften.

10 Paullini, Christian Franz, Hoch- und wohl-gelahrtes Teutsches Frauen Zimmer, Frankfurt-Leipzig 1712, S. 87f. Paullini, geb. 1643 in Eisenach, ein weit gereister Mann, Dichter, Leibarzt des Bischofs von Münster, war in erster Linie literarisch tätig. Johann Caspar Eberti aus Neukirch in Schlesien begründet in seinem Werk ausführlich die Fähigkeiten der Frauen zum Studium und fügt auf 384 Seiten ein alphabetisch geordnetes Verzeichnis aller berühmten Frauen der alten und neueren Zeit an.

11 David Klöcker Ehrenstrahl, 1628–1698, war der herausragende schwedische Maler des Barock. Von 1661 bis 1696 war er Hofmaler. Er gestaltete u.a. das Paradeschlafzimmer und das Treppenhaus von Schloss Drottningholm und porträtierte zahlreiche Mitglieder des schwedischen Königshauses und des Hochadels.

12 Als Gründe für die Autorenschaft Maria Auroras werden die Verwandtschaft des Gemäldes zu den realistischen Stillleben, Tier- und Naturbildern Ehrenstrahls angegeben und die Beobachtung, dass das Wappen der Maria Aurora als Pröpstin von Quedlinburg, das angeblich auf ihren eigenen Entwurf zurückgeht, von Blüten umrahmt ist, die stilistisch genau denen des Kaminbildes entsprechen. Ausstellungskatalog, Bilder aus drei Generationen Königsmarck, S. 30.

13 Voltaire, Histoire de Charles XII. S. 68.

14 Amalie 3. 10. 1706, zit. Cramer II S. 101.

15 Woods, Nordischer Weyrauch S. 272.

16 Burg S. 28.

17 Reinhart Meyer, Die Hamburger Oper. Eine Sammlung von Texten der Hamburger Oper aus der Zeit 1678–1730, Bd. 1, München 1980, S. 125–171.

18 vgl. Riley, Liebe in der Sicht der Frau des 17. Jahrhunderts und Solveig Olsen, Aurora von Königsmarck's Singspiel *Die Drey Töchter Cecrops*.

19 Burg S. 28.

20 Mörner S. 110.

21 Fiedler S. 46.

22 Mörner S. 116.

23 zit. Fiedler S. 46.

24 z.B. an Graf Gyldenstolpe, Quedlinburg 26. 11. 1693, zit. Mörner S. 219f.

25 vgl. Woods, Aurora von Königsmarck, Epitome of a „Galante Poetin“.

26 Über die verschiedenen erhaltenen Handschriften und deren Schicksal vgl. Jean Woods, Nordischer Weyrauch, dort Abdruck aller Gedichte S. 287–326.

27 Woods, Aurore von Königsmarck; Epitome of a „Galante Poetin“.

28 Mörner S. 85–107.

29 Burg S. 14, Mörner S. 474 Anm. 156.

30 Maria Aurora an Sekretär Rabel, 3. Nov.1688, Mörner S. 161.

31 Maria Aurora an Sekretär Rabel, 22. Januar 1689, Mörner S. 163.

32 Maria Aurora an den früheren Gouverneur Philipps, Hansen in Greifwald, 9. Mai 1689(?), Mörner S. 164ff.

33 Amalia an Philipp, Februar 1689, Mörner S. 167.

34 *1663, Enkel des Feldmarschalls Bengt Horn.

35 Mörner S. 135.

36 Mörner S. 139f.

37 Maria Aurora an ihren Vormund, Stralsund 21. August 1692, Mörner S. 168.

Die „Schwedische Gräfin" in Hamburg, S. 64–78

1 Burg S. 33.
2 Hanstein, Die Frauen in der Geschichte des Deutschen Geisteslebens des 18. und 19. Jahrhunderts, Bd. 1, S. 163.
3 Burg S. 33.
4 Löwenhaupt an Amalie, im Feldlager von Tirlemont 10./20. 6. 1694, zit. Cramer I S. 38
5 Löwenhaupt an Amalie, Diest 1. 6. 1694, zit. Cramer I S. 35.
6 Marschall Graf Henning an Maria Aurora, Sept, 1712, zit. Burg S. 260.
7 Die Entstehung des Romans zog sich jahrelang hin. Liselotte von der Pfalz schrieb darüber an die Kurfürstin Sophie (Versailles 23. 9. 1706, Briefe der Liselotte hg. von H. Kiesel, Frankfurt 1981, S. 159): „Gestern habe ich noch einen tome von Octavia vom guten Herzog von Braunschweig bekommen; der roman macht an die ewigkeit gedenken, denn er nimmt kein end."
8 Burg S. 31 f.
9 Wolfenbüttel 3. Junius 1693, zit. Mörner S. 172 f.
10 Schwerin 25. 2. 1692, 3. 4. 1692 und Amsterdam 7. /17. 12. 1692, zit. Mörner S. 173 ff.
11 Er heiratete 1704 die Prinzessin Charlotte Sophia von Hessen-Cassel, Mörner S. 474 f., Anm. 171.
12 Philipp an Maria Aurora, Hannover 10. 1. 1693, zit. Burg s. 45 f.
13 Hannover 3. 3. 1693, zit. Mörner S. 177 f.
14 5. 7./25. 6. 1694 , zit. Mörner S. 177
15 an seine Frau Amalie Diest, 1. 6. 1694, zit. Burg S. 74.
16 Philipp an Sophia Dorothea, Amsterdam 7./17. 12. 1692, zit. Mörner S. 175.
17 Hannover 10. 1. 1693, zit. Mörner S. 475, Anm. 179.
18 Burg S. 32.
19 Hannover 5./15. 4. 1892, zit. Burg S. 37.
20 Brief Philipps an Sophia Dorothea vom 20./30. 9. 1692 Burg S. 41 f.
21 Sophia Dorothea an Maria Aurora, Hannover 15. 12. 1692, Burg S. 43 f.
22 o.D. Burg S. 48–58.
23 Philipp an Maria Aurora, Hannover 3. 3. 1693, Burg S. 46, Mörner S. 178.
24 Ort und Datum unbekannt, zit. Mörner S. 178 ff.
25 s. Burg S. 63.
26 Hansen an Philipp Königsmarck, Hamburg 22. 4. 1693, zit. Mörner S. 186.
27 Hansen an Philipp Königsmarck, Glückstadt 11. Mai 1693, zit. Mörner S. 191.
28 Geboren 12. 11. 1657 als Tochter von Johann Ernst von Sachsen-Weimar, Pröpstin 1681, Äbtissin 1685.
29 Braunschweig 28. 8. 1693, zit. Mörner S. 218 f.
30 Woods S. 174.
31 Maria Aurora an Gyldenstolpe, Braunschweig 28. 8. 1693, Quedlinburg 26. 11. 1693, Quedlinburg 20. 12. 1693, zit. Mörner S. 218–222.
32 zit. Mörner S. 224.
33 ohne Ort und Datum, zit. Burg S. 71.
34 Halle, 9. 7. 1694, zit. Mörner S. 232.
35 19. 5. 1694, zit. Mörner S. 225 f.
36 s. Briefe aus den Dresdner Jahren, Mörner S. 488, Anm. 287.
37 Halle 9. 7. 1694, zit. Mörner S. 232 f.
38 Löwenhaupt an Amalie, o.D. zit Cramer I S. 44 f.
39 Hannover 6. 7. 1694, zit. Mörner S. 235–139.
40 zit. Mörner S. 241.
41 zit. Burg S. 84.

42 zit. Mörner S. 242.
43 zit. White, Lorbeer und Rosen, S. 27 f.
44 Mörner S. 243.
45 Mörner S. 247–154.

Mätresse Augusts des Starken, S. 79–101

1 White S. 33.
2 an Reventlow, zit. Mörner S. 269.
3 Hansen an Philipp Königsmarck, Hamburg 22. 4. 1693, zit. Mörner S. 188.
4 Horn an Maria Aurora, 19. 5. 1694, zit. Mörner S. 227.
5 ebenda, das Gedicht ist nicht erhalten.
6 Löwenhaupt an seine Gemahlin, Lager bei Tirlemont, 14./4. 7. 1694 zit. Cramer S. 43.
7 Stepney an Cresset, Dresden 24. 7./3. 8. 1694, zit. Mörner S. 271 f.
8 Stepney an Blathway, 17./27. August 1694, zit. Mörner S. 272.
9 Sekretär Hildebrand an Rabel, Hannover 7. 9. 1694, zit. Mörner S. 277.
10 Amalie an Löwenhaupt 5. 11. 1696, zit. Cramer S. 95.
11 zit. Mörner S. 280.
12 zit. Lorenz in Mitteldeutsche Lebensbilder S. 26.
13 Piltz, August der Starke, S. 281.
14 Gutachten der Professoren Thomasius, Gundling und Ludewig, zit. Oßwald-Bargende, Die Mätresse, der Fürst und die Macht, S. 93.
15 1714, s. Hoffmann, Constantia von Cosel, S. 436.
16 an Maria Aurora 24. 6. 1703, zit. Cramer I S. 300.
17 zit. Schreiber, die ungekrönte Geliebte S. 181.
18 zit. Piltz S. 283.
19 zit. Piltz S. 284.
20 Karlsbad, 4./14. 6. 1695, zit. Vehse S. 15.
21 Mörner S. 487, Anm. 280.
22 Mörner ebd., Anm. 273 und 280.
23 an die Raugräfin Louise, Versailles 1. 1. 1696; Holland, Briefe der Herzogin Elisabeth Charlotte von Orléans aus den Jahren 1676–1706, S. 55.
24 An die Raugräfin Louise, Fontainebleau 14. 10. 1699, Holland, Briefe der Herzogin Elisabeth Charlotte von Orleans aus den Jahren 1676–1706, S. 178.
25 zit. Lorenz S. 28.
26 an die Kurfürstin Sophie, Versailles 10. 2. 1707, Briefe S. 229.
27 an Graf Löwenhaupt, Dresden 18. 9. 1696, zit. Cramer S. 145.
28 zit. Mörner S. 488, Anm. 286.
29 an Raugräfin Louise, 4. 12. 1696, zit. Burg S. 153.
30 Versailles, 2. 1. 1697, zit. Mörner S. 198.
31 Maria Aurora an Flemming, 1720, franz. Sächs.HStA Dresden 10026 Loc. 692 p. 51.
32 Das Haus blieb bis 1710 in ihrem Besitz. Zu seiner Geschichte s. Adolf Hantzsch, Hervorragende Persönlichkeiten in Dresden und ihre Wohnungen, S. 42 f.
33 an einen Hamburger Korrespondenten, zit. Mörner S. 307.
34 Amalie an Löwenhaupt in Wien, Dresden 29. 10. 1696, zit. Cramer S. 159.

Quedlinburger Perspektiven, S. 102–142

1 J. H. Fritsch, Geschichte des vormaligen Reichsstifts und der Stadt Quedlinburg; Hans Peter Hankel, Die reichsunmittelbaren evangelischen Damenstifte im Alten Reich und ihr Ende; R. Heydenreuter, Kunstraub. Die Geschichte des Quedlinburger Stiftsschatzes; K. Voigtländer, Die Stiftskirche St. Servatii zu Quedlinburg.
2 Dresden, den 16./9. Oktober 1696, zit. Cramer I S. 150.
3 zit. Cramer I S. 127.
4 Löwenhaupt an Maria Aurora, Wien 17. 10. 1696, zit. Cramer I S. 153.
5 Löwenhaupt vom 17. 10. 1696 s. o.
6 an Amalie, Wien 1. 12. 1696, zit. Cramer I S. 165.
7 s. Mörner S. 322.
8 an August den Starken, 26. 5. 1697, zit. Mörner S. 327.
9 Krakau Entw. 31. 8. 1697, Sächs. HStA Dresden Loc. 2982 p. 6 ff.
10 s. Mörner 327.
11 Amalie an Löwenhaupt, 16. 11. 1697, zit. Cramer I S. 193.
12 Amalie an Löwenhaupt, 15. 1. 1698, zit. Mörner S. 328.
13 s. Anm.11.
14 Dies. 7. 1. 1698, zit. Cramer I S. 201.
15 Abschr. der Urkunde betr. die Übergabe vom 27. 1. 1698 in Sächs. HStA Dresden Loc. 2982 Prod. 3, s. auch Briefe Augusts an den Kurfürsten von Brandenburg und den Kaiser, Entw. Warschau 31. Mai 1698, ebenda Loc. 2982 p. 25 ff. und Brief des preuß. Kurfürsten an die Äbtissin von Quedlinburg vom 29. 1. /8. 2. 1698 ebenda.
16 Brief der Amalie vom 15. 1. 1698 s. o. Mörner S. 328 f.
17 Amalie an Löwenhaupt 15. 1. 1698, zit. Mörner S. 329.
18 Dresden 8. 2. und 18. 2. 1698, zit. Mörner S. 329 f.
19 zit. Cramer I S. 130.
20 Amalie an Löwenhaupt, 5. 4. 1698, zit. Cramer I S. 215.
21 zit. Mörner S. 330.
22 zit. Mörner S. 330 ff.
23 Maria Aurora eigenh. an einen Geh. Rat (Name unbekannt), Töplitz 30. 6. 1700, dt. Sächs. HStA Dresden Loc. 2982 p. 41 ff.
24 Blankenburg 11. 11. 1708, zit. Cramer II S. 63.
25 an Maria Aurora, Salzdahlum, 10. 6. 1711, zit. Cramer II S. 77.
26 Zacharias Conrad von Uffenbachs merkwürdige Reisen, 1. Teil, Frankfurt und Leipzig 1753, zit. Cramer II S. 71 f.
27 Warschau 26. 3. 1702, zit. Cramer I S. 273.
28 Fritsch II S. 161; H. Lorenz, Die Wiederherstellung der Quedlinburger Schloßkirche und die Gräfin Aurora von Königsmarck.
29 zit Cramer I S. 304.
30 Maria Aurora an Lüddeken, 10. 7. 1704, zit. Cramer I S. 305 f.
31 Amalie an Maria Aurora, Hamburg 29. 10. 1704, zit. Cramer I S. 333.
32 an Maria Aurora, Hamburg 17. 9. 1704, zit. Burg S. 255.
33 Hamburg 17. 9. 1704, zit. Cramer I S. 329.
34 an Maria Aurora, Hamburg 24. 9. 1704, zit. Cramer I S. 330.
35 Mörner S. 495, Anm. 353.
36 Herzog Anton Ulrich an Maria Aurora, Salzdahlum 10. 6. 1711, zit. Cramer II S. 78.
37 Maria Aurora an Herzog Anton Ulrich, Quedlinburg 22. 7. 1708, zit. Mörner S. 370.
38 an Legationssekretär Westphal in Berlin, Dresden 19. 9. 1708, Sächs. HStA Dresden Loc. 2982 Prod. 4.
39 Stockholm 9. 8. 1708, zit. Cramer I S. 307.
40 Stockholm 28. 10. 1708, zit. Cramer I S. 308, zu diesen Wahlauseinandersetzungen s. die Briefe und Vorgänge im Sächs. HStA Dresden Loc. 2982.

41 24. 7. 1717, zit. Cramer I S. 313.
42 ebenda.
43 Braunschweig-lüneburgischer Rat Schwanenberg an Flemming, Braunschweig 26. 9. 1717 franz. Sächs.HStA Dresden 10026 Geh. Kabinett Loc. 705/1 p. 212.
44 Maria Aurora an Schulenburg, 29. 10. 1709, zit. Cramer II S. 47.

Das flotte Leben der Pröbstin, S. 143–156

1 s. Cramer I S. 172–177.
2 Maria Aurora an Löwenhaupt, Quedlinburg 15. 6. 1699, zit. Cramer I S. 178 ff. Der Herzog vermählte sich 1700 in vierter Ehe mit der Prinzessin Sophia von Mecklenburg-Güstrow; er starb 1704.
3 Amalie an Löwenhaupt, Dresden 7. 1. 1699, zit. Cramer I S. 226.
4 s. Mörner S. 310 und Anm. 296.
5 s. Anm. 3.
6 Mörner S. 310.
7 Löwenhaupt an Amalie, Warschau 6. 11. 1700, zit. Cramer I S. 234.
8 zit. Cramer I S. 227.
9 Amalie an Löwenhaupt, Dresden 8. 2. 1698, zit. Cramer I S. 206.
10 Amalie an Maria Aurora, Hamburg 7. 10. 1704, zit. Cramer I S. 332.
11 Amalie an Maria Aurora, Hamburg 1. 10. 1704, zit. Cramer I S. 331.
12 7. 10. 1704 zit. Cramer I S. 332.
13 zit. Cramer I S. 185 f.
14 Moritz an seine Mutter, Dresden, Neujahr 1714, zit. Cramer II S. 56.
15 1694–1776, verh. mit Katharina Sibylla Lindheimer, Schwester von Goethes Großmutter väterlicherseits; „Des Herrn von Loen gesammelte kleine Schriften", s. Cramer S. 73 ff.
16 Cramer II S. 74.
17 Mörner S. 313–317 und Amalie an Löwenhaupt, Dresden 29. 4. 1698, zit. Cramer I S. 218.
18 zit. Massie, Peter der Große S. 194.
19 Die 1711 geschossene Ehe wurde sehr unglücklich. Herzog Ludwig Rudolf von Braunschweig-Blankenburg, der sich um eine geschickte Verheiratung seiner Töchter bemühte, hatte mit der Ältesten, Elisabeth Christine, mehr Glück. Sie heiratete 1708 den österreichischen Erzherzog Karl, den späteren Kaiser Karl VI.
20 an Maria Aurora, Salzdahlum 10. 6. 1711, zit. Cramer II S. 77.
21 an Maria Aurora, Salzdahlum 23. 6. 1711, zit. Cramer II S. 78 f.
22 Cramer II S. 80.
23 an ihre Schwester, die Raugräfin Louise aus Port Royal 20. 3. 1699, Holland, Briefe der Herzogin Elisabeth Charlotte von Orleans aus den Jahren 1676–1706, S. 128.
24 Blankenburg 10. und 11. 11. 1708, zit. Cramer II S. 61 ff.
25 Brief unterzeichnet mit E. H. vom 28. 11. 1700, zit. Cramer II S. 181 ff.
26 Scheiditz 16. 10. 1706, zit. Mörner S. 380.
27 Leipzig 3. 1. 1707, zit. Mörner S. 381.
28 Dresden 1. 4. 1708, zit. Cramer II S. 60 f. Die Glasenapps waren seit dem 15. Jahrhundert die Grundherren der pommerschen Stadt Pollnow.
29 Hannover 29. 8. 1705, zit. Cramer II S. 15.
30 Utrecht 11. 9. 1705, zit. Cramer II S. 19 f.
31 Den Haag 13. 10. 1705, zit. Cramer II S. 25 f.
32 Briefe bei Cramer I S. 315 ff.
33 zit. Burg S. 185.
34 Danzig 2. 11. 1710, zit. Cramer II S. 38.

35 Graf Friese 1712 oder 1713, zit. Burg S. 323 f.
36 Ein Graf Friesen heiratete später eine Tochter Augusts des Starken und der Gräfin Cosel. Ob er der Autor der Briefe an Maria Aurora ist, lässt sich nicht nachweisen.
37 Dresden 31. 1. 1713, 7. 3. 1713, zit. Cramer II S. 64 ff.
38 Dresden 31. 1. 1713, Cramer II S. 68.
39 Graf von Wartensleben an Maria Aurora, Oranienburg 7. 5. 1712 Cramer II S. 70.
40 Maria Aurora an Löwenhaupt, Quedlinburg 15. 6. 1699, zit. Cramer I S. 178 ff.
41 Leipzig 1. 3. 1708, zit. Cramer II S. 58 f.
42 Hoffmann, Constantia von Cosel S. 435.
43 an Maria Aurora, Mitau 24. 1. 1727 – 24. 3. 1727, zit. Cramer II S. 131–136.
44 zit. Cramer II S. 67.

In diplomatischer Mission im Nordischen Krieg, S. 157–184

1 Warschau 6. 11. 1700, zit. Cramer I S. 234.
2 Dresden 18. 12. 1697, zit. Cramer I S. 199.
3 Dresden 11. 1. 1698, zit. Cramer I S. 201.
4 Dresden 3. 2. 1698, zit. Cramer I S. 207.
5 Dresden 23. 11. 1698, zit. Cramer I S. 224.
6 Wilcksen 23. 10. 1700, zit. Cramer I S. 233.
7 Löwenhaupt an Amalie, Warschau 6. 11. 1700, zit. Cramer I S. 234.
8 Cramer I S. 361.
9 F. Bengtsson, Karl XII.
10 Warschau 25. 12. 1701, zit. Cramer I S. 257.
11 Löwenhaupt an Amalie, Warschau 15. 1. 1702, zit. Cramer I S. 261.
12 Voltaire, Histoire de Charles XII, 1731, p. 68 f.
13 Die Mütter Augusts und Karls XII. waren Schwestern, Töchter König Friedrichs III. von Dänemark.
14 zit. Cramer I S. 255, Mörner bezweifelt die Echtheit des Briefes, Anm. 334 S. 494.
15 zit. Mörner S. 493, Anm. 328.
16 Warschau 15. 1. 1702, zit. Cramer I S. 261.
17 zit. Cramer I S. 257.
18 Warschau 15. 1. 1702, zit. Cramer I S. 260 f.
19 Löwenhaupt an Amalie, Warschau 18. 1. 1702, zit. Cramer I S. 262.
20 Löwenhaupt an Amalie, Warschau 22. 1. 1702, zit. Cramer I S. 263.
21 15. 1. 1702, Cramer I S. 261.
22 22. 1. 1702 s.o. Anm. 19.
23 Mörner S. 349.
24 Cramer I S. 266.
25 s. Massie, Peter der Große, S. 298 f.
26 zit. Mörner S. 351.
27 Voltaire, Histoire de Charles XII, 1731, p. 68 f.
28 Ausstellungskatalog Bilder aus drei Generationen Königsmarck, S. 24.
29 zit. Mörner S. 352 ff.
30 Cramer I S. 268, 272, Mörner S. 352 ff.
31 Löwenhaupt an Amalie, Warschau 19. 2. 1702, zit. Cramer I S. 268.
32 Cramer I S. 281.
33 zit. Mörner S. 357 f.
34 zit. Cramer I S. 281.
35 zit. Mörner S. 356 aus einem Brief von Axel Löwenhaupt an seine Mutter, Stockhom 1. 3. 1702.

36 Warschau 1. 5. 1702, zit. Cramer I S. 275.
37 Amalie an Löwenhaupt, Stockholm 9. 10. 1702, zit. Cramer I S. 282.
38 Amalie an Löwenhaupt, o.D. zit. Cramer I S. 281.
39 zit. Mörner S. 358.
40 Stralsund 3. 9. 1702, zit. Cramer I S. 276.
41 Löwenhaupt an Maria Aurora, Hamburg 16. 9. 1702, zit. Cramer I S. 276.
42 Stockholm 8. 12. 1702, zit. Cramer I S. 285.
43 Dresden 6. 10. 1697, zit. Cramer I S. 186 f.
44 23. 11. 1698, zit. Cramer I S. 224.
45 Löwenhaupt an Maria Aurora, Hamburg 7. 3. 1703, zit. Cramer I S. 290 f.
46 Amalie an Maria Aurora, Stockholm 13./26. 10. 1702, zit. Cramer I S. 278 f.
47 Stockholm 14. /24. 3. 1703, Cramer I S. 292.
48 Stockholm 28. 3. 1703 und 1./10. 4. 1703, zit. Cramer I S. 293 f.
49 zit. Woods, Nordischer Weyrauch, S. 281 Anm. 34 und Sächs. HStA Dresden Loc. 2982.
50 Amalie an Maria Aurora, Hamburg 23. 7. 1704, zit. Cramer I S. 328.
51 24. 6. 1703, zit. Cramer I S. 298 ff.
52 Gräfin Löwenhaupt an ihre Schwester, Stockholm 28. 2. 1703, zit. Cramer I S. 290.
53 s. Bengtsson S. 138–220.
54 Sächs. HStA Dresden Loc. 3447.
55 Dresden 28. 4. 1705, zit. Cramer I S. 321 f.
56 zit. Cramer I S. 324, Mörner S. 377 ff.
57 Cramer I S. 325.
58 aus dem Memorial des Staatsanwalts, zit. Mörner S. 373.
59 zit. Mörner S. 376.
60 Maria Aurora an Graf Piper, Lützen 23. 8. 1707, zit. Mörner S. 382.
61 Mörner S. 383 und S. 497 f., Anm. 371.

Moritz von Sachsen – Sohn berühmter Eltern, S. 185–222

1 Stockholm 7./17. 1. 1703, zit. Cramer I S. 286. Vgl. J.-P. Bois, Maurice de Saxe ; F. Hulot, Le Maréchal de Saxe; J. M. White, Lorbeer und Rosen. Graf Moritz von Sachsen.
2 s. Bois Anm. 1 S. 484.
3 Herr von Menken 1696 an einen Freund in Dresden, zit. Mörner S. 297.
4 Das Schreiben stammt wahrscheinlich aus dem Nachsommer des Jahres 1697; s. Cramer I S. 168.
5 dazu Bois S. 486 Am. 5.
6 Cramer II S. 45.
7 Warschau 22. "dou" 1700, zit. Cramer II S. 1.
8 D'Alençon an Maria Aurora, 15. 12. 1703, zit. Cramer II S. 5 f. und Delorme an Maria Aurora, 25. 12. 1703, zit. Cramer II S. 7.
9 Brief Delormes an König August aus Utrecht vom 16. 10. 1704, zit. Mörner S. 390.
10 ein Vertrauter der Gräfin Königsmarck anonym aus Leipzig vom 3. 9. 1704, zit. Cramer II S. 12.
11 15. 9. 1703, zit. Cramer II S. 2 ff.
12 Delorme an Maria Aurora 25. 12. 1703, zit. Cramer II S. 9.
13 Utrecht 22. 4. 1707, zit. Cramer II S. 36 f.
14 Utrecht 16. 10. 1704, zit. Mörner S. 390 f.
15 zit. Mörner S. 391.
16 aus Briefen des deutschen Lehrers Klemm, Herbst 1704, zit. Cramer II S. 10 f.

17 zit. Mörner S. 391.
18 Leipzig 28. 6. 1707 Konzept Sächs. HStA Dresden 10026 Geh. Kabinett Loc. 359/2 p. 1.
19 Delorme an Maria Aurora, Utrecht 16. 12. 1704, zit. Cramer II S. 14.
20 Delorme 16. 12. 1704, s. o. Anm.19.
21 Haag 13. 10. 1705, zit. Cramer II S. 25.
22 Haag 18. 9. 1705, zit. Cramer II S. 20f.
23 Haag 24. 11. 1705, zit. Cramer II S. 28.
24 Stötteroggen an Maria Aurora, Haag 24. 11. 1705, zit. Cramer II S. 28.
25 Untergouverneur Schelle an Maria Aurora, Haag 15. 4. 1707, zit. Cramer II S. 34.
26 15. 4. 1707 ebenda.
27 Moritz an Maria Aurora, Utrecht 22. 4. 1707, zit. Cramer II S. 37.
28 Maria Aurora an Schulenburg 17. 6. 1709, zit. Mörner S. 395.
29 zit. Mörner S. 392.
30 zit. Mörner S. 392, White S. 40f.
31 zit. Mörner S. 500, Anm. 379.
32 Maria Aurora an Schulenburg, 17. 6. 1709, zit. Mörner S. 394f.
33 zit. Mörner S. 394.
34 Maria Aurora an Schulenburg 30. 9. 1709, zit. Mörner S. 395.
35 Sächs. HStA Dresden 10026 Geh. Kabinett Loc 259/02 p. 1 franz.
36 Maria Aurora an Schulenburg 29. 10. 1709, zit. Cramer II S. 48.
37 zit. Mörner S. 411.
38 Dresden 22. 3. 1709, zit. Cramer II S. 40.
39 Hannover 15. 4. 1709, zit. Cramer II S. 40.
40 Den Haag 3. 12. 1709, zit. Cramer II S. 43.
41 Moritz an Maria Aurora, Utrecht 7. 1. 1710, zit. Cramer II S. 44.
42 Utrecht 28. 2. 1707, zit. Cramer II S. 45.
43 Utrecht 21. 2. 1710, zit. Cramer II S. 45.
44 zit. Hulot S. 34, Bois S. 80.
45 26. 1. 1711 zit. Cramer II S. 48.
46 das Reskript darüber wurde am 16. 4. 1711 in Dresden unterzeichnet, Sächs. HStA Dresden 10026 Geh. Kabinett Loc. 359/2 p. 60.
47 Entw. o. D. Sächs. HStA Dresden 10026 Geh. Kabinett Loc. 359/2 p. 63.
48 10. 5. 1711, zit. Cramer II S. 49.
49 Graf Friese o. D., zit. Cramer II S. 66f.
50 Maria Aurora an Flemming, Dresden 9. 9. 1712, franz. Sächs. HStA Dresden 10026 Loc. 692/2 p. 7f.
51 Leipzig 20. 5. 1713, zit. Cramer II S. 51.
52 Graf Friese an Maria Aurora, o. D., zit. Cramer II S. 66.
53 Warschau 17. 8. 1713, zit. Cramer II S. 53.
54 Leipzig 20. 5. 1713, zit. Cramer II S. 51.
55 Warschau 6. 9. 1713, zit. Cramer II S. 53.
56 Warschau 19. 10. 1713, zit. Cramer II S. 55.
57 Gräfin Löben an Maria Aurora, Dresden 21. 4. 1713, zit. Cramer II S. 54.
58 Warschau 14. 9. 1713, zit. Cramer II S. 53f.
59 ebenda
60 16. 10. 1721, zit. Mörner S. 440f.
61 Maria Aurora an August den Starken, Bederkesa au Duché de Bremen 17. 3. 1716, franz Sächs.HStA Dresen 10026 Loc 692/2 p. 32–35.
62 s. Memoire du Conte de Saxe, in Sächs. HSTA Dresden 10026 Geh. Kabinett Loc.259/02 p. 346v.
63 Quedlinburg Februar 1719 franz. Sächs. HStA Dresden 10026 Loc. 692/2 p. 46.
64 Quedlinburg 10. 3. 1719, franz. Sächs. HStA Dresden 10026 Loc. 692/2 p. 42ff.

65 eigenh. Dresden 4. 8. 1718, franz. Sächs. HStA Dresden 10026 Geh. Kabinett Loc. 359/2 p. 74 ff.
66 Quedlinburg 14. 3. 1719, zit. Mörner S. 431 f.
67 Voltaire Œuvres Complets XXXIV Paris 1880 S. 232.
68 vgl. Bois S. 143.
69 Bois S. 111.
70 s. Cramer II S. 86 ff.
71 „Relations de ce qui se passe dans la Maison du Comte de Saxe à Dresden ..." Maria Aurora eigenh. Sächs. HStA Dresden 10026 Geh. Kabinett 259/02 p. 331 ff.
72 ebenda, Mörner S. 436 ff. und Vorgänge in 10026 Geh. Kabinett Loc. 359/2 p. 128 ff. Sächs. HStA Dresden. Moritz musste 1721 das Gut Schkölen dem Grafen von Hoym überlassen.
73 Hulot S. 44.
74 Maria Aurora aus Agathenburg, 1. Herbst 1721, zit. Mörner S. 438 f.
75 Quedlinburg 22. 12. 1725 franz. Abschr. in Sächs. HStA Dresden 10026 Loc. 692/2 p. 74 ff.
76 Maria Aurora an Flemming, Quedlinburg 7. 10. 1715 franz. Sächs. HStA Dresden 10026 Loc.692/2 p. 57–59
77 August II. an Moritz, franz. Sächs. HStA Dresden 10026 Geh. Kabinett 259/02 p. 223.
78 Mitau 24. 6. 1726, zit. Cramer II S. 113 f.
79 Covenau, 5. 11. 1726, zit. Cramer II S. 116.
80 Mitau 18. 11. 1726, zit. Cramer II S. 117.
81 Maria Aurora eigenh. Quedlinburg 6. 12. 1726, franz. Sächs. HStA Dresden 10026 Geh. Kabinett 259/2 p. 257 f.
82 Mitau 28. 12. 1726, zit. Cramer II S. 118.
83 Mitau 22. 1. 1726, zit. Cramer II S. 118.
84 Mitau 22. 11. 1726, zit. Cramer II S. 117.
85 Cronhielm an Maria Aurora, Mitau 7. 2. 1727, zit. Cramer II S. 134.
86 Mitau 4. 3. 1727, zit. Cramer II S. 120.
87 Dresden 10. 4. 1727, zit. Cramer II S. 119 f.
88 Covenau 5. 11. 1726, zit. Cramer II S. 115 f.
89 Dresden 6. 7. 1727, zit. Cramer II S. 122.
90 an Maria Aurora, Covenau 5. 11. 1726, zit. Cramer II S. 116.
91 Moritz an Maria Aurora, Pillnitz 21. 6. 1727, zit. Cramer II S. 120.
92 an Flemming Quedlinburg 1. 1. 1727, franz. Sächs. HStA Dresden 10026 Loc. 692/2 p. 96 f.
93 Pillnitz 21. 6. 1727, zit. Cramer II 121.
94 Dresden 28. 6. 1727, zit. Cramer II S. 121
95 George Sand, Histoire de ma vie, Oeuvres biographiques 1re partie, chap. II, p. 30 ff.
96 Ausspruch von Vitzhum-Eckstädt, White S. 289.
97 White S. 284.
98 Buddenbrooks I.8.
99 25. 7. 1749, zit. White S. 348, Bois S. 449.
100 White S. 349.
101 Voltaire, Histoire de Charles XII S. 289.

Ärmlicher Ausklang eines reichen Lebens, S. 223–232

1 Cramer II S. 71.
2 Solveig Olsen, Aurora von Königsmarck's Singspiel „Die Drey Töchter Cecrops" und Cramer II S. 93 f..
3 Sondershausen 13. 9. 1710, zit. Cramer I S. 317.
4 Mitau 29. 12. 1726, zit. Cramer II S. 119.

5 Flemming an Maria Aurora, franz. Dresden 6. 7. 1712, Sächs. HStA Dresden 10026 Loc.692/2 p. 1.
6 aus Dresden 5. 11. 1694, zit. Seelbach, Maria Aurora von Königsmarck's Stanzen über ihren Bruder Philipp Christoph, S. 419.
7 Cramer II S. 140.
8 Mussey an Maria Aurora, Dresden 21. 10. 1727, zit. Cramer II S. 130f.
9 Cramer II S. 141.
10 zit. Cramer II S. 105.
11 Handschr. Gutachten Dinglingers, Dresden 21. 1. 1726, dt. Sächs. HStA Dresden 10026 Lov. 692/2 p. 70.
12 Preuß. Stiftshauptmann von Quedlinburg v. Posadorffsky an den König von Preußen, Quedlinburg 1. 3. 1728 Abschr. Sächs. HStA Dresden 10026 Loc. 711/02 p. 19ff.
13 Cramer II S. 143.
14 Bois S. 168.
15 Cramer II S. 145.
16 Woods, Nordischer Weyrauch S. 279, in Wolfenbüttel liegt auch ein späteres zweites Manuskript der Gedichtsammlung „Nordischer Weihrauch".
17 Histoire de ma vie, 1re partie, chap. II p. 30.
18 zit. Mörner S. 449.
19 zit. Mörner S. 454.

Register

Personen

Orte

Bildnachweis

(Abk.: bpk = Bildarchiv Preußischer Kulturbesitz, Berlin; SLUB/Dt. Fotothek = Sächsische Landesbibliothek – Staats- und Universitätsbibliothek Dresden, Abt. Deutsche Fotothek)

S. 117 bpk
S. 118 oben: LSH photo, Stockholm
unten: Amt für Kultur und Archäologie des Landkreises Stade, Schloss Agathenburg
S. 119 oben: Statens Konstmuseer/Svenska Porträttarkivet, Stockholm
unten: nach Margareta Beckman, Aurora von Königsmarck, Stockholm 1998
S. 120 oben: nach Margareta Beckman, Aurora von Königsmarck, Stockholm 1998
unten: Statens Konstmuseer/Svenska Porträttarkivet, Stockholm
S. 121 links oben: bpk
rechts oben: Östergötlands Länsmuseum
unten: nach Margareta Beckman, Aurora von Königsmarck, Stockholm 1998
S. 122 oben: SLUB/Dt. Fotothek
unten: bpk
S. 123 Joachim Graf von Koenigsmarck, Bensheim
S. 124 oben: SLUB/Dt. Fotothek (Foto: André Rous)
unten: bpk (Foto: H.W. Gewande)
S. 125 Schloss Moritzburg
S. 126 oben: SLUB/Dt. Fotothek (Foto: Regine Richter)
unten: SLUB/Dt. Fotothek (Foto: Krentzlin)
S. 127 SLUB/Dt. Fotothek (Foto: Assmuß Steuerlein)
S. 128 Rosi Radecke, Gehrden
S. 129 Joachim Graf von Koenigsmarck, Bensheim
S. 130 SLUB/Dt. Fotothek (Foto: Walter Möbius)
S. 131 Bildarchiv Foto Marburg
S. 132 Joachim Graf von Koenigsmarck, Bensheim

Zu besonderem Dank für die Bereitstellung von Bildmaterial sind wir Joachim Graf von Koenigsmarck verpflichtet.

Die Territorien der mittel- und osteuropäischen Staaten zur Zeit Augusts des Starken.

Stammtafeln der Häuser Kö

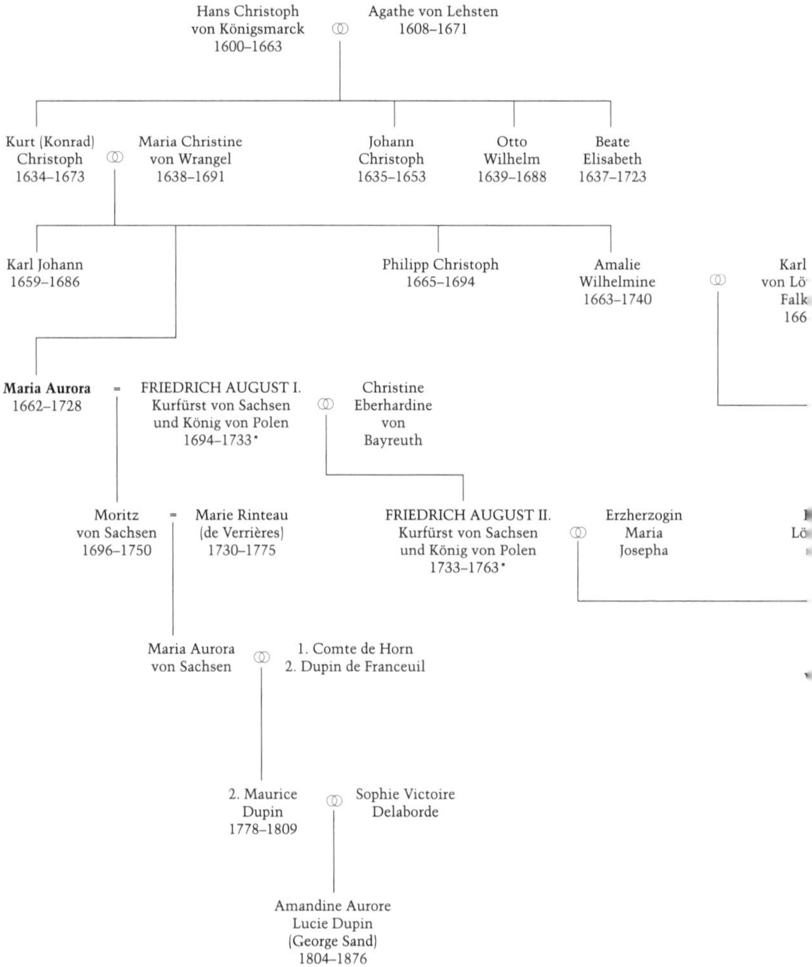